Der Mythos der Revolution

Thomas Apolte

Der Mythos der Revolution

Thomas Apolte
Westfälische Wilhelms-Universität
Münster, Deutschland

ISBN 978-3-658-27938-7 ISBN 978-3-658-27939-4 (eBook)
https://doi.org/10.1007/978-3-658-27939-4

Die Deutsche Nationalbibliothek verzeichnet diese Publikation in der Deutschen Nationalbibliografie; detaillierte bibliografische Daten sind im Internet über http://dnb.d-nb.de abrufbar.

Springer ist ein Imprint der eingetragenen Gesellschaft Springer Fachmedien Wiesbaden GmbH und ist ein Teil von Springer Nature.
Die Anschrift der Gesellschaft ist: Abraham-Lincoln-Str. 46, 65189 Wiesbaden, Germany

Prolog

Manchmal scheint das Leben selbst zu entscheiden, womit sich ein Mensch im Laufe der Zeit immer wieder beschäftigt. Geplant war es in meinem Falle jedenfalls nicht, aber das Thema Revolution sollte mir wieder und wieder über den Weg laufen. Zwar war es zunächst immer eine Art Nebenprodukt im Zusammenhang mit ganz anderen Fragen. Aber von Mal zu Mal nahm es einen größeren Raum ein, und so schob es sich schrittweise ins Zentrum meiner Forschungsarbeit.

Andererseits habe ich diesem schleichenden Prozess aber auch keinen allzu großen Widerstand entgegengesetzt. Zwar erschienen mir andere Themen oft wichtiger, vor allem für meine Laufbahn als Hochschullehrer. Und so manche nicht ganz unberechtigte Warnung habe ich noch in den Ohren, wonach es für eine solche Laufbahn vielleicht nicht allzu förderlich sei, sich angesichts vielfältiger anderweitiger Probleme vor allem praktischer Art mit einer derart exotischen Materie zu befassen. Aber solche Aspekte konnten am Reiz des Themas nichts ändern, und diesen Reiz scheint es nicht allein auf mich auszuüben. Das lässt sich schon an der Resonanz seitens unserer Studierenden erkennen, wenn wir wieder einmal ein Seminar über Revolutionen anbieten, oder wenn wir Abschlussarbeiten dazu vergeben. Kein Zweifel: Das Thema Revolution ist exotisch, aber sexy – man denke nur an den Kult um Che Guevara.

Begonnen hatte alles mit einem Seminar im Fach Soziologie zum Thema „Theorien der Revolution", in das ich mich als Student ähnlich begierig eingeschrieben hatte, wie das heute viele unserer Studierenden tun. Bis dahin gab es für mich ebenso wie für die meisten meiner Freunde eigentlich nur eine wirkliche Theorie der Revolution, und das war jene von Marx und Engels. Gewiss wurde immer schon viel über das Thema geschrieben und beschrieben, aber von einer *Theorie* der Revolution, die nicht aus der Feder von Marx und Engels stammte, war mir nichts bekannt, und ich konnte mir kaum vorstellen, dass es eine gab. Was hätte der Marxschen Theorie in ihrer logischen Stringenz auch das Wasser reichen können?

Tatsächlich lieferte mir das Seminar keine überzeugende Alternative zu der Theorie von Marx und Engels. Und doch zerstörte es mein Urvertrauen in sie. In subtiler Weise säte es Zweifel, und deren Triebe wuchsen schnell und ließen mich nicht mehr los. Was war geschehen? Eigentlich nicht viel, wenn man davon absieht, dass mir die bislang einzige überzeugende Theorie der

Revolution nicht mehr rundum plausibel erschien. Und das hatte keine ideologischen Gründe. Es hatte nichts mit dem Status von Marx und Engels als geistige Väter des Kommunismus zu tun. Deshalb hatte es auch nichts damit zu tun, dass man ihrer Theorie scheinbar zwangsläufig anhängen müsste, wenn man eher links war, und sie eher ablehnen müsste, wenn man eher rechts war. Das leuchtete mir ohnehin nicht ein, denn entweder ist eine Theorie wahr oder sie ist falsch. Was kann es ändern, ob jemand, der sich damit befasst, eher links oder eher rechts ist? Schließlich hängt auch die Wahrheit der Gravitationsgesetze oder jene der Quantentheorie nicht davon ab, ob man Sozialist ist oder Kapitalist. Und ob die Erde um die Sonne kreist oder die Sonne um die Erde, hängt nicht davon ab, ob wir katholisch sind oder nicht. So viel hatten wir doch eigentlich schon gelernt.

Mit rechts oder links, Kapitalist oder Sozialist hatten meine Zweifel also nichts zu tun. Vielmehr setzten sie an der Plausibilität an, der logischen Stringenz; und von der war ich nach dem Seminar nicht mehr restlos überzeugt. Die Dinge passten einfach nicht mehr so schön zusammen wie vorher. Und so zerbröselte die Faszination an dieser Theorie vor meinem geistigen Auge, auch wenn ich nichts hatte, was ich an ihre Stelle hätte setzen können. Ich hatte keine neue Theorie der Revolution, nur eine in Trümmern liegende alte.

Nun mag man sich fragen, wozu man eine solche Theorie braucht. Wozu also braucht man eine Theorie der Revolution? Wozu braucht man überhaupt eine Theorie? An der Antwort auf diese Frage hatte ich nie Zweifel, bis heute nicht. Man braucht sie, wenn man verstehen will, *warum* etwas geschieht. Auf unser Thema angewendet, heißt das: Warum sind Herrschaftssysteme oft über lange Zeit stabil? Und warum werden sie dann doch mitunter von einem Sturm der Revolution weggefegt? Was sind die tieferen Ursachen? Für Marx und Engels war die Sache klar: Wenn die Unterdrückung der Massen ebenso wie der Umfang der unterdrückten Massen immer größer wird, dann werden sich diese Massen irgendwann ihrer Unterdrücker erwehren. Sie lassen sich ihre Unterdrückung nicht mehr bieten, sobald sie merken, dass sie gemeinsam stark genug sind. Ist das plausibel? So scheint es, und es scheint sogar zwingend logisch zu sein.

Meine Zweifel wuchsen dennoch, und sie wuchsen umso mehr, je mehr ich mich mit dem Thema beschäftigte. Natürlich folgt aus diesen Zweifeln nicht, dass sich eine Bevölkerung niemals ihrer Unterdrücker erwehren würde. Das zu behaupten widerspräche schließlich den Fakten, denn Bevölkerungen haben das immer wieder einmal getan. Es ist vielmehr die Begründung dafür, dass sie es manchmal tun, an der die Zweifel wuchsen. Wir werden sehen, dass die Marxsche Begründung tatsächlich nicht plausibel ist. Zwar ist der erste Eindruck ein ganz anderer. Aber die Wahrheit ist komplizierter. Besser gesagt: Sie ist ziemlich grundlegend anders. Und genau in diesem Punkt wartet im Verlauf dieses Buches eine ganze Reihe von Überraschungen auf uns. Dinge, die uns auf den ersten Blick plausibel erscheinen, werden sich als unhaltbar erweisen. Und Dinge, die auf den ersten Blick gar nicht einleuchten wollen, werden sich bei näherem Hinsehen als plausibel erweisen. So ist es häufig, wenn man tiefer eintaucht in die Ursachen der Dinge: Man findet Einsichten, die gern einmal der ersten Intuition widersprechen. Das führt nicht selten zu Ablehnung, vor allem seitens jener, die ihr Weltbild schon vor dem Eintauchen in die tieferen Ursachen festgelegt hatten und dieses nun in Gefahr sehen. Aber wer sich vor solcherlei Erschütterungen seines Weltbilds nicht fürchtet, der wird es spannend finden, tiefer einzutauchen. Jeder, dem es auch so geht, ist herzlich eingeladen.

Dabei geht es mir gewiss nicht darum, alte Meister wie Marx und Engels oder auch nur deren Arbeit zu diskreditieren. Schon gar nicht geht es darum, deren Weltanschauung oder Persönlichkeit zu beurteilen. Sie zu kritisieren oder zu würdigen sind Dinge, mit denen sich andere ausführlich beschäftigt haben. Dem wollen wir hier nichts hinzufügen. Worum es uns vielmehr gehen wird, sind Fragen wie diese: Wie koppeln sich Herrscher von den Interessen ihres Volkes ab, damit sie reich und mächtig sein können, ohne von aufbegehrenden Massen behelligt zu werden? Oder allgemeiner: Was ist die Grundlage der Macht der Wenigen über die Vielen? Erst wenn wir das verstanden haben, eröffnen sich Antworten auf die folgenden Fragen: Wann bröckelt die Macht der Wenigen über die Vielen? Wie kommt es, dass diese Macht manchmal – aber eben nur manchmal – unter dem Druck aufbegehrender Massen wie ein Kartenhaus zusammenfällt? Schließlich: Was kommt danach? Werden die Dinge nach einer Revolution generell besser? Oder gerät umgekehrt die Bevölkerung vom Regen in die Traufe? Genauer gesagt: Wann müssen wir das eine befürchten, und wann dürfen wir auf das andere hoffen?

Dies sind unsere Fragen, und um sie zu beantworten, bedienen wir uns des modernsten Stands der gesellschaftswissenschaftlichen Forschung. Das hat offensichtliche Vorteile, aber es hat auch zwei Eigenschaften, die man als Nachteile empfinden mag. Erstens: Moderne gesellschaftswissenschaftliche

Forschung erlaubt keine großen Würfe à la Marx und Engels mehr. Eine große, alles umspannende und immer wahre Theorie über die Welt im Allgemeinen und im Besonderen ist mit einem modernen Wissenschaftsverständnis nicht mehr vereinbar. Daher müssen wir mit mehr oder weniger kleinen Mosaiksteinchen arbeiten, um uns Stück für Stück ein Bild zu errichten. Das mag sich mühsam anhören, aber so schlimm ist es eigentlich nicht, denn jedes Mosaiksteinchen ist allein für sich selbst schon interessant. Zweitens arbeitet die moderne gesellschaftswissenschaftliche Forschung inzwischen mit sehr abstrakten Methoden. Sie bedient sich immer komplexer werdender statistischer Verfahren, und auch die formale Mathematik hat – wie in fast allen Wissenschaften – längst auch in die Gesellschaftswissenschaft Einzug gehalten. Das hat dazu geführt, dass moderne gesellschaftswissenschaftliche Originaltexte fast nur noch Fachleuten zugänglich sind.

Aber keine Angst: Damit will ich niemanden langweilen oder überfordern. Das Buch ist vielmehr bewusst so geschrieben, dass es für alle, die Interesse haben, lesbar und hoffentlich auch lesenswert und vor allem unterhaltsam ist. Vorkenntnisse gleich welcher Art braucht niemand. Allerdings setzt es hier und dort durchaus voraus, recht konzentriert zu lesen und sich das ein oder andere Mal auf etwas abstrakte Gedankenspiele einzulassen. Aber auch das kann ja sehr reizvoll sein. Gewiss mag man fragen: Wieso kommt ein Buch über ein gesellschaftliches Phänomen wie Revolution nicht ohne abstrakte Gedankenspiele aus? Der Grund ist eigentlich ganz einfach: An einer Revolution sind immer recht viele und unterschiedliche Personen beteiligt, welche in einer nicht ganz einfachen Weise miteinander interagieren. Das lässt schon erahnen, dass die Dinge schnell etwas verzwickt werden können.

Vor ein paar Jahren organisierten Studierende verschiedenster Fachrichtungen der Universität Münster ein interdisziplinäres Wochenendseminar zum Thema Revolution. Sie baten mich, im Rahmen dieses Seminars einen Workshop zum Thema „Spieltheoretische Analyse von Revolution“ zu leiten, und ich sagte zu. Die Teilnehmer des Workshops waren bunt gemischt, und sie kamen aus allen möglichen Disziplinen: Sie studierten Politik, Soziologie oder Psychologie, manche Ökonomie, Mathematik oder Physik. Aber was auch immer ihr Hintergrund war – alle waren sie begeistert dabei. Gewiss rümpften sie oft ungläubig ihre Nasen, wenn unsere Ergebnisse ihrer Intuition widersprachen und sich nicht recht in ihr Alltagsverständnis von Politik und Macht einfügen wollten. Aber gerade das reizte sie nicht allein zu Widerspruch, sondern vor allem auch dazu, die Dinge neu für sich zu denken.

Der Workshop hat mir seinerzeit großen Spaß gemacht, und so war mit ihm die Idee zu diesem Buch geboren. Allerdings hat es dann doch noch einmal eine Weile gedauert, bis das Projekt Fahrt aufnahm und das Buch zu wachsen begann. Aber nun ist es fertig, und ich hoffe, dass es möglichst viele Leser in ähnlicher Weise dazu anregt wie seinerzeit die Workshop-Teilnehmer, ganz neu über die Dinge nachzudenken und unkonventionelle Einsichten zu gewinnen – auch und vielleicht gerade, wenn sie dem Alltagsverständnis widersprechen. Wer sich darauf einlässt, wird nicht allein ein neues Verständnis von Revolutionen gewinnen, sondern ganz generell viel über die innere Logik politischer Macht lernen und verstehen. Versprochen!

Und keine Angst: Wer nicht gerade eine orthodox-marxistische Ideologie vor jedweder geistigen Verunreinigung schützen möchte, wird hier sein Weltbild nicht erschüttert finden. Vielmehr wird seinen Marx und seinen Engels auch weiterhin in Ehren halten können, wem daran – aus welchen guten Gründen auch immer – gelegen ist. Dagegen spricht nichts, jedenfalls nichts, was in diesem Buch steht.

Das Buch ist entstanden auf der Basis langjähriger Forschungsarbeit. Das habe ich nicht isoliert für mich gemacht, sondern im Rahmen meines Lehrstuhlteams am Centrum für Interdisziplinäre Wirtschaftsforschung der Universität Münster. Dort forschen wir seit vielen Jahren zusammen über politische Regime und ökonomische Entwicklung, mit viel Theorie und viel Statistik im Rahmen zahlreicher Seminare, Einzelvorträge, Tagungen und unzähliger Diskussionen über Forschungspapiere, die wir teils zusammen, teils jeder für sich geschrieben und teilweise schon veröffentlicht haben. Ohne dieses ganze Umfeld wäre das Buch nicht entstanden, nicht einmal die Idee dazu. Alle Mitglieder des Teams sind immer mit großem Enthusiasmus und mit viel Freude dabei. Jeden Tags aufs Neue macht es großen Spaß, ein Teil davon zu sein. Manche aus dem Team haben enger, andere weniger eng an meinem Revolutionsthema gearbeitet, aber irgendwie waren sie alle hier und dort beteiligt. Aktuell sind das vor allem: Fridjof Bahlburg, Alfa Farah, Lena Gerling, Dennis Goldig, Helena Helfer, Kim Leonie Kellermann, Olga Lumina und Anna Nowak. Nicht unerwähnt bleiben sollten ehemalige Teammitglieder, die ebenfalls an dem Thema beteiligt waren, allen voran Marie Möller, Thomas Ostertag und Rahel Schomaker. Sie und viele andere machten und machen unseren Lehrstuhl zu einem großartigen Team, dem ich zu großem Dank verpflichtet bin.

Die ersten Ideen zu dem Buch entwickelte ich gemeinsam mit Dagmar Ziegner, einer freien Journalistin, der ich in langer, bis in unsere Studienzeit zurückreichender Freundschaft verbunden bin. Ursprünglich wollte sie als Ko-Autorin dabei sein. Sie hat sich dann aber anders entschieden, und für ihre Gründe habe ich natürlich Verständnis. Ihr einziges Problem ist, dass sie meine Fähigkeiten dauernd überschätzt. In jedem Falle bin ich ihr für viele Diskussionen, Ideen und jederzeitigen Ansporn dankbar. Eine fast ebenso lange Freundschaft verbindet mich mit Ulrike Michalski, auf deren seltene Fähigkeit, Texte akribisch zu lesen, ich wieder einmal zurückgreifen durfte. Nicht minder bin ich meiner Frau Beate zu großem Dank verpflichtet. Sie war nicht nur die erste Leserin, die das Manuskript komplett gelesen hatte. Vielmehr repräsentiert sie perfekt jenes Profil interessierter Leser, das ich immer vor Augen hatte. Deshalb konnte ich mich beruhigt an die Veröffentlichung machen, nachdem sie das Manuskript für geeignet erklärt hatte.

Nicht selbstverständlich war die hervorragende Zusammenarbeit mit dem Verlag Springer Gabler und hier vor allem mit Isabella Hanser und Renate Schilling, die das Projekt zu meiner großen Freude mit erkennbarer Überzeugung sowie mit Professionalität und jederzeitiger Hilfsbereitschaft betreut haben. Schließlich haben sehr viele weitere Menschen, Kollegen aus dem In- und Ausland, Doktoranden, Studierende und Freunde in den letzten Jahren in jeweils ganz unterschiedlicher Weise zum Entstehen des Buches beigetragen – oft ohne es zu wissen. Ich kann sie nicht alle aufzählen. Aber ihnen allen danken kann ich schon, und dies sei hiermit gern geschehen. Wer immer sich also angesprochen fühlt, liegt damit richtig.

Münster, September 2019
Thomas Apolte

Inhaltsverzeichnis

1. Eine kurze Geschichte der Revolution

„Die großen Begebenheiten in der Welt werden nicht gemacht, sondern finden sich.“[1]
(Georg Christoph Lichtenberg)

Als der legendäre polnische Arbeiterführer Lech Wałęsa am 31. August 1980 auf der Leninwerft das Danziger Abkommen mit den kommunistischen Machthabern Polens unterzeichnete, wird er nicht geahnt haben, dass er zehn Jahre später zum ersten Präsidenten eines freien und demokratischen Polens gewählt werden würde. Wohl um der Sache keine allzu große öffentliche Bedeutung zukommen zu lassen, schickte die polnische Regierung nur den damaligen Vizepräsidenten Mieczysław Jagielski zur Unterschrift nach Danzig. Dessen geschichtsträchtiger Name konnte allerdings auch nichts daran ändern, dass er schon bald in Vergessenheit geriet. Jedenfalls wird Jagielski die zeitgeschichtliche Bedeutung dieses Ereignisses seinerzeit ebenso wenig erfasst haben wie Wałęsa. Und doch hatten die beiden mit ihrer Unterschrift nicht weniger als das Ende der kommunistischen Herrschaft in Mittel- und Osteuropa besiegelt, denn mit ihr hatten sie die erste freie Gewerkschaft des ehemaligen Ostblocks legalisiert. Auch wenn der General und Ministerpräsident Wojciech Jaruzelski gut ein Jahr später das Kriegsrecht verhängte und in der Folge die Solidarność verbot, so wurden die polnischen Kommunisten diese Gewerkschaft und mit ihr die nicht zuletzt von der katholischen Kirche unterstützte Masse des protestierenden Volkes doch nie wieder los. Kein Blatt schien zwischen die Kirche, die Solidarność mit ihrer Ikone Wałęsa und die Masse des Volkes zu passen, so sehr sie sich alle später auch im freien Polen zerstritten.

Kaum mehr als acht Jahre nach der Verhängung des Kriegsrechts und dem Verbot der Solidarność akzeptierte die polnische Regierung im Frühjahr 1989 abermals Gespräche mit der zu diesem Zeitpunkt offiziell noch verbotenen Opposition. Damit war der erste der berühmten Runden Tische des untergehenden kommunistischen Zeitalters gegründet, und sein Beispiel machte rund um die Staaten des damaligen Warschauer Pakts schnell Schule. Im Ergebnis des polnischen Runden Tisches kam es am 5. April 1989 zur Wiederzulassung der Solidarność und schließlich am 4. Juni 1989 zu den ersten zumindest teilweise freien Wahlen in der Welt der ehemals sozialistischen Staaten. Aus ihnen ging der bürgerlich-katholische Intellektuelle Ta-

[1] Lichtenberg (1793/2017), K 170.

T. Apolte, *Der Mythos der Revolution*,
https://doi.org/10.1007/978-3-658-27939-4_1

deusz Mazowiecki als Ministerpräsident hervor, und der berief den seinerzeit bereits global renommierten Ökonomen Leszek Balcerowicz zum Finanzminister. Gemeinsam leiteten sie mit internationaler Unterstützung jene Schritte ein, die die chronisch chaotischen wirtschaftlichen Zustände in Polen in das überführten, was Beobachter heute mit Recht als das polnische Wirtschaftswunder bezeichnen.[2]

Kein Volk in Mittel- und Osteuropa war mit einem derart unbändigen Freiheitswillen gegen das vermeintliche sozialistische Paradies unter der Führung des großen sowjetischen Bruders angerannt wie das polnische. Kein Pole hatte je vergessen, dass Stalin seine im Herbst 1944 bereits am östlichen Weichselufer stehenden Truppen zurückgehalten hatte, um der Luftwaffe Nazi-Deutschlands zunächst noch die Gelegenheit zu lassen, das historische Warschau als Vergeltung für den Aufstand seiner Bürger in Schutt und Asche zu legen. Und trotz aller gefälschten Geschichtsbücher hatte kein Pole vergessen, dass es nicht die Deutschen waren, die im Mai 1940 das Massaker von Katyn verübt hatten, sondern kein anderer Staat als der, dessen sozialistischer Bruder zu sein sie sich so vehement weigerten. Wer immer sich unter den Polen dem großen Bruder nicht verweigerte, wusste dennoch Bescheid und wurde als Opportunist eingestuft. Einem vielzitierten Seufzer zufolge war der Versuch, in Polen den Sozialismus unter sowjetischer Führung einzuführen, so sinnlos wie der Versuch, eine Kuh zu satteln. Seit 1956 folgte ein Aufstand dem anderen, und die Perioden dazwischen wurden immer kürzer und immer unruhiger. Seit 1978 schließlich gab es keinen Halt mehr: Je höher die Verehrung für den polnischen Papst Johannes Paul II. stieg, desto tiefer sank die Legitimität der Polnischen Vereinigten Arbeiterpartei PVAP in den Augen der polnischen Bevölkerung.

Als Gorbatschow mit Glasnost und Perestroika in der zweiten Hälfte der 1980er Jahre den ungarischen und polnischen Reformbestrebungen folgte und zuletzt unverhohlen signalisierte, die Souveränität der mittel- und osteuropäischen Staaten zu respektieren, zog er der PVAP damit endgültig den Boden unter den Füßen weg. Der bis in die Spitzen von Partei, Militär, Polizei und vor allem in alle intellektuellen Zirkel und Universitäten hinein reichende Geist der Opposition, die große Autorität der katholischen Kirche, deren Oberhaupt das Regime bereits 1979 mit seinem furiosen Polen-Besuch gedemütigt hatte, und nicht zuletzt die schiere wirtschaftliche Not, die dringend nach durchgreifenden ökonomischen Reformen verlangte,

[2] Siehe hierzu u. a.: Pysz, 2011; Piatkowski, 2013.

führten dazu, dass niemand der PVAP auch nur einen Hauch an Problemlösungsfähigkeit zutraute. Und so warfen die Kommunisten im Juni 1989 der kraftstrotzenden bürgerlichen Opposition die Brocken sprichwörtlich vor die Füße. Das war der Beginn der friedlichen Revolution in Mittel- und Osteuropa.

Die Ereignisse des Mauerfalls im Jahre 1989 in Berlin sind ohne den Erfolg der polnischen Opposition ebenso wenig zu verstehen wie ohne die berühmte Äußerung Gorbatschows, wonach das Leben jene bestrafe, welche zu spät kommen. Auch wenn umstritten ist, was Gorbatschow am 6. Oktober 1989 in Ost-Berlin genau gesagt hatte, so war die Botschaft doch unmissverständlich angekommen: Die Sowjetunion wird sich den Veränderungen in den Mitgliedstaaten des Warschauer Pakts nicht in den Weg stellen. Glaubwürdigkeit erlangte dieses Signal allein schon deshalb, weil die UdSSR die freien Wahlen und die erste bürgerliche Regierung des Ostblocks in Polen bereits seit Monaten respektiert hatte. Zudem machte sie im Gegensatz zu Ost-Berlin 1953, Budapest 1956 und Prag 1968 keinerlei Anstalten, in die Entwicklung einzugreifen. Aber während andere Diktaturen auch ohne einen großen Bruder stabil waren und es bis heute sind, brach die Diktatur in der DDR ebenso zusammen wie jene in Ungarn, der Tschechoslowakei und schließlich auch jene in Rumänien und Bulgarien.

Alle folgten sie dem Beispiel der Polen, die gezeigt hatten, was ein Volk bewirken kann, wenn es seine Kräfte nur effektiv gegen seine Unterdrücker bündelt. Genau das taten nun auch die anderen, und zwar mit rasant steigender Geschwindigkeit. Der amerikanische Politologe Timur Kuran zitierte 1992 ein Banner aus den Protesten in der Tschechoslowakei im Herbst 1989, auf dem stand: „Polen – 10 Jahre, Ungarn – 10 Monate, Deutschland – 10 Wochen, Tschechoslowakei – 10 Tage." Und Kuran ergänzte: „Hätte man das Banner ein paar Wochen später erstellt, man hätte vielleicht hinzugefügt: Rumänien – 10 Stunden."[3].

Zweifellos: Im Jahre 1989 hatte die Masse des Volkes bestimmt, wo es langgeht. Erst in Polen und dann in einem Land nach dem anderen hatte die Masse des Volkes gezeigt, welche Macht sie hat, und hierzu schien sie nicht einmal mehr Gewalt zu brauchen. Der Mythos der Revolution der Massen war kein Mythos mehr, sondern schien Realität geworden zu sein. Freilich übersah man im Zuge der allgemeinen Euphorie bereits damals ein paar

[3] Kuran (1992), S. 42 (Übers. d. Verf.).

Details: Eines davon war, dass parallel zur friedlichen Revolution in Europa an einer anderen Stelle der Welt eine ebenfalls friedlich aufbegehrende Menge mit brutaler Gewalt niedergeschossen wurde – und dass es mit dem Aufbegehren des Volkes im Anschluss vorbei war. Aber so weit musste man nicht einmal gehen, um ein differenzierteres Bild zu erlangen. Denn auch in Mittel- und Osteuropa war nicht alles friedlich zugegangen: Die Revolution in Rumänien verlief ebenfalls blutig, auch wenn sie schließlich erfolgreich war und das Regime des Diktators Nicolae Ceaușescu kollabierte.

Freilich sollte klar sein, dass die blutigen Ereignisse in China und Rumänien alles andere als Details waren. Man hätte sie vielmehr damals bereits als Hinweis darauf verstehen können, dass alles andere als eine neue Zeit angebrochen war und dass schon gar nicht das „Ende der Geschichte" erreicht war, wie es seinerzeit der amerikanische Politologe Francis Fukuyama ausgerufen hatte.[4]

Aber noch ein weiteres und nur scheinbar unbedeutendes Detail blieb in der allgemeinen Freude über die friedlichen Revolutionen fast unbeachtet: Die Zahl der protestierenden Massen umfasste zu keiner Zeit und in keinem Land wirklich einen Großteil der Bevölkerung. An den Leipziger Montagsdemonstrationen nahmen zum Schluss zwar mehrere hunderttausend Personen teil, und an der Berliner Alexanderplatz-Demonstration vom 4. November 1989 war es möglicherweise gar eine Million. Aber das waren nur Spitzenwerte im Verlauf einer Revolutionsbewegung, die im Wesentlichen von einer Zahl an Aktivisten getragen war, die zwar absolut groß war, aber niemals eine Mehrheit der Bevölkerung umfasste und daher auch nicht als die „große Masse" der Bevölkerung hätte bezeichnet werden können. Ganz ähnlich sah es in den anderen Ländern aus, die von der friedlichen Revolution in Mittel- und Osteuropa erfasst worden waren.

Gewiss: Wenn wir an die Legitimation der Revolutionäre von 1989 denken, so stellte das kein ernst zu nehmendes Problem dar. Denn wenn schon keine Mehrheit der Bevölkerung auf der Straße stand, so repräsentierten die aktiven Protestierenden doch zweifellos die erdrückende Mehrheit der Bevölkerung. Und dass sie die große Masse der Bevölkerung vertreten, haben schließlich spätestens seit der Oktoberrevolution in Russland so ziemlich

[4] Genau genommen schrieb er gleich ein ganzes Buch zu diesem Thema; siehe Fukuyama (1992).

alle Revolutionäre für sich in Anspruch genommen. Bekanntlich taten sie das aber nur selten, und in diesem Punkt sind die Revolutionäre von 1989 eher eine Ausnahme. Die Tatsache, dass es praktisch alle Revolutionäre seither stets behauptet haben, weist aber darauf hin, dass man sich unter einer Revolution heute vor allem solche politischen Umwälzungen vorstellt, welche die gesellschaftlichen Dinge nach dem Willen und dem Interesse einer großen Mehrheit des Volkes nach Zeiten der Unterdrückung neu regeln.

Damit haben wir die drei zentralen Bestandteile des heute verbreiteten Verständnisses von Revolutionen beisammen:

1. Revolutionen setzen die Rechte der großen Masse des Volkes ins Werk und damit ausdrücklich auch die Rechte jener, welche bislang von Einfluss und Mitbestimmung ausgeschlossen waren.
2. Revolutionen werden zwar nicht von einer Mehrheit, aber doch von einer großen Zahl von revolutionären Aktivisten getragen und vor allem von Revolutionären, welche die Mehrheit der Bevölkerung repräsentieren.
3. Revolutionen zielen auf die Errichtung einer neuen, moderneren Verfassung der Gesellschaft, welche es bisher nicht oder zumindest nicht in dem betreffenden Land gegeben hat und welche vor allem den Werten Gerechtigkeit, Freiheit und Demokratie zu ihrem Recht verhelfen soll.

Aus diesen drei Elementen besteht das, was wir den modernen Mythos der Revolution nennen wollen. Ob dieser Mythos die Wirklichkeit revolutionärer Ereignisse zutreffend beschreibt, wird die zentrale Frage aller unserer Überlegungen sein. Eines allerdings müssen wir an dieser Stelle schon festhalten: In der längsten Zeit der Geschichte hatten Revolutionen mit dem modernen Mythos von Revolution rein gar nichts zu tun. Zwar hat es Revolten und gewaltsame Umstürze immer schon gegeben, aber die hatten mit den Revolutionen nach dem heute verbreiteten Verständnis nichts gemein. Vielmehr waren sie stets das Geschäft einer kleinen Elite an der Spitze strikt hierarchisch gegliederter Gesellschaften gewesen. Und sie waren nie auf das Ziel einer besseren Welt gerichtet, erst recht nicht auf Gerechtigkeit, Freiheit und Mitsprache für die große Masse der Bewohner eines Landes. Geradezu abwegig wäre noch zu Beginn des 17. Jahrhunderts der Anspruch erschienen, eine Gesellschaft von Gleichen unter Gleichen gründen zu wollen. Hierzu schrieb die große politische Philosophin Hannah Arendt:

„Gleichheit, wie wir sie verstehen, wonach jeder Mensch als ein Gleicher geboren ist, also Geburt bereits die Gleichheit schafft und garantiert, war allen Jahrhunderten vor dem Anbruch der Neuzeit schlechthin unbekannt."[5]

Von Émilie du Châtelet, einer Naturwissenschaftlerin, Gefährtin und Geliebten Voltaires, berichtet dessen Sekretär, sie würde sich „unbedenklich im Beisein ihrer Bedienten entkleiden, weil sie es noch nicht recht für ausgemacht hielt, daß Bediente Menschen sind."[6] Dabei war Émilie du Châtelet alles andere als das, was man heute eine Reaktionäre nennen würde. Neben ihren naturwissenschaftlichen Schriften und Übersetzungen war sie eine profilierte Aufklärungsphilosophin und kritisierte in zum Teil beißenden Worten religiöse Dogmen und die Dominanz der Männer.[7] Aber was die übrige hierarchische Fügung der Gesellschaft angeht, so blieb selbst der Blick einer Émilie du Châtelet von oben herab auf jene gerichtet, deren Position sich scheinbar naturgegeben von ihrer eigenen unterschied.

Vor diesem Hintergrund wundert es nicht, dass der Begriff der Revolution im Zusammenhang mit dem Umsturz gesellschaftlicher Hierarchien eine ziemlich neuartige Erscheinung ist. Tatsächlich kennzeichnete man politische Umwälzungen überhaupt erst im 17. Jahrhundert erstmals mit dem Begriff der Revolution. Aber selbst da verstand man darunter zunächst noch etwas grundsätzlich anderes als das, was man heute meist darunter versteht. Das gilt auch für die Protagonisten der Glorious Revolution der Jahre 1688 und 1689 in England, der vielleicht ersten modernen Revolution. Zwar kommt der langfristig von der Glorious Revolution ausgelöste Prozess dem heutigen Verständnis von Revolution relativ nahe, doch werden die Hauptakteure dieser Revolution einen solchen Prozess weder beabsichtigt noch überhaupt nur überblickt haben. Vielmehr zielte ein Teil von ihnen schlicht auf die Restaurierung der Monarchie, während ein anderer Teil die Gelegenheit nutzte, um Mitspracherechte für sich durchzusetzen. Im Ergebnis hatte die Einsetzung von Wilhelm III. von Oranien als König jedenfalls einen Preis, und der bestand in dem Zugeständnis, die restaurierte Monarchie einer Kontrolle des Parlaments zu unterwerfen.

---

[5] Arendt (1963), S. 48.
[6] Zitiert nach de Tocqueville (1856/1978), S. 182.
[7] Siehe Badinter (1984).

Dass dieser Preis den Nebeneffekt haben sollte, den Weg in die erste parlamentarische Demokratie zu ebnen, wird zu diesem Zeitpunkt niemand auch nur erahnt haben. Denn das paradox erscheinende Ergebnis der Glorious Revolution bestand zunächst einmal allein darin, dass wieder ein König an der Spitze der englischen Gesellschaft stand. Übrigens dürfte die Bezeichnung „glorious“, die sie von englischer Seite wegen der weitgehend unblutigen Entwicklung bekam, zumindest von den Katholiken in Irland und in den schottischen Highlands, die nach der Inthronisierung von Wilhelm III. in blutigen Schlachten von der englischen Krone unterworfen wurden, als blanker Hohn empfunden worden sein.

Vordergründig ging es zunächst einmal ohnehin um religiöse Streitigkeiten, und die bestimmten die englische Politik nicht erst im Jahr 1688. Bereits Karl II aus dem Haus der Stuarts, der England von 1660 bis 1685 regierte, stand dem Katholizismus nahe, allerdings nicht so nahe, dass er sich für die Rechte der Katholiken im anglikanischen England eingesetzt und damit seinen Thron gefährdet hätte. Stattdessen erließ er Gesetze gegen Katholiken und Nonkonformisten – sehr zur Freude von Kirche, Adel, Parlament und großen Teilen der Bevölkerung. Während Karl II. erst auf dem Totenbett praktisch in letzter Minute zum Katholizismus konvertierte, hatte sein Bruder und Nachfolger Jakob II. diesen Schritt bereits Ende der 1660er Jahre vollzogen. So entstand mit seiner Thronbesteigung im Jahr 1685 die paradoxe Situation, dass ein Katholik König von England und damit Oberhaupt der Anglikanischen Kirche wurde.

Doch das war nicht das einzige Problem: Jakob II. neigte zum Absolutismus und verärgerte Hochadel, Kirche und Bevölkerung durch seine rücksichtslose Politik und den rigorosen Griff in die Geldbeutel seiner Untertanen. Unmittelbarer Auslöser der Glorious Revolution war schließlich die „Declaration of Liberty of Conscience“, die Erklärung zur Religionsfreiheit, vom 4. April 1687, die das Recht auf freie Religionsausübung für Katholiken und protestantische Dissidenten verkündete. Die Anordnung des Königs, dass alle anglikanischen Geistlichen dieses Toleranzedikt von ihren Kanzeln zu verkünden hätten, wurde fast vom gesamten Klerus schlichtweg ignoriert.

Sieben Bischöfe mit dem Erzbischof von Canterbury an der Spitze protestierten massiv gegen die Politik des Königs, der ihnen daraufhin kurzerhand den Prozess machte. Doch als das Gericht sich weigerte, die sieben Geistlichen wegen Aufruhr und Verleumdung zu verurteilen und es daraufhin spontane Freudenkundgebungen des Londoner Bevölkerung gab, war klar: Die Macht Jakobs II. hing an einem seidenen Faden. Als dem König im Juni 1688 ein Sohn geboren wurde, eskalierte die Situation: Da Jakob in zweiter Ehe mit der katholischen Maria von Modena verheiratet war, wurde ein Thronfolger geboren, der nicht der anglikanischen Staatskirche angehörte.

In dieser Situation wandten sich sieben englische Magnaten mit einem „Einladungsbrief" an den stramm protestantischen Wilhelm von Oranien, den Statthalter der Vereinigten Niederlande und Ehegatten Marias, der ältesten Tochter Jakobs II., und forderten ihn zur Invasion auf, um Jakob II. damit zur Revision seiner Politik zu zwingen. Dies ließ sich der Niederländer nicht zweimal sagen: Er landete im November 1688 mit kleinem Gefolge. Obwohl militärisch überlegen, floh Jakob II. kurze Zeit später nach Frankreich.

Und genau hier kommt der Preis ins Spiel, den das neue Königspaar für den englischen Thron zu zahlen hatte: Sie unterzeichneten die Bill of Rights, eines der grundlegenden Dokumente des Parlamentarismus, das die Rechte des englischen Parlaments gegenüber dem König regelte und am 26. Oktober 1689 Gesetzeskraft erlangte. Durch sie war es vorbei mit absolutistischer Willkür: Die Bill of Rights verpflichtete den König, das Parlament in regelmäßigen Abständen einzuberufen, und er benötigte dessen Zustimmung zur Erhebung von Steuern und Abgaben. Darüber hinaus genießen die Parlamentarier seitdem Immunität und völlige Redefreiheit und müssen sich bei Vergehen nur noch vor dem Parlament und nicht mehr vor dem König verantworten.

So begründete die Bill of Rights die konstitutionelle Monarchie in England und diente als Vorbild für die Entwicklung des Parlamentarismus in vielen Ländern. Die bedeutenden Fortschritte für die Demokratie waren zunächst jedoch ausschließlich ein Gewinn für die Parlamentarier, und die Hauptakteure dieser Revolution waren gekrönte Häupter, Kirchenfürsten und der Adel, die nichts anderes im Sinn hatten, als ihre traditionelle Machtposition zu festigen. Das gemeine Volk kam in ihren Überlegungen gar nicht vor. Und doch setzte die Glorious Revolution eine Bewegung in Gang, die schließlich die gesamte Bevölkerung einbezog: Denn aus der Kontrolle der Staatsfinanzen durch das Parlament entwickelte sich Zug um Zug eine moderne Steuerbürokratie und eine rationale Finanzwirtschaft, und das stärkte die Eigentumsrechte auch außerhalb des Adels und förderte damit eine breitere wirtschaftliche Entwicklung. Eine neue bürgerliche Schicht entstand, die mit ihren Erfolgen im Handel und dem Aufbau von Privatvermögen die Basis für die erfolgreiche Rolle Englands in einer ganz anderen revolutionären Bewegung schuf – der industriellen Revolution des 19. Jahrhunderts.

In diesem Sinne war die Glorious Revolution in der Tat die erste politische Umwälzung, die nach dem heutigen Verständnis einer Revolution zumindest nahe kam. Sie war aber zugleich schon die letzte, welche dem damaligen Verständnis des eben erst geborenen Begriffs einer gesellschaftlichen Revolution entsprach. Denn gerade auch die Protagonisten der Glorious Revolution verbanden damit etwas grundlegend Anderes, und dies mag deutlich werden, wenn wir uns die ursprünglich aus der Astronomie stammende Bedeutung ansehen. Dort bezeichnete man eine Revolution als einen Prozess des Zurückwälzens im Rahmen der immerwährenden Kreisbewegung der Himmelskörper, welche *revolvierend* stets wieder zu den gleichen Anordnungen zurückfinden.[8] Ganz analog dazu stellte man sich die Geschichte der Menschheit wie einen immerwährenden zirkulären Prozess vor, der stets wieder zu der als natürlich empfundenen Ordnung der gesellschaftlichen Dinge zurückkehrt.

Zu dieser natürlichen Ordnung gehörte es, dass jeder Mensch seinen ihm zugewiesenen Platz in einer natürlichen Hierarchie einzunehmen hat und es ein Zeichen von Fehlentwicklung ist, wenn sich gesellschaftliche Gruppen politische Macht anmaßen, welche in der natürlichen Ordnung nicht als Eliten vorgesehen sind. Die Idee, dass Unfreiheit und Armut der Massen die Schuld der Mächtigen an der politischen Spitze sein könnten, hat bis weit in die Neuzeit niemand ernsthaft in Betracht gezogen. Vielmehr waren Unfreiheit und Armut für jene, die es betraf – also für die überwältigende Mehrheit der Bevölkerung – Teil der göttlichen oder natürlichen Fügung, zu der die Dinge in einem ewigen Kreislauf immer wieder zurückfinden. Hierzu schrieb Hannah Arendt:

---

[8] Deutlicher im Original des revolutionären Buches *„De Revolutionibus orbium coelestium"* (Über die Kreisbewegungen der Weltkörper) von Nikolaus Kopernikus aus dem Jahre 1543.

„[D]er Unterschied zwischen Arm und Reich als solcher hat bis zum Anbruch der Neuzeit und bis zum Ausbruch der Revolutionen des achtzehnten Jahrhunderts als ebenso natürlich für das Leben des politischen Organismus gegolten wie der Unterschied zwischen Krank und Gesund im Leben des menschlichen Organismus."[9]

Und an einer anderen Stelle schreibt sie:

„Die Vorstellung, dass gerade die Armen, weil sie ‚nichts zu verlieren haben als ihre Ketten', imstande sein könnten, die Fesseln der Unterdrückung ein für allemal zu sprengen, ist uns durch Marx' Lehren so geläufig geworden, daß wir versucht sind zu vergessen, daß niemand vor der Französischen Revolution je auf diesen Gedanken gekommen ist."[10]

Ganz im Gegenteil: Revolution wurde zunächst als ein Prozess betrachtet, der ein vorübergehendes Abdriften von der Natur der Dinge korrigiert und die natürliche Ordnung wiederherstellt – *revolviert* eben. Daher wurde Revolution zunächst nicht als ein progressiver, nach vorne strebender Prozess verstanden, der eine überkommene Ordnung zugunsten einer neuen, besseren und gerechteren Ordnung überwindet; vielmehr war sie Teil des immerwährenden Kreislaufs, der stets an seinen Ausgangspunkt zurückkehrt:

„Nichts lag dem ursprünglichen Sinn des Wortes ‚Revolution' ferner als die Vorstellung, daß menschliches Handeln einen Prozeß einleiten könnte, der der alten Ordnung ein endgültiges Ende setzt und die Geburt einer neuen Welt herbeiführt."[11]

Genau dieses Denken war auch den Protagonisten der Glorious Revolution selbstverständlich. Man erkennt es allein daran, dass ihr Ansatz darin bestanden hatte, mit dem Haus von Oranien ein konkurrierendes Königshaus einzuspannen, um eine Ordnung wiederherzustellen, die ihnen als völlig natürlich erschien. Dass sie sich zugleich mit der Bill of Rights gegen eigene Machtverluste absicherten, ließ ihren Revolutionsbegriff für mindestens 200 weitere Jahre unberührt. Selbst mit der Französischen Revolution änderte sich dieser Begriff nur zögerlich, denn auch deren Protagonisten dach-

---

[9] Arendt (1963), S. 25.
[10] Arendt (1963), S. 83 (Hervorhebung im Original).
[11] Arendt (1963), S. 51.

ten zunächst an die Restauration einer Ordnung, die aus ihrer Sicht durch die Auswüchse des Absolutismus aus den Fugen geraten war.

Selbst der amerikanische Unabhängigkeitskampf, der erstmals in eine demokratische Gesellschaft von Gleichen unter Gleichen mündete,[12] lebte zunächst von der Rückbindung an die englischen Verhältnisse, welche die amerikanischen Siedler in der Welt nicht mehr verwirklicht sahen. Genau das begründete den Schlachtruf der berühmten *Boston Tea Party*: „Keine Steuer ohne Repräsentation." Denn dieser Schlachtruf besagte, dass jeder, der Steuern an die englische Krone zu entrichten hatte, im englischen Parlament auch repräsentiert sein müsse, egal ob er sich in Übersee oder im Kernland befand. Dass die Amerikanische Revolution schließlich etwas ganz Neues, bisher nicht Dagewesenes schaffen würde, war den aufbegehrenden Amerikanern zu diesem Zeitpunkt ebenso wenig bewusst wie den frühen Aktivisten der Französischen Revolution.

So wandelte sich die Bedeutung des Begriffs der Revolution erst im Verlaufe der beiden großen politischen Umwälzungen des 18. Jahrhunderts. Unter den politischen Philosophen hatte die Vorstellung eines ewigen Kreislaufs der Dinge allerdings schon im Vorfeld Risse bekommen, denn diese arbeiteten bereits seit dem 17. Jahrhundert an Konzepten, in denen sich Menschen fern einer von „oben" gegebenen natürlichen Ordnung in freiem Entschluss auf die Spielregeln einer selbst entworfenen gesellschaftlichen Ordnung einigen könnten. Aber außerhalb akademischer Studierstuben wurden diese Überlegungen erst im Verlaufe der Amerikanischen und der Französischen Revolution überhaupt aktuell. Als nämlich klar wurde, dass diese beiden Revolutionen nicht *revolvierend* sein und daher auch keine wie immer gedachte alte Ordnung wiederherstellten würden, da schlug die große Stunde der neuzeitlichen politischen Philosophie.

Seither haben alle Revolutionäre die Werke von Thomas Hobbes bis Karl Marx vor Augen gehabt, und das lag daran, dass sie von nun an als Akteure bekannt wurden, deren Ziel es war, zu neuen Ufern aufzubrechen. Von vielen der neuzeitlichen Philosophen haben sich diese Revolutionäre freilich in die Irre führen lassen, aber umgekehrt haben Konzepte der politischen Philosophie wohl nie wieder eine so fruchtbare Rolle gespielt wie in der Ent-

[12] Dass sie nicht einmal auf die Idee kamen, Schwarze und indigene Amerikaner in den Kreis der Gleichen einzuschließen, unterstreicht noch einmal, wie sehr sie in der Vorstellung vom ewigen Kreislauf der natürlichen Ordnung der Dinge gefangen waren.

stehung der ersten und bis heute bestehenden Demokratie. James Madison, Thomas Jefferson, John Adams, David Hamilton und all die anderen Gründerväter der Vereinigten Staaten hatten die Werke der neuzeitlichen politischen Philosophen nicht nur selbst geradezu verschlungen; vielmehr hatten die meisten von ihnen selbst Beiträge dazu verfasst, von denen viele bis heute zum maßgeblichen Bestand der modernen politischen Philosophie gehören.[13]

Mit der Amerikanischen und der Französischen Revolution hatte sich der Begriff der Revolution also deutlich verschoben. Denn von nun an bezeichnete er einen Wandel hin zu einer neuen Gesellschaft; und vor allem zu einer Gesellschaft, die sich durch einen höheren Grad an Freiheit auszeichnet. Der französische Universalgelehrte, Aufklärer und demokratische Vordenker Nicolas Cariat, Marquis de Condorcet (1743–1794), gehörte zu den intellektuellen und politischen Begleitern der Französischen Revolution, bevor er 1793 vor den Jakobinern fliehen und abtauchen musste. Im März 1794 wurde er dann doch noch gefasst und starb schließlich unter bis heute ungeklärten Umständen in der Haft. Im Jahre 1793, vier Jahre nach dem Ausbruch der Revolution und am Vorabend des Jakobinischen Terrors, schrieb er zum Wesen der Revolution:

> *„Das Wort Revolutionär darf nur auf Revolutionen angewendet werden, welche die Freiheit zum Gegenstand haben."*[14]

Diese Feststellung eines der intellektuellen Schwergewichte seiner Zeit dokumentiert vielleicht am deutlichsten den Wandel des Begriffs der Revolution während der Französischen Revolution. Freiheit und Neuanfang waren von nun an die Erkennungsmerkmale einer Revolution, und diese Merkmale haben sich bis heute gehalten, wie wir noch einmal bei Hannah Arendt nachlesen können:

---

[13] Die im Zuge der Diskussion um die Verabschiedung der US-amerikanischen Verfassung von 1787 in einer Reihe von New Yorker Zeitungen erschienenen 85 „Federalist Articles" von Alexander Hamilton, John Jay und James Madison dürfen heute ohne Zweifel zu den Klassikern der modernen politischen Philosophie zählen. Durchstreift man allerdings einmal die modernen deutschen Lehrbücher politischer Theorie und Philosophie, so findet man, dass die „Federalist Articles" in der deutschen Politikwissenschaft kaum zur Kenntnis genommen werden. Das ändert nichts daran, dass sie unbedingt lesenswert sind; siehe Adam (1994). Der guten Ordnung halber sollten aber auch die Artikel der damaligen Gegner des Verfassungsentwurfs erwähnt werden; siehe hierzu Storing (1985).

[14] Condorcet, Nicolas Marquis de (1793) (Übers. d. Verf.).

„Daß die Idee der Freiheit und die Erfahrung eines Neuanfangs miteinander verkoppelt sind in dem Ereignis selbst, ist für ein Verständnis der modernen Revolution entscheidend. […] Nur wo dieses Pathos des Neubeginns vorherrscht und mit Freiheitsvorstellungen verknüpft ist, haben wir das Recht, von Revolution zu sprechen."[15]

Freilich führte nur die Amerikanische Revolution auf direktem Wege in eine freiheitliche Demokratie, während die Französische Revolution zunächst einmal in ein Terrorregime und von dort zurück in ein Kaiserreich mündete. Bereits dies zeigt, dass Anspruch und Wirklichkeit des gewandelten Begriffs von Revolution nicht unbedingt zusammenpassen mussten. Im Falle der beiden Revolutionen des 18. Jahrhunderts erklärt sich der Unterschied nicht zuletzt aus den unterschiedlichen Ideen darüber, in welcher Form sich ein Volk eine neue Ordnung geben kann, nachdem es durch die Revolution von der alten Herrschaftsordnung befreit worden ist.[16]

Mit dem neuen Begriff der Revolution war aber noch keineswegs geklärt, was die Ursachen von Revolutionen waren und wer sie vorantrieb. Die Antwort darauf scheint auf den ersten Blick selbstverständlich: Es ist stets das Volk, und es findet sich zur Revolution zusammen, wenn es der alten Herrschaftsstrukturen überdrüssig ist. Aber so einleuchtend und fast schon zwingend diese Feststellung auch erscheint, so ist sie doch zu einfach. Denn das Volk schlechthin gibt es nicht. Wir erinnern uns: Bis in die Zeit der beiden großen Revolutionen des 18. Jahrhunderts hinein war das Volk in einer strikten Hierarchie gegliedert, deren scheinbar natürliche Quelle bis dahin kaum jemand ernsthaft infrage gestellt hatte. Welche Einwohner auf welcher Ebene der Hierarchie hätten also mit „dem Volk" überhaupt gemeint sein können? Dass die „breite Masse" derjenigen, die auf der untersten Stufe

---

[15] Arendt (1963), S.34 und S.41.

[16] Das Denken der französischen Revolutionäre war ganz wesentlich von der Idee des *volonté general* (dem gemeinsamen Willen) von Jean Jacque Rousseau (1762/2008) geprägt, unter dem sich zu sammeln nach Ansicht des Jakobiners Maximilien de Robespierre der einzige Weg zur Vollendung der Freiheit in der Gesellschaft war. Dazu aber brauchte er die unbeschränkt zentralisierte und unkontrollierte Macht des Staates, was auf direktem Wege in den Jakobinischen Terror führte. Im Gegensatz dazu waren die amerikanischen Revolutionäre vor allem von den Einsichten Charles de Secondat, Baron de Montesquieu, geprägt. Sein Denken prägte das Misstrauen der amerikanischen *founding fathers* gegenüber jedweder zentralisierten Macht, und das führte direkt zu dem amerikanischen Prinzip der *checks and balances*. Zu den klassischen Analysen der beiden Revolutionen und ihrer Unterschiede gehören die von Alexis de Tocqueville (1836; 1867) und, in neuerer Zeit, wiederum die von Hannah Arendt (1963).

der Hierarchie standen, irgendein Recht hätte haben können, im Wege einer Revolution die Macht zu übernehmen, wäre zumindest aus der damaligen Sicht eine fast schon groteske Vorstellung gewesen.

Aber wir erinnern uns auch daran: Man war gerade im Begriff, sich von der Idee der ewigen Kreisläufe in einer immerwährenden natürlichen Ordnung zu verabschieden. Damit verabschiedete man sich auch von der Idee einer statischen Ordnung der Dinge, die nie vorwärtsschreitet und nie grundsätzlich Neues erschafft, sondern stets dazu tendiert, die als natürlich empfundenen Hierarchien zu bewahren oder wiederherzustellen. Nun, da man diese statische Idee verworfen hatte und zu neuen Ufern aufgebrochen war, lag es nahe, sich dynamische Gesetzmäßigkeiten der Geschichte vorzustellen.

Und genau das tat man: Von nun stellte man sich keine ehernen Gesetze mehr vor, die die gesellschaftlichen Hierarchien vor einem als unnatürlich empfundenen Abdriften bewahrten. Aber man entwickelte eine ganz ähnliche Idee: Man begann damit, sich eherne Gesetze vorzustellen, die den dynamischen Gang der Geschichte vorantreiben, welche die gesellschaftliche Ordnung in einem dialektischen Prozess immer neuen, immer moderneren Strukturen zutreiben. Eines der einflussreichsten intellektuellen Kinder der Französischen Revolution war Georg Wilhelm Friedrich Hegel, auf den sich unter anderem eine junge und aufsässige Gruppe von Anhängern berief, die sich „Junghegelianer“ nannten. Einer dieser Junghegelianer sollte mit seinen revolutionären Theorien ebenso wie mit seinem radikalen politischen Engagement Geschichte schreiben. Sein Name war: Karl Heinrich Marx.

Mit den übrigen hegelianischen Geschichtsphilosophen teilte Marx die Idee, dass der Lauf der Geschichte ehernen Gesetzmäßigkeiten folge, einer List der Vernunft also, die man zwar verstehen, die man aber nicht ändern oder in ihrem grundsätzlichen Lauf aufhalten könne. Der dynamische Fortschritt von einer Gesellschaftsform zur nächsten war in ihren Augen zwingend und insoweit nur scheinbar von Menschen vorangetrieben. Eine der Besonderheiten der marxistischen Variante der Geschichtsphilosophie war, dass jeder historische Sprung auf eine höhere Stufe der Gesellschaftsordnung zur nächsten durch eine Revolution ausgelöst wurde; und deren Ursache fand sich wiederum in den inneren Widersprüchen, in die sich die alte Ordnung im Laufe der Zeit immer weiter verwickeln musste.

Jede Epoche hatte ihren Sinn und musste durchlaufen werden – auch und gerade jene des Kapitalismus. Aber so wie sie notwendigerweise durchlaufen werden musste, so war ihr künftiger Untergang auch vom Anbrechen jeder Epoche an klar, man könnte sagen programmiert. Die inneren Widersprüche einer untergehenden Epoche äußern sich in zunehmenden Klassenkämpfen zwischen den jeweils Herrschenden und den Beherrschten und entladen sich am Ende in einer Revolution, welche die nächste Epoche einleitet. Aus diesem Grunde schrieb Karl Marx zusammen mit seinem Mitstreiter Friedrich Engels im Kommunistischen Manifest von 1848 den berühmten Satz:

> *„Die Geschichte aller bisherigen Gesellschaft ist die Geschichte von Klassenkämpfen."*[17]

Für uns ist an diesem Satz ebenso wie an der Geschichtsphilosophie Hegels und seinen Nachfolgern die Idee der Zwangsläufigkeit interessant. Denn wenn der Gang der Geschichte mit all seinen Revolutionen zwangsläufig ist, dann degradiert er die Menschen selbst zu passiven Erfüllungsgehilfen eines Räderwerks namens Geschichte, und genau das waren sie in der alten statischen Welt der ewigen und ehernen Kreisläufe auch. Im Grunde überführte der Bedeutungswandel der Revolution die unabänderliche *Ordnung* der Dinge nur in einen unabänderlichen *Lauf* der Dinge. Die Menschen selbst blieben Marionetten einer Geschichte, deren Drehbuch die geheimnisvolle List der Vernunft schrieb. Sie allein war es, die die Gesellschaft fortan unaufhaltbar von Revolution zu Revolution, von Entwicklungsstufe zu Entwicklungsstufe trieb und die die Ordnung der Dinge mit gesetzmäßiger Notwendigkeit ihrem vorläufigen Endpunkt zutrieb: dem Kommunismus.

Auch wenn sie heute zum festen Bestand der Realsatire gehört, so gibt eine der letzten offiziellen Verlautbarungen Erich Honeckers im August 1989 genau diese Vorstellung von Zwangsläufigkeit noch einmal plastisch wieder, als Honecker im Angesicht des untergehenden Arbeiter- und Bauernstaates trotzig behauptete:

> *„Den Sozialismus in seinem Lauf hält weder Ochs noch Esel auf."*[18]

Es mag wie ein Zufall erscheinen, dass Honecker eine solche Wendung benutzte. Aber es war kein Zufall, sondern reflektiert die tief verinnerlichte

[17] Marx/Engels (1848/2007), S. 1.
[18] Neues Deutschland, 15. August 1989.

marxistische Zwangsläufigkeitsthese eines orthodoxen Kommunisten.[19] Und nicht nur Ochs und Esel waren ohne Einfluss auf den Gang der Geschichte. Vielmehr kamen Menschen als handelnde und miteinander interagierende Akteure in allen revolutionären Theorien bis einschließlich der von Karl Marx und seinen Anhängern im Prinzip überhaupt nicht vor! Das änderte sich erst mit den desillusionierenden Folgen des sozialistischen Experiments, und hier befinden wir uns bereits in einer Zeit nach dem Zweiten Weltkrieg.

Mit der Hoffnung auf die sozialistische Erlösung von allen gesellschaftlichen Konflikten in der klassenlosen Gesellschaft ging in den Jahrzehnten nach dem Zweiten Weltkrieg auch die Überzeugung vom zwangsläufigen Gang der Geschichte verloren. Zugleich zerbröselten die Reste des imperialistischen Zeitalters, und das war verbunden mit vielfältigen Befreiungskämpfen rund um den Globus. Zunächst war das alles noch eingebettet in den Ost-West-Konflikt, weil die sowjetische und teilweise auch die chinesische Seite die Befreiungsbewegungen unterstützten, um die betreffenden Länder an ihren Einflussbereich zu binden. Aber in Wirklichkeit hatten sich die Freiheitskämpfer weniger aus ideologischen als vielmehr aus sehr praktischen Gründen mit ihren sozialistischen Bruderstaaten verbündet. Theoretische Konstrukte wie die historischen Bewegungsgesetze und der unaufhaltsame Weg in das Arbeiter- und Bauernparadies interessierten die meisten von ihnen bestenfalls am Rande.

Mit 1989 verloren sich dann auch noch die Reste solcher ideologischen Bindungen. Seither geht es in revolutionären Bewegungen fast nirgendwo mehr darum, Geburtshelfer zwangsläufiger historischer Prozesse zu sein. Und je weniger man davon noch hören wollte, desto mehr rückte das Handeln individueller Menschen in den Mittelpunkt der Betrachtung revolutionärer Ereignisse – genau das also, was in den Jahrhunderten seit dem Aufkommen des Begriffs der Revolution praktisch keine Rolle gespielt hatte. Und das ebnete den Weg dazu, Revolutionen als Ereignisse zu analysieren, die sich aus dem Zusammenspiel des Handelns vieler individueller Menschen ergeben. Kurz: zur Anwendung moderner sozialwissenschaftlicher Methoden zur Erforschung von Revolutionen.

[19] In Wirklichkeit stammt der Satz gar nicht von Honecker selbst. Er zitierte ihn nur, denn er kursierte lange zuvor in sozialistischen Kreisen, auch wenn seine ursprüngliche Quelle ungeklärt ist.

Zeitgleich haben diese jüngsten Entwicklungen aber auch einen neuen Mythos begründet: den modernen Mythos der Revolution. Und dazu hat gerade die Halbherzigkeit beigetragen, mit der die vielen Befreiungsbewegungen die marxistische Ideologie übernommen hatten. Denn hinter den Lippenbekenntnissen zum Marxismus ging es ihnen in erster Linie darum, die kolonialen Herrscher loszuwerden, und häufig genug ging es ihnen auch darum, gegen die extrem ungleiche Vermögensverteilung vorzugehen, welche in vielen Ländern das Erbe der Kolonialzeit war und ist. Denn diese Ungleichverteilung sorgte von Beginn an dafür, dass die große Masse der mittellosen Menschen sich von revolutionären Befreiungskämpfern besser vertreten sah als von ihren Regierungen, auch wenn sich das später leider oft als Illusion herausstellte. Gewiss hat die Ungleichverteilung aber auch dazu beigetragen, dass mancher Revolutionär es in die Popkultur des Westens geschafft hat; allen voran der Argentinier Ernesto „Che" Guevara.

Zu Recht stellt man sich heute unter Revolutionen keine geschichtsmächtigen Epochenwechsel mehr vor, hinter denen sich eherne Gesetzmäßigkeiten der historischen Entwicklung verbergen. Genauso wenig denkt man noch an eine naturgegebene Ordnung, zu der eine Gesellschaft mit Notwendigkeit im Wege einer Revolution zurückkehrt. Vielmehr stehen im Mittelpunkt des modernen Mythos der Revolution solche politischen Umwälzungen, welche von der Bevölkerung aus eigenem Interesse begrüßt und getragen werden und an denen sich zumindest eine große Zahl an Menschen aus der Bevölkerung beteiligt. In diesem Sinne sind diese Umwälzungen getrieben vom Unmut der Menschen über ihre jeweilige Situation, die sie nicht mehr zu dulden bereit sind. Der moderne Mythos der Revolution speist sich aus individuell handelnden Akteuren, also aus Menschen, die sich immer dort zur Durchsetzung des guten Zwecks zusammenfinden, wo das nötig ist und wo es für die große Mehrheit der Bevölkerung eine schlechte in eine gute gesellschaftliche Lage überführt; von ungerecht zu gerecht, von unfrei zu frei, von autokratisch zu demokratisch.

Gewiss muss sich nicht jedes einzelne Mitglied aus der großen Masse der Bevölkerung direkt an einer solchen Umwälzung beteiligen. Aber sie muss doch zumindest getragen werden von der Bevölkerung, und wenn nicht von jedem Einzelnen, so doch von einer überwältigenden Mehrheit. Von Entwicklungsstufen oder historischen Bewegungsgesetzen ist dabei nicht mehr die Rede, wohl aber von der Abkehr von Ungerechtigkeit, Unfreiheit und

Diktatur und von einer Hinwendung zu Gerechtigkeit, Freiheit und Demokratie.

Das ist der Stoff, aus dem der moderne Mythos der Revolution gemacht ist, und damit sind wir zurück im Sommer 1989. Denn wenn irgendein Ereignis Pate stehen könnte für den modernen Mythos der Revolution, dann das, was seinerzeit in Warschau und Danzig begann und was sich nach langer und unentwegter Vorarbeit plötzlich in rasanter Geschwindigkeit über ganz Mittel- und Osteuropa verbreitete: die moderne Revolution, die unabhängig von abgehobenen Entwürfen den Interessen der Menschen folgt und die gerade deshalb von den Bewohnern eines Landes getragen und bejubelt wird. Mit ihr schien klar zu sein, dass sich kein Diktator mehr seiner Macht sicher sein kann, wenn ihn das Volk nicht mehr zu dulden bereit ist.

Aber auch der moderne Mythos der Revolution ist eben nur ein Mythos, eine mehr oder weniger schöne Geschichte. Ob die konkreten Ereignisse in einem Land diesem Mythos gerecht werden, steht auf einem ganz anderen Blatt. Und alles, was sich nach 1989 und dem Ausrufen des Endes der Geschichte ereignet hat, zeigt uns, dass der damals überbordende Optimismus in schon fast tragischer Weise übereilt war: Erstens zeigen uns zahlreiche Beispiele, allen voran das von Nordkorea, dass die Unterdrückung der Bevölkerung bestenfalls eine notwendige, keineswegs aber eine hinreichende Bedingung für eine Revolution ist; und zweitens zeigt uns der weitgehend gescheiterte arabische Frühling, dass es eine Sache ist, ein ungerechtes System abzuschütteln, aber eine ganz andere Sache, ein gerechtes, freiheitliches und demokratisches System an seine Stelle zu setzen.

Eine Revolution schafft nämlich zunächst einmal nicht mehr als ein Machtvakuum, und in dieses Machtvakuum kann alles Mögliche hineinstoßen: Militärregime, Theokratien, Bürgerkriege, zerfallende Staaten, Restaurationen alter Macht oder andere Formen der Diktatur. Manchmal kann es tatsächlich auch eine Demokratie sein, die sich von dort aus Zug um Zug stabilisiert. Das aber ist bisher jedenfalls stets die Ausnahme geblieben. Die ernüchternde Erkenntnis ist, dass der moderne Mythos der Revolution eine Geschichte ist, die meist zu schön ist, um wahr zu sein. Das mag man betrüblich finden, aber es hat Gründe, und um die wird es in den weiteren Kapiteln gehen.

2. Die Machtbasis eines Diktators

„Rich, unser herrlicher Führer (…), wird an keinen terroristischen Aktionen teilnehmen, weil er es böse mit der Wirbelsäule hat."

(Aus dem Film: Das Leben des Brian)

Als der französische Historiker, Philosoph und Politiker Alexis de Tocqueville (1805–1859) im Jahre 1856 sein Standardwerk über die Französische Revolution[20] veröffentlichte, war er längst ein berühmter Mann. Bereits zwei Jahrzehnte zuvor war er schlagartig in den Olymp der politischen Philosophen aufgestiegen, als er nach einer knapp einjährigen Amerika-Reise das Buch „Über die Demokratie in Amerika"[21] veröffentlichte. Von diesem Buch hatte kein Geringerer als der englische Ökonom und Sozialphilosoph John Stuart Mill behauptet, es sei das erste philosophische Buch gewesen, das über die Demokratie geschrieben worden ist.[22]

Für de Tocqueville gab es zwei Merkmale der vorrevolutionären französischen Gesellschaft, die im Vergleich zum zeitgenössischen England und erst recht im Vergleich zu den jungen Vereinigten Staaten ins Auge stechen mussten: erstens der enorme Zentralisierungsgrad aller staatlichen Gewalt, für den Frankreich freilich bis zum heutigen Tag bekannt ist; und zweitens eine eigentümliche Variante der Ständegesellschaft, welche darin zum Ausdruck kam, dass es unzählige gesellschaftliche Gruppen gab, in denen sich die Aristokratie mit ihren vielfältigen und einander widerstreitenden Interessen organisierte. Hierzu schrieb er:

> *„Ich habe nicht weniger als sechsunddreißig verschiedene Körperschaften unter den Notabeln einer kleinen Stadt gefunden. Diese verschiedenen Körperschaften, obwohl winzig, arbeiten unablässig daran, sich noch mehr zu verkleinern; sie sind ständig bemüht, sich von heterogenen Teilen zu reinigen, die sie möglicherweise enthalten, um sich auf einfache Elemente zu reduzieren."*[23]

[20] Der Titel des Originalwerks von 1856 ist: „L'Ancien Régime et la Révolution". Siehe Tocqueville (1856/1978) für eine deutsche Ausgabe.

[21] Siehe de Tocqueville (1836/1987).

[22] Siehe J. P. Mayer (1978), S. 302.

[23] de Tocqueville (1856/1978), S. 102.

T. Apolte, *Der Mythos der Revolution*,
https://doi.org/10.1007/978-3-658-27939-4_2

Jede einzelne dieser Gruppen versuchte ihren jeweiligen Einfluss auf alle politischen Entscheidungen geltend zu machen, aber alle zusammen bildeten sie einen entscheidenden Hemmschuh für die politische und wirtschaftliche Entwicklung des Landes und trugen so zur Zuspitzung der politischen Lage bis hin zur Revolution bei. Besonders merkwürdig fand de Tocqueville, dass die in den verschiedenen Gruppen um ihre Pfründe kämpfenden Menschen im Grunde alle einander gleich waren, und mehr noch: dass sie sich der zerstörerischen Konsequenzen ihrer Gruppenegoismen durchaus bewusst waren:

> *„[J]ede dieser Gruppen dachte nur an sich selbst (...). Wer [aber] ihrem Geist auf den Grund hätte blicken können, würde entdeckt haben, daß jene kleinlichen Schranken, durch die so gleichartige getrennt wurden, ihnen selbst als dem öffentlichen Interesse und dem gesunden Verstand widersprechend erschienen und daß sie in der Theorie bereits die Einheit anbeteten. Ein jeder hielt nur darum fest an seinem Stand, weil andere sich durch den Stand absonderten."*[24]

Alle Gruppen und deren Mitglieder wussten, dass das Spiel, das sie miteinander spielten, für alle am Ende zerstörerisch wirkte. Aber wenn eine Gruppe allein um des großen Ganzen willen aus dem Spiel ausschiede, während alle anderen um der kleinlichen Vorteile willen das Spiel weiterspielten, dann wären die Verluste für die Aussteigergruppe noch größer, als wenn auch sie wie alle anderen weiterspielten. Und so spielten sie alle weiter und ruinierten sehenden Auges die Grundlagen der überkommenen Gesellschaft, deren Ende schließlich durch die Französische Revolution besiegelt wurde.

Nun war die Französische Revolution bekanntlich erst einmal nicht erfolgreich, sofern wir den Erfolg an der Errichtung einer freiheitlichen Demokratie messen. Aber wie immer die Historiker die Folgen dieser Revolution beurteilen mögen, in jenem Punkt, den de Tocqueville beklagte, hat sie doch etwas Entscheidendes bewirkt: Den alten Ständestaat und das zerstörerische Zusammenwirken der aristokratischen Sonderinteressen hat sie grundlegend erschüttert, auch wenn es nicht gleich im ersten Anlauf gelungen war, die Vorrechte des Adels endgültig zu beseitigen.

[24] de Tocqueville (1856/1978), S. 103f.

In dieser Hinsicht hatten es die Amerikaner nach ihrer annähernd zeitgleich stattgefundenen Revolution freilich einfacher. Sie konnten ein neues politisches System errichten, ohne sich dabei um eine alte Aristokratie und deren vielfältige Sonderinteressen scheren zu müssen. Kurzerhand verboten sie in ihrer Verfassung jedwede politische und gesellschaftliche Privilegierung und untersagten es öffentlichen Amtsträgern sogar, ausländische Adelstitel überhaupt nur anzunehmen.[25] Der Amerikaner C. R. MacNamara, seines Zeichens Coca Cola-Repräsentant im Nachkriegs-Berlin der frühen 1960er Jahre in der rasanten Billy-Wilder-Komödie „Eins, Zwei, Drei", fasste dies in die Worte:

> *„Die einzigen Grafen, die wir in Amerika haben, sind die Telegrafen und die Stenografen."*

Wenn auch in unterschiedlichem Maße, so können die Französische und die Amerikanische Revolution aber dennoch gleichermaßen als Wegbereiter der heutigen Massengesellschaft gesehen werden. Diese Massengesellschaft gesteht keinem ihrer Mitglieder ein formelles Geburtsrecht auf bestimmte gesellschaftliche Positionen zu. Da nun auch Karl Marx ein Kind der Französischen Revolution war, setzten seine Ideen genau hier an. Die formelle Gleichbehandlung vor dem Gesetz war ihm nicht genug. Zwar war es für ihn eine historische Notwendigkeit, dass der Ständestaat den Revolutionen zum Opfer gefallen war, aber er bemängelte, dass an die Stelle der Aristokraten nun die Klasse der Vermögenden getreten war. Die Teilung der Gesellschaft war demnach eine zwischen einer kleinen wohlhabenden Bourgeoisie auf der einen Seite und der großen Masse der Besitzlosen auf der anderen Seite geworden. Der Schritt in die Massengesellschaft war zwar getan, aber das historische Werk blieb unvollendet, solange die Masse der Menschen nunmehr von einer kleinen vermögenden Elite ausgebeutet wurde.

Eine letzte Revolution fehlte also noch, und das war die Revolution der großen Massen. Dabei schien ihm eines völlig natürlich zu sein: Es würde im ureigenen Interesse eines jeden Mitglieds dieser mittellosen Masse liegen, sich gegen die Bourgeoisie zu erheben und für das Recht der verarmten

[25] Das ist geregelt in Art. I der amerikanischen Verfassung, in der es heißt: "No title of nobility shall be granted by the United States: and no person holding any office of profit or trust under them, shall, without the consent of the Congress, accept of any present, emolument, office, or title, of any kind whatever, from any king, prince, or foreign state."

Masse zu kämpfen. Einer solchen Revolution würde das von de Tocqueville beschriebene kleinliche Gezerre um Anteile am gesellschaftlichen Kuchen kein Hindernis mehr sein, und zwar gerade deshalb nicht, weil die Gesellschaft nun nur noch aus zwei großen Gruppen bestand: der auf den Geldtöpfen sitzenden, zahlenmäßig aber stetig schrumpfenden Bourgeoisie auf der einen Seite und der mittellosen, aber an Mitgliedern immer zahlreicher werdenden Arbeiterklasse auf der anderen Seite. Die Macht des Geldes würde damit früher oder später zwangsläufig der Macht der schieren Zahl weichen müssen, und jedes einzelne Mitglied dieser immer zahlreicheren Arbeiterklasse würde persönlich davon profitieren, die Kapitalisten von ihren Geldtöpfen zu verjagen. Folglich, so glaubten Marx und Engels, würden sich diese Massen der Arbeiterklasse früher oder später zwangsläufig zu genau diesem Zwecke zusammenfinden. Berühmt wurde dieser scheinbar zwingende Schluss im Kommunistischen Manifest von Karl Marx und Friedrich Engels von 1848, in dem sie schrieben:

> *„Mögen die herrschenden Klassen vor einer kommunistischen Revolution zittern. Die Proletarier haben nichts in ihr zu verlieren als ihre Ketten. Sie haben eine Welt zu gewinnen.“*[26]

Nun ist dieser Schluss aber keineswegs so zwingend, wie es auf den ersten Blick erscheint – und zwar auch und gerade nicht unter den Bedingungen der nur noch zwei verbleibenden Gruppen oder – wie Marx sie nannte – Klassen. Zwar haben Herrscher im Zeitalter der Massengesellschaft anders als ihre Kollegen aus den aristokratischen Ständestaaten nicht mehr die Möglichkeit, die vielfältigen Stände gegeneinander auszuspielen. Dafür machen sie aber von einer anderen Möglichkeit Gebrauch: Sie spielen die Individuen gegeneinander aus, und zwar eines gegen das andere. Das Problem der Revolutionäre unter solchen Bedingungen ist, dass die Millionen Individuen naturgemäß noch viel stärker vereinzelt sind als die vielen aristokratischen Gruppen, über deren selbstzerstörerisches Spiel sich de Tocqueville seinerzeit beklagte. Zwar scheint es, als würde sie allein schon das gemeinsame Interesse an der Entmachtung der herrschenden Klasse einigen. Aber dieser Schein trügt, wie wir noch sehen werden.

Stellen wir uns zu diesem Zweck zunächst einmal ein Maß für die Lebensqualität eines dieser Individuen vor, welches bei null startet und mit steigender Lebensqualität immer höher wird. Nehmen wir einmal an, individu-

---

[26] Marx/Engels (1848), S. 77.

ell befragte Menschen hätten den jeweiligen Wert gegenüber Interviewern angegeben. Dabei habe sich herausgestellt, dass ein Wert von 100 von solchen Bürgern angegeben wurde, welche als durchschnittliche Bürger in einem freien und demokratischen Land leben. Dagegen wurde ein Wert von 50 von durchschnittlichen Bürgern in einer Diktatur angegeben. Schließlich stellen wir uns vor, dass ein Wert von null von jenen Menschen angegeben wurde, welche ihr Leben im Gefängnis eines Diktators verbringen müssen. Die Reihenfolge dieser Angaben ist plausibel, und solange diese Reihenfolge bestehen bleibt, kommt es auf die genaue Höhe eigentlich gar nicht an – zumindest an dieser Stelle noch nicht. Sie ist uns aber zur Illustration des Problems dienlich.

Natürlich sind sowohl Demokratien als auch Diktaturen in der Realität sehr unterschiedlich, und dies gilt sowohl mit Blick auf die normalen Bürger als auch mit Blick auf die Menschen im Gefängnis. Aber auch das ist im Augenblick nicht entscheidend, und daher stellen wir uns jeweils eine Art ideale Beispieldemokratie und eine Art Beispieldiktatur vor, für die die angegebenen Werte der Lebensqualität stehen. Das gleiche gilt für die Gefängnissituation, die wir uns als die Situation eines Gefangenen in unserer Beispieldiktatur vorstellen wollen.

Um die Überlegungen zu vereinfachen, nehmen wir schließlich noch an, dass für jeden Bürger der jeweilige Wert der Lebensqualität gleichermaßen gelte, wenn er in einer der drei möglichen Situationen wäre. Sie sind also in der Empfindung der verschiedenen Situationen genau identisch. Auch damit wollen wir für den Moment nur Aspekte ausblenden, auf die es uns zunächst nicht ankommt. Tun wir das, so folgt daraus etwas scheinbar völlig Simples: Wäre es möglich, den Regierungschef unserer Beispieldiktatur durch eine Revolution aus dem Amt zu entfernen und an seiner Stelle die ideale Beispieldemokratie zu etablieren, so würde für jeden Bürger die Lebensqualität gleichermaßen von 50 auf 100 ansteigen. Das ist das gemeinsame Interesse aller Mitglieder der unterdrückten Klasse, und dieses gemeinsame Interesse unterscheidet sie von den widerstreitenden Interessen der zahlreichen Stände, von denen de Tocqueville sprach. Die einen sind durch ihr gemeinsames Interesse geeint, die anderen durch verschiedene Interessen getrennt. So sahen es Marx und Engels, und bis an dieser Stelle hatten sie damit noch durchaus recht.

Nun gehört es allerdings zum Wesen einer Diktatur, dass man deren Regierungschef nicht so einfach loswird. Ein geordnetes Verfahren hierzu gibt es eben nur in Demokratien und gerade nicht in Diktaturen. Das macht schließlich ihr Wesen aus. Daher bedarf es in einer Diktatur zunächst eines Umsturzversuches, und der kann gelingen, aber leider auch misslingen. Misslingt er, so wird das meist üble Folgen für jene nach sich ziehen, die sich aktiv an einem Umsturzversuch beteiligt hatten. Nicht selten landen diese Leute für lange Zeit oder gar für immer im Gefängnis, wenn ihnen nicht noch Schlimmeres blüht. Das macht die Dinge komplizierter.

Beginnen wir einmal damit, die marxistische Revolutionstheorie nachzubilden – die Mutter aller modernen Revolutionstheorien, wenn wir so wollen. Hierzu brauchen wir noch eine weitere Annahme, die eigentlich recht plausibel klingt. Diese Annahme lautet, dass die Wahrscheinlichkeit, den Diktator erfolgreich zu stürzen, davon abhängt, wie viele Bürger sich aktiv an dem Umsturzversuch beteiligen. Diese Annahme bildet die Theorie von Karl Marx aus dem folgenden Grund ab: Die Kapitalisten werden nach Marx gerade deshalb von den Geldtöpfen verjagt, weil sie selbst immer weniger, die verarmten Proletarier dagegen immer zahlreicher werden. Anders ausgedrückt: Das Herrschaftssystem kollabiert unter der Masse der Unterdrückten, die immer mehr verelenden und schließlich keinen anderen Weg mehr sehen als sich gegen ihre Unterdrücker zu erheben, weil sie, wie Marx und Engels schrieben, nichts mehr zu verlieren haben als ihre Ketten.

Für eine erste Annäherung reduzieren wir die Sache einmal ganz radikal und nehmen an, die Gesellschaft bestehe neben dem Diktator nur aus zwei Bürgern, die wir A und B nennen wollen. Später werden wir sehen, dass wir damit allein nicht hinkommen. Aber für den Moment kann uns diese Vereinfachung gute Dienste leisten. Wenn sich unsere beiden nun passiv verhalten und keinerlei revolutionäre Aktivitäten entfalten, dann bleibt alles schlecht und sie verharren gemeinsam auf einem Niveau der Lebensqualität von 50. Sollten sich dagegen beide dazu durchringen, einen Umsturzversuch zu unternehmen, so werden beide ihre Lebensqualität auf 100 steigern können, sofern der Umsturz gelingt. Aber sie werden auf einem Niveau von null landen, wenn er misslingt und sie im Gefängnis landen.

Wenn die beiden Revolutionäre nun weder besonders risikofreudig noch besonders risikoscheu sind, dann lohnt sich ein Umsturzversuch immer dann, wenn die beiden die Chancen des Umsturzes hoch genug einschätzen. Will man das in Zahlen ausdrücken, dann müssen sie die Erfolgswahrscheinlichkeit größer als 50 Prozent einschätzen. Um das zu sehen, nehmen wir einmal eine Einschätzung der Erfolgswahrscheinlichkeit von mehr als

50 Prozent, sagen wir 60 Prozent. Um es präzise auszudrücken: Dies wäre die von A und B eingeschätzte Wahrscheinlichkeit, dass die Revolution erfolgreich ist, unter der Bedingung, dass sich beide gemeinsam daran beteiligen. In der Statistik drückt man die 60 Prozent als 0,6 aus, und in dieser Form werden wir das auch brauchen.

An dieser Stelle müssen wir den Masseneffekt der Revolution nach Marx und Engels einbauen. Wir erinnern uns: Der Erfolg einer Revolution speist sich aus der großen Masse der Bevölkerung, die sich gemeinsam gegen ihre Unterdrücker wendet. Das bedeutet umgekehrt, dass das Aufbegehren weniger aussichtsreich ist, wenn es nicht von den großen Massen, sondern nur von einem kleinen Teil der Bevölkerung getragen wird. Nach Marx und Engels geschieht das, wenn die Verelendung der Massen noch nicht das kritische Maß erreicht hat, welches für eine Revolution notwendig ist. Denn dann ist die Zeit noch nicht reif dafür.

Diese Details können und müssen wir hier nicht alle einbauen. Für unsere Zwecke ist dieser Aspekt entscheidend: Die Wahrscheinlichkeit eines erfolgreichen Aufstandes ist deutlich kleiner, wenn sich nur ein Teil der Massen daran beteiligt, während der Rest passiv bleibt. Da wir für den Augenblick nur zwei Personen haben, übersetzen wir uns das so: Die Wahrscheinlichkeit, dass ein Aufstand zu einer erfolgreichen Revolution wird, sinkt, wenn sich nur einer der beiden Bürger daran beteiligt, während der andere passiv bleibt. Sagen wir, sie sinkt von 60 auf nur noch 30 Prozent (technisch: von 0,6 auf 0,3).

Natürlich behauptet niemand, dass die Personen solche Wahrscheinlichkeiten in Zahlen wirklich beziffern können. Vielmehr rekonstruieren wir mit ihrer Hilfe lediglich, wie Menschen ihre Lage einschätzen und darauf aufbauend Entscheidungen treffen. Denn Einschätzungen irgendwelcher Art brauchen die Menschen, um entscheiden zu können; auch wenn sie subjektiv sind. Genau diese subjektiven Einschätzungen übersetzen wir für unsere Zwecke in Wahrscheinlichkeiten, um sie als Beobachter objektiv nachvollziehbar und vergleichbar zu machen. Wahr müssen weder die Einschätzungen noch die Wahrscheinlichkeiten sein. Wenn jemand felsenfest vom Eintritt eines bestimmten Ereignisses überzeugt ist, dann drücken wir das mit 100 Prozent aus. Das genügt, denn diese Person wird ihr Verhalten an dieser Überzeugung ausrichten, und dazu ist es nicht nötig, dass die Überzeugung korrekt oder auch nur einigermaßen realistisch ist. Wichtig ist allein, dass die Person daran glaubt und danach handelt.[27]

Wie können die beiden Vielleicht-Revolutionäre A und B nun mit diesen Unwägbarkeiten umgehen? Um uns die Sache nicht unnötig schwer zu machen, bleiben wir einmal dabei, dass sie beide weder risikofreudig noch risikoscheu sind, sondern die Wahrscheinlichkeiten einfach gegeneinander abwägen. Man sagt, sie seien risikoneutral. Würden wir etwas anderes annehmen, dann bliebe unser Ergebnis im Prinzip gleich, aber es würde unsere Überlegungen komplizierter machen. Das ist nicht nötig, also lassen wir das lieber. Kalkulieren A und B in diesem Sinne kühl und risikoneutral, dann berechnen sie einen sogenannten Erwartungswert ihrer künftigen Lebensqualität, und das geht ganz einfach. Sollten sie beide aktiv an dem Umsturzversuch teilnehmen, dann gilt: Zu 60 Prozent erreicht jeder von ihnen eine Lebensqualität von 100, also lautet die Erwartung 0,6 mal 100, und das ergibt 60. Allerdings wird die Revolution auch zu 40 Prozent misslingen. Dann beträgt die Lebensqualität null, weil die beiden im Gefängnis des Diktators landen. Die zu diesem Fall gehörende Erwartung ist 0,4 für 40 Prozent, multipliziert mit null für die Lebensqualität, und das ergibt null.

Weil nun der Aufstand entweder erfolgreich oder erfolglos ist, addiert man die beiden Eventualitäten auf. Das geht so: 0,6 mal 100 plus 0,4 mal null, und das ergibt 60. Dies nennt man den Erwartungswert des Niveaus der Lebensqualität. Er besagt, dass sowohl A als auch B im Durchschnitt jeweils ein Niveau der Lebensqualität von 60 erwarten dürfen für den Fall, dass sie gemeinsam einen Umsturzversuch unternehmen. Das klingt irgendwie ernüchternd, denn 50 haben sie ohnehin und 100 hätten sie, wenn der Umsturzversuch gelänge. Aber wie gesagt kann der Umsturz ja auch misslingen, und diese Möglichkeit werden die beiden in Betracht ziehen müssen,

---

[27] In der Wissenschaft wird intensiv über die Frage diskutiert, ob Menschen Wahrscheinlichkeiten sinnvoll einschätzen können. Der Psychologe Daniel Kahneman hat für seine Forschung darüber sogar einen Nobelpreis erhalten und anschließend einen (sehr lesenswerten) Bestseller geschrieben (Kahneman, 2016). Wir sollten aber bedenken, dass die Einschätzungen, um die es in unseren Beispielen geht, aus der Sicht der betroffenen Personen sehr einfach strukturiert sind, auch wenn es für uns als außenstehende Beobachter oft ziemlich komplex erscheint. Dass die Einschätzungen in ihrer Struktur einfach sind, bedeutet nicht, dass die Wahrscheinlichkeiten immer richtig sein müssen. Es bedeutet nur, dass den betroffenen Personen ziemlich klar sein dürfte, um was es geht. Zum Beispiel: Beteilige ich mich an Protestaktionen, dann kann ich ins Gefängnis kommen, und dass das tatsächlich geschieht, halte ich für eher wahrscheinlich oder eher unwahrscheinlich.

wenn sie sich die Situation kühl und realistisch vor Augen führen wollen, in der sie sich befinden: in einer Diktatur nämlich, die zu stürzen mit einem beachtlichen Risiko verbunden ist. Daher der „Erwartungswert" 60, der natürlich in der Realität umso höher ausfällt, je größer die beiden möglichen Revolutionäre die Wahrscheinlichkeit des Gelingens einschätzen – allerdings auch umso niedriger, je geringer sie diese Wahrscheinlichkeit einschätzen.

Der Erwartungswert der Lebensqualität ist mit 60 immer noch höher als im Zustand der Diktatur, wo er ja nur 50 beträgt. In unserem Beispiel gilt deshalb: Für Menschen, die das Risiko selbst weder besonders lieben noch besonders fürchten, lohnt sich ein Umsturzversuch immer dann, wenn er mit einer Wahrscheinlichkeit von mehr als 50 Prozent zu einer Revolution führt. Denn wenn der zu genau 50 Prozent gelänge, dann wäre der Erwartungswert 0,5 mal 100 plus 0,5 mal null, und das gibt genau jene 50, die die Bürger in einer Diktatur ohnehin haben. Also finden wir: Wenn die Wahrscheinlichkeit des Erfolgs größer ist als 50 Prozent, dann lohnt sich ein Umsturzversuch. Wenn sie aber kleiner ist als 50 Prozent, dann lohnt sich der Versuch nicht.

Weil die geschätzte Wahrscheinlichkeit eines erfolgreichen Umsturzes in unserem Beispiel annahmegemäß 60 Prozent ist, gilt für Bürger A und B: Lassen sie alles beim Alten, so verharrt ihre Lebensqualität bei 50, wagen sie aber gemeinsam einen Umsturz, so steigt sie im Durchschnitt auf 60 – auch wenn sich der tatsächliche Wert im Nachhinein immer entweder als null oder als 100 herausstellen wird. *No risk, no fun*, könnte man etwas zynisch sagen. In jedem Fall haben wir damit die Zutaten unserer Revolutionstheorie beisammen.

Allerdings gilt das nur so lange, wie wir die jeweilige Entscheidung der Bürger A und B als eine einzige Entscheidung betrachten, die für beide Bürger gleichermaßen bindend ist. So als sei die aus A und B bestehende Gruppe ein eigenes Wesen, das unabhängig von den beiden Mitgliedern der Gruppe entscheiden und danach handeln kann. Genau das kann aber sehr irreführend sein. Denn wenn wir die Entscheidung einer Gruppe wie die Entscheidung eines einzelnen Wesens betrachten, dann können wir dabei leicht übersehen, dass die Gruppe in Wirklichkeit aus individuellen Menschen besteht, in unserem Falle nämlich aus den Menschen A und B. Jeder von ihnen hat einen individuellen Willen, individuelle Wünsche und individuelle Hoffnungen.

Wir werden sehen, dass das selbst dann wichtig ist, wenn A und B zufälligerweise einen genau gleichen Willen, genau gleiche Wünsche und genau gleiche Hoffnungen haben – so wie in unserem Fall. Das ändert nämlich nichts daran, dass jeder von ihnen erst einmal ganz für sich selbst entscheiden und danach handeln muss. Erst im Nachhinein können wir die Ergebnisse dieser beiden Entscheidungen zusammenführen; und das darauf basierende Handeln von Personen bezeichnet man manchmal etwas vorschnell als das Handeln einer Gruppe. Das mag für den Moment etwas akademisch klingen, aber wir werden sehen, dass es von zentraler Bedeutung ist, wenn wir die Machtgrundlage eines Diktators verstehen wollen.

Erinnern wir uns nun noch einmal an unsere Annahmen: Sie lauten, dass die Wahrscheinlichkeit eines Gelingens der Revolution 30 Prozent beträgt, wenn nur einer der Bürger den Umsturz versucht, und 60 Prozent, wenn beide gemeinsam handeln. Obwohl A und B in allem, was wichtig ist, genau identisch sind, muss jeder der beiden dennoch die Möglichkeit in Betracht ziehen, dass ihn der andere mit einem möglichen Umsturzversuch allein dastehen lässt. Es kann sein, dass der andere von vornherein nicht daran teilnehmen möchte und das auch so sagt. Es kann auch sein, dass er im letzten Moment kneift oder was auch immer.

Geschieht so etwas, so bedeutet es für den Erwartungswert der Lebensqualität des Alleingelassenen Folgendes: Mit einer Wahrscheinlichkeit von 30 Prozent gelingt ihm auch unter diesen Bedingungen noch der Umsturz. Sollte das so sein, so steigt seine Lebensqualität auf 100. Mit einer Wahrscheinlichkeit von 70 Prozent aber wird der Umsturz scheitern und der Alleingelassene landet im Gefängnis bei einer Lebensqualität von null. Rechnen wir das zusammen, so finden wir: 0,3 mal 100 plus 0,7 mal null, und das ergibt 30.

Unser alleingelassener Bürger würde sich also im Durchschnitt eine Verschlechterung seiner Lebensqualität einhandeln, wenn er es auf eigene Faust versuchte. Der Grund ist einfach: Die Wahrscheinlichkeit, im Gefängnis des Diktators zu enden, ist einfach zu hoch, gemessen an der Wahrscheinlichkeit, mithilfe einer „Lonesome-Cowboy-Aktion" Bürger eines freien Landes zu werden. Zu dieser Ernüchterung gesellt sich aber noch eine zweite: Der andere Bürger hat sich zwar nicht an dem Umsturz beteiligt, aber auch seine Lebensqualität wird sich im Durchschnitt ändern, wenn der „Lonesome Cowboy" ganz allein den Versuch wagt, den Diktator zu stürzen. Wenn es nämlich gelingt, dann steigt auch die Lebensqualität des passiven Beobachters auf 100, denn auch er wird dann Bürger einer freiheitlichen Demokratie sein.

Umgekehrt aber gilt: Wenn der Umsturzversuch scheitert, dann wird der passive Bürger zwar weiterhin als Bürger einer Diktatur leben müssen und damit auf einem Niveau seiner Lebensqualität von 50 verharren. Schlimmer wird es für ihn aber nicht kommen. Denn er hat sich nicht an dem Umsturzversuch beteiligt, und er wird deshalb auch nicht ins Gefängnis kommen. Versucht also ein Bürger einen Umsturz, dann erhalten wir einen Erwartungswert der Lebensqualität für den anderen, sich passiv verhaltenden Bürger, der sich so errechnet: 0,3 mal 100 plus 0,7 mal 50, und das sind 65.

An dieser Stelle sollten wir einen Moment innehalten und uns fragen: Kann es überhaupt sein, dass zwei annahmegemäß vollständig identische Menschen, die sich jeweils in einer vollständig identischen Situation befinden, am Ende unterschiedlich handeln? Dass der eine ein aktiver Revolutionär wird und der andere ein passiver Beobachter bleibt? Das wäre ja doch irgendwie unlogisch. Tatsächlich kann und wird das nicht das endgültige Ergebnis sein. Um dahin zu gelangen, brauchen wir aber noch einen abschließenden Schritt.

Werfen wir hierzu einen Blick auf Tabelle 1. Hier finden wir vier „Zellen“, die mit Zahlen gefüllt sind. Zwei davon sind grau hinterlegt, die anderen beiden weiß. In jeder dieser vier Zellen steht für die jeweilige Situation oben rechts die Lebensqualität von Bürger A und unten links die Lebensqualität von Bürger B. Jede der vier Zellen gibt je eine Kombination wieder: beide passiv (unten rechts), beide aktiv (oben links), A aktiv und B passiv (unten links) oder A passiv und B aktiv (oben rechts). Die linken beiden Zellen bilden die linke „Spalte“, die rechten beiden die rechte Spalte. Die oberen beiden Zellen bilden die obere „Zeile“, die unteren beiden die untere Zeile. Demnach gilt: Immer wenn A aktiv ist, befinden wir uns in der linken Spalte, wenn A passiv ist, in der rechten. Ist B aktiv, befinden wir uns in der oberen Zeile, ist er passiv, in der unteren.

Da die beiden Bürger in unserer einfachen Welt identisch sind und da sie sich beide jeweils in einer identischen Situation befinden, kann es im Ergebnis auch immer nur so sein, dass sie sich beide auf identische Weise verhalten: Entweder bleiben also beide passiv und unternehmen damit beide keinen Umsturzversuch, oder sie werden beide aktiv und starten einen Umsturzversuch. Im Ergebnis müssen wir uns aus Gründen der Logik also immer in einer der beiden grau hinterlegten Zellen befinden, denn ansonsten würden sich zwei vollständig identische Menschen in einer vollständig identischen Situation unterschiedlich verhalten, was unlogisch wäre.

Tabelle 1. Dilemma der Revolution

		A	
		aktiv	**passiv**
B	**aktiv**	60 60	65 30
	passiv	30 65	50 50

In welcher der beiden grau hinterlegten Zellen werden sich A und B aber im Ergebnis nun wiederfinden? Für Marx und Engels war die Sache eindeutig: Wenn sie sich beide passiv verhalten, bleiben sie in der rechten unteren Zelle bei einer Lebensqualität von 50. Werden sie dagegen beide aktiv, so wandern sie in die obere linke Zelle, und ihre erwartete Lebensqualität steigt auf 60. Sie wären dumm, wenn sie unten rechts blieben, so scheint es zumindest. Ihre Wanderung nach oben links zeigt, was Marx und Engels immer behauptet hatten: Sie haben nichts zu verlieren als ihre Ketten. Sie haben aber eine Welt zu gewinnen. Also handeln sie danach, und deshalb lautet die Prognose: Sie werden beide aktiv und verjagen mit hoher Wahrscheinlichkeit den Diktator.

Und genau das ist falsch! Denn es berücksichtigt nicht, dass Gruppenhandeln nicht daraus besteht, dass eine Gruppe etwas entscheidet. Denn eine Gruppe ist kein Lebewesen und kann als solche weder etwas entscheiden noch danach handeln. Vielmehr wird immer jedes einzelne Mitglied der Gruppe eine Entscheidung treffen müssen. Erst wenn wir diese Entscheidungen und die daraus folgenden Handlungen der einzelnen Gruppenmitglieder zusammengefügt haben, dann entsteht daraus etwas, was wir im Nachhinein als Gruppenhandeln bezeichnen mögen.

Entsprechend gilt für die individuellen Entscheidungen: Die Entscheidung von Bürger B bildet die „Umwelt", unter der Bürger A seine Entscheidung trifft. Und umgekehrt bildet die Entscheidung von Bürger A die Umwelt, unter der Bürger B seine Entscheidungen trifft. Um das zu entwirren, betrachten wir Tabelle 1 zunächst einmal aus der Sicht des Bürgers A. Die untere Zeile bildet die Umwelt von A für den Fall, dass B sich passiv verhält. In dieser Umwelt wird die Lebensqualität von A bei 50 verharren (rechte Zelle, obere Zahl), wenn er sich ebenfalls passiv verhält. Sollte er sich hingegen aktiv verhalten, so fällt der Erwartungswert seiner Lebensqualität auf 30 (linke Zelle, obere Zahl). Das liegt daran, dass er mit einer hohen Wahrscheinlichkeit im Gefängnis landen wird. A wird sich also in einer Umwelt, in der B passiv bleibt, sehr gut überlegen, ob er allein wirklich aktiv werden will.

Was aber, wenn Bürger A erwartet, dass sich Bürger B aktiv verhält? Dann befindet sich Bürger A in der Umwelt der oberen Zeile. Dort sehen wir, dass seine erwartete Lebensqualität 60 beträgt, wenn er sich ebenfalls aktiv am Umsturz beteiligt (linke Zelle, obere Zahl). Allerdings: Sollte er sich passiv verhalten, dann beträgt sie sogar 65 (rechte Zelle, obere Zahl) und ist damit höher! Fassen wir die beiden möglichen Umwelten des Bürgers A zusammen, so erhalten wir folgendes Ergebnis: Egal, was B tut, für A ist es stets am besten, sich passiv zu verhalten und an keinen Umsturzaktivitäten teilzunehmen.

Weil alles, was für A gilt, auch für B in genau gleichem Maße gilt, kommt B für sich selbst zu exakt dem gleichen Ergebnis. Für ihn bildet die rechte Spalte die eine mögliche Umwelt und die linke Spalte die andere. Und wieder gilt: Egal, in welcher Umwelt sich B befindet, immer ist es besser für ihn, sich passiv zu verhalten. Das gilt für B also genauso wie für A. Die Folge ist, dass sich beide am Ende passiv verhalten und sie gemeinsam in der unteren rechten Zelle der Tabelle verharren.

Das ist das genaue Gegenteil des Ergebnisses von Marx und Engels! Nach deren Analyse landen A und B in der oberen linken Zelle von Tabelle 1. Nach einer genaueren Überprüfung stellen wir dagegen fest, dass sie unten rechts verbleiben werden, und das muss uns nun wirklich paradox erscheinen: Denn wenn sie dort verharren, dann wird die Diktatur bestehen bleiben, niemand wird einen Umsturz versuchen, und beide Bürger werden bei ihrer vergleichsweise schlechten Lebensqualität von 50 bleiben, obwohl sie doch ganz offensichtlich die Möglichkeit haben, sich gemeinsam auf durchschnittlich 60 zu verbessern.

Wie ist das möglich? Obwohl unser Ergebnis eigentlich recht einfach ist, verstößt es doch gegen die Intuition; und was noch schlimmer ist: Man mag sich mit dem Ergebnis nicht recht abfinden. Tatsächlich haben sich Mathematiker, Psychologen, Soziologen, Ökonomen und Biologen in großer Zahl an genau dieser Struktur die Zähne ausgebissen, und sie haben zahlreiche berühmte und weniger berühmte Bücher und Fachartikel über nichts anderes als über dieses eine merkwürdige Ergebnis geschrieben. Es ging dabei in der Regel zwar nicht um Revolutionen, sondern um ganz andere Situationen. Aber es gibt eine Vielzahl von Entscheidungssituationen in Gruppen, die exakt dieselbe Struktur aufweisen und exakt dieses merkwürdige und für die Beteiligten sehr unerwünschte Ergebnis erzeugen. Es ist auch genau jene Struktur, die schon de Tocqueville beklagt hatte, als er von den zersplitterten aristokratischen Gruppen vor der Französischen Revolution sprach, die offenbar in einem Spiel gefangen sind, das für sie alle gemeinsam zerstörerisch ist. Man nennt es ein soziales Dilemma.

Die wohl berühmteste und berüchtigtste Variante eines sozialen Dilemmas ist das Gefangenendilemma, und in dieser Variante eines sozialen Dilemmas stecken unsere beiden Bürger A und B. Ursprünglich beschrieb das Gefangenendilemma die erfundene Situation zweier Bankräuber, die nach ihrer Tat mit unerlaubten Waffen gefasst wurden, denen man aber ihren Bankraub nicht nachweisen kann. Ohne Geständnis kann sie der Staatsanwalt daher nur wegen unerlaubten Waffenbesitzes belangen. Wenn er die beiden aber isoliert, dann kann er sie mit einer geschickt strukturierten Drohung mit Gefängnisstrafen für die Beteiligung am Bankraub oder den unerlaubten Waffenbesitz in exakt die elende Lage versetzen, in der sich auch Bürger A und Bürger B befinden.[28] Jedem der beiden Bankräuber bleibt am Ende nur die Möglichkeit, den Bankraub zu gestehen und dafür lange Haftstrafen zu verbüßen, obwohl man ihnen auf eine andere als auf diese Weise den Bankraub nie hätte nachweisen können. Was tragisch für die Bankräuber endet, erweist sich aber als Segen für den Staatsanwalt – und für den Rest der Gesellschaft. Tatsächlich nutzt man diesen Effekt in der Kronzeugenregelung ganz bewusst aus.

Aber die Struktur eines Gefangenendilemmas ist nicht immer so nützlich für den Rest der Gesellschaft wie im Falle der Kronzeugenregelung. In unserem Revolutionsbeispiel ist sie im Gegenteil für die unterdrückte Bevölkerung tragisch. Nützlich ist sie vor allem für den Diktator. Er spielt die individuellen Bürger gegeneinander so aus wie der Staatsanwalt die beiden Bankräu-

[28] Zum Beispiel könnte er Bankräuber A folgende Alternativen ankündigen: 16 Jahre, wenn er nicht gesteht, B aber doch; 8 Jahre, wenn beide gestehen; 2 Jahre, wenn beide nicht gestehen; und 1 Jahr, wenn A gesteht, B aber nicht. Wenn er B spiegelbildlich das gleiche ankündigt, werden beide gestehen und für acht Jahre ins Gefängnis gehen.

ber. Und doch bleibt es dabei, dass uns das Ergebnis paradox erscheinen muss: Die bloße Möglichkeit, dass sich A und B unterschiedlich verhalten könnten, sorgt zwar nicht dafür, dass sie dies auch tun. Aber sie sorgt dafür, dass sie sich auf eine Weise gleich verhalten, die sie beide niemals gewollt hätten. Obwohl es ihnen in der Diktatur relativ schlecht geht und obwohl sie sich durch gemeinsames Handeln verbessern könnten, verharren sie in der für beide schlechten Situation. Sie starren wie das Kaninchen auf die Schlange!

Es liegt irgendwie nahe, sich das Gefangenendilemma als das Ergebnis unüberlegten Handelns der Beteiligten vorzustellen. Aber das ist falsch. Richtig ist vielmehr, dass das Ergebnis mit umso größerer Sicherheit „unvernünftig" ist, je vernünftiger die Beteiligten handeln. Gerade deshalb lässt die verteufelte Struktur des Gefangenendilemmas den beiden Personen A und B keine Möglichkeit, ihr mit den Mitteln der Vernunft etwas entgegenzusetzen. Gerade Letzteres ist es, womit sich der Alltagsverstand nicht abfinden will. Und doch handelt es sich dabei um alles andere als um eine rein akademische Fingerübung.

Oder doch? Es gibt einen Einwand, der das ganze Ergebnis doch noch aushebeln kann, und der bezieht sich darauf, dass wir hier nur zwei Personen A und B betrachten. Die Struktur des Gefangenendilemmas ist nämlich nur dann unentrinnbar, wenn es die beteiligten Personen A und B niemals schaffen können, sich gegenseitig auf ein gemeinsames Verhalten zu verpflichten – etwa darauf, gemeinsam an Umsturzaktivitäten teilzunehmen. Das bedeutet umgekehrt, dass sie es schaffen werden, dem Dilemma zu entkommen, wenn sie sich erstens auf ein gemeinsames Verhalten einigen, zweitens ihre Handlungen anschließend gegenseitig beobachten können und wenn sie sich drittens gegenseitig zur Rechenschaft ziehen können, wenn einer von der vereinbarten Handlung abweicht. Dann, allerdings auch nur dann, wenn alle drei Bedingungen erfüllt sind, können sie dem Dilemma entfliehen. Und daraus ergibt sich unser Einwand. Er lautet: Bei nur zwei Personen A und B ist es keineswegs unwahrscheinlich, dass die Gruppe es schafft, diese drei Bedingungen herzustellen und sich so auf gemeinsame Umsturzaktivitäten zu einigen. Und wenn das gelingt, dann steht das Gefangenendilemma der Revolution nicht mehr im Wege.

Praktisch könnte das dann zum Beispiel so aussehen: Zwei einander eng vertraute Freunde A und B schwören sich gegenseitig, aktive Revolutionäre zu werden und zu diesem Zweck gemeinsam durch dick und dünn zu gehen.

Außerdem schwören sie, sich auf alle Zeiten die Freundschaft zu kündigen, sollte einer von seinen Verpflichtungen als Revolutionär abweichen – komme, was da wolle. Wenn jedem der beiden der Verlust der Freundschaft hinreichend wichtig ist, dann ist das Problem gelöst. Ganz ähnlich könnte man im Falle der beiden Bankräuber auch von Ganovenehre sprechen, die die beiden zusammenhält. Umgekehrt könnte ein im Regen stehengelassener Bankräuber oder auch ein Revolutionär nach abgesessener Haftstrafe an seinem untreuen Mitstreiter böse Rache nehmen. Alles das ist nicht nur Gegenstand von Räubergeschichten und Krimis, sondern nicht selten Realität.

Ist das Gefangenendilemma also doch nur ein akademisches Glasperlenspiel? Keineswegs. Denn wenn das darin enthaltene Problem nicht existierte, dann bräuchten die beiden Revolutionäre oder die Bankräuber keine so festen Freundschaftsbande, und auch die Ganovenehre wäre ebenso überflüssig wie die Drohung mit Rache für den Fall der Untreue. Filme wie „Der Pate“ wären gegenstandslos. Denn sie alle handeln von Lösungen für genau das Problem, welches das Gefangenendilemma beschreibt. Und was nun die Realität angeht: Manchmal funktionieren solche Lösungen, manchmal nicht. Daher können wir uns schließlich überlegen, unter welchen Bedingungen es wahrscheinlich ist, dass eine Gruppe von Menschen dem Gefangenendilemma entfliehen kann, und unter welchen nicht. Hierzu spielt die Größe der Gruppe eine ganz herausragende Rolle.

So, wie wir die Sache bisher beschrieben hatten, bestand die Gruppe nur aus zwei Mitgliedern A und B. Klar, dass diese beiden noch relativ leicht auch die größeren Stürme der Drohungen und Gefahren miteinander aushalten mögen, die mit einem Umsturzversuch verbunden sind. Nur: Von zwei Personen hatten wir nur gesprochen, weil man mit einem solch einfachen Beispiel das Problem für den ersten Anlauf am einfachsten beschreiben kann. Aber eine Bevölkerung besteht niemals nur aus zwei Personen. Und ein Aufstand ist kein Aufstand der Massen, wenn er nur von zwei Personen betrieben wird. Ansonsten könnten wir wohl von einem Putsch sprechen, nicht aber von einem Aufstand der Massen, wie ihn sich Marx und Engels vorgestellt hatten. Wir müssen unser Gedankenexperiment also auf große Bevölkerungen übertragen, innerhalb derer sich große Zahlen von Menschen zu einem Umsturz zusammenfinden. Die Fragen, die sich daran anschließen, lauten: Erstens, bleibt auch bei einer großen Zahl an Menschen die Logik des Gefangenendilemmas erhalten? Zweitens, wie sieht es dann mit der Lösung des Gefangenendilemmas aus, wenn wir nicht von zwei Personen sprechen, sondern von 1.000, 10.000 oder vielleicht einer Million?

Nehmen wir zur Klärung dieser beiden Fragen an, derjenige Teil der unterdrückten Bevölkerung, der überhaupt zur Teilnahme an einem Massenaufstand infrage kommt, summiere sich auf 10.000 Personen, eine davon sei Person A. Das ist eigentlich immer noch nicht viel, denn diese 10.000 Menschen machen zum Beispiel für die Bundesrepublik Deutschland gerade einmal einen Anteil von rund 0,0125 Prozent der Bevölkerung aus. Davon, dass sich das ganze Volk erhebt, kann also bei einer Zahl von 10.000 noch immer nicht die Rede sein. Gleichwohl können wir bereits mit dieser noch vergleichsweise kleinen Zahl zeigen, wie sich die Fragen beantworten lassen. Nehmen wir wiederum an, dass die Wahrscheinlichkeit eines gelungenen Massenaufstands 60 Prozent sei, wenn sich alle diese 10.000 Menschen daran beteiligten. Und wiederum halbiere sich diese Wahrscheinlichkeit, wenn nur die Hälfte teilnimmt, und so weiter. Dann trägt jeder einzelne Teilnehmer rein rechnerisch 60 Prozent geteilt durch 10.000 und damit 0,006 Prozent zum Gelingen des Umsturzes bei.

Anders als in unserem ursprünglichen Beispiel mit zwei Personen kann sich Person A bei insgesamt 10.000 Personen rein rechnerisch in 9.999 möglichen Umwelten befinden. Außer ihm kann sich zum Beispiel eine weitere Person an einem Umsturzversuch beteiligen, während die übrigen 9.998 passiv bleiben, es können sich zwei weitere Personen beteiligen und 9.997 passiv bleiben und so weiter bis hin zu einer Umwelt, in der sich neben ihm alle anderen 9.999 Personen beteiligen. Für jede der möglichen Umwelten ergibt sich aus der Sicht der Person A je ein Niveau der zu erwartenden Lebensqualität für den Fall, dass sie sich nicht an einem Umsturzversuch beteiligt und damit passiv verhält oder dass sie sich doch an einem Umsturzversuch beteiligt und sich daher aktiv verhält. Klar ist, dass das zu erwartende Niveau der Lebensqualität von Person A umso höher ausfällt, je mehr andere Personen sich aktiv an einem Umsturzversuch beteiligen, und zwar ganz unabhängig davon, ob A selbst sich aktiv oder passiv verhält. Tabelle 2 zeigt ein paar Beispiele für die insgesamt 9.999 möglichen Umwelten.

In der linken Spalte stehen einige Beispiele für die Zahl derjenigen Mitbürger von A, die sich aktiv an einem Umsturz beteiligen. Jede dieser Zahlen gibt also eine mögliche Umwelt wieder. Die obere Zeile der Tabelle beginnt in der linken Spalte mit einer null und zeigt daher jene Umwelt von A, in der sich neben ihm niemand aktiv beteiligt. Die zweite Zeile zeigt jene

Umwelt, in der sich neben A eine Person aktiv beteiligt und so weiter bis hin zur unteren Zeile, in der sich neben A alle anderen 9.999 aktiv beteiligen. Sollte sich neben A niemand aktiv beteiligen und auch Person A selbst nicht, dann befinden wir uns in der oberen Zeile.

Tabelle 2. Dilemma der Revolution in großen Gruppen

Zahl sonstiger Aktiver (Umwelt)	Wahrscheinlichkeit einer gelungenen Revolution (in Prozent)		Lebensqualität Person A		
	A bleibt passiv	A wird aktiv	A bleibt passiv	A wird aktiv	Differenz
0	0,000	0,006	50,000	0,006	–49,994
1	0,006	0,012	50,003	0,012	–49,991
9	0,054	0,060	50,027	0,060	–49,967
99	0,594	0,600	50,297	0,600	–49,697
999	5,994	6,000	52,997	6,000	–46,997
4.999	29,994	30,000	64,997	30,000	–34,997
8.999	53,994	54,000	76,997	54,000	–22,997
9.999	59,994	60,000	79,997	60,000	–19,997

Gehen wir diese Zeile einmal kurz durch, von der linken Spalte bis zur rechten. In der linken Spalte steht, dass sich null weitere Bürger beteiligen, das hatten wir schon. In der zweiten Spalte von links steht die Wahrscheinlichkeit eines gelungenen Umsturzes, wenn A sich bei null sonstigen Aktiven ebenfalls passiv verhält. Sie beträgt null, denn kein Mensch versucht hier einen Umsturz. Eine Spalte weiter sehen wir die Wahrscheinlichkeit eines gelungenen Umsturzes, wenn A als einziger aktiv teilnimmt. Weil sich alle anderen 9.999 passiv verhalten, ist diese Wahrscheinlichkeit gering, nämlich 0,006 Prozent.

Die nächste Spalte zeigt den Erwartungswert der Lebensqualität, wenn A passiv bleibt. Weil auch alle anderen passiv sind, niemand einen Umsturz versucht und die Wahrscheinlichkeit eines Umsturzes damit null ist, bleibt es bei der Diktatur, und die Lebensqualität bleibt ganz sicher bei 50. Was aber geschieht, wenn A ganz allein aktiv wird, zeigt die folgende Spalte; wir sind jetzt bei der zweiten von rechts. Deren Wert berechnet sich so: Die Wahrscheinlichkeit eines gelungenen Umsturzes für den Fall, dass A ihn ganz allein versucht, beträgt 0,006 Prozent – in der Sprache der Statistiker also 0,00006. Gelingt er, steigt die Lebensqualität von A auf 100, misslingt er, fällt sie auf null. Der Erwartungswert ist also 0,00006 mal 100 plus (1–0,00006) mal null. Das ergibt 0,006.

Sollte A also einen Umsturz wagen in einer Umwelt, in der sich außer ihm niemand daran beteiligt? Diese Antwort gibt die rechte Spalte der oberen Zeile, und die berechnet sich so: Wenn A aktiv wird, beträgt seine erwartete Lebensqualität 0,006. Bleibt er passiv, beträgt sie 50. Die Differenz beträgt 0,006 minus 50, und das sind –49,994. Diese Differenz ist negativ, und weil sie negativ ist, lautet die Empfehlung: Lass die Finger davon!

Warum ist diese Differenz so hoch? Ganz einfach: Der Umsturzversuch wird fast mit Sicherheit scheitern und Person A demnach auch fast mit Sicherheit im Gefängnis landen. Mit einer winzigen Wahrscheinlichkeit von 0,006 Prozent aber wird die Lebensqualität 100 sein, und daher ist der Erwartungswert der Lebensqualität zwar nicht null, aber fast null, eben 0,006. Sollte Person A allerdings wie alle anderen in der oberen Zeile ebenfalls passiv bleiben, dann läge ihre Lebensqualität bei immerhin 50.

Alle weiteren Zeilen berechnen sich auf die gleiche Weise, und daher brauchen wir das hier nicht im Einzelnen nachzurechnen. Stattdessen wollen wir der Frage nachgehen: Sollte A in allen denkbaren Umwelten die Finger von einer aktiven Beteiligung lassen? Um das zu prüfen, lassen wir unseren Blick einmal über die ganz rechte Spalte von oben nach unten wandern. Denn dort sehen wir alle Differenzen der erwarteten Lebensqualität zwischen „A wird aktiv“ und „A bleibt passiv“, und zwar für verschiedene Zahlen an Mitstreitern – bis hin zu allen 9.999. Wir sehen: Sie sind ausnahmslos negativ, ganz egal, wie viele andere Bürger teilnehmen. Zumindest, wenn sich Bürger A in seiner Entscheidung an seiner erwarteten Lebensqualität ausrichtet, lautet die Empfehlung deshalb unter allen denkbaren Umwelten immer: Er sollte stets passiv bleiben.

Der Rest der Geschichte ist schnell erzählt: Weil A repräsentativ ist für jeden anderen Bürger, gilt die Empfehlung, stets passiv zu bleiben, für alle 9.999 der übrigen Bürger in gleicher Weise. Das zentrale Ergebnis aus dem Zwei-Personen-Fall bleibt also erhalten. Es lautet: Egal, was die anderen tun, es ist für jeden einzelnen Bürger immer besser, sich passiv zu verhalten. Wenn aber alle dieser Empfehlung folgen, dann bleiben alle Bürger passiv, die Diktatur bleibt erhalten und die Lebensqualität verharrt für alle Bürger bei 50. Würden sie dagegen alle gemeinsam einen Umsturzversuch starten, dann stiege der Erwartungswert ihrer Lebensqualität auf 60. Denn mit 60-prozentiger Wahrscheinlichkeit würde er in eine erfolgreiche Revolution münden, so dass jeder Bürger sich fortan einer Lebensqualität von 100 erfreuen könnte, aber mit 40-prozentiger Wahrscheinlichkeit würde der Umsturzversuch scheitern, und alle landeten im Gefängnis. Unsere erste Frage ist also beantwortet: Die Struktur des Gefangenendilemmas bleibt erhalten, ganz egal, ob wir von zwei, von 10.000 oder von vielen Millionen Menschen sprechen. Das ändert insoweit nichts.

Aber die zweite Frage müssen wir anders beantworten, denn hier finden wir durchaus einen Unterschied zwischen zwei oder sehr vielen Personen. Wie wir festgehalten hatten, können sich zwei Personen mit hoher Wahrscheinlichkeit miteinander absprechen, sich gegenseitig beobachten und sich gegenseitig sanktionieren, wenn einer seinen Verpflichtungen nicht nachkommt. Auf diese Weise, so hatten wir festgestellt, können sie mit einer beachtlichen Wahrscheinlichkeit dem Gefangenendilemma entkommen. Genau das gilt im Falle großer Menschenmassen aber nicht mehr. Denn bei aller möglichen Sympathie und bei aller diese Menschen verbindenden Abneigung gegen einen schlimmen Herrscher gibt es in großen Menschenmassen keine vergleichbar engen Freundschaftsbande, die sie alle in einer Weise einigen könnten, wie es die Freundschaftsbande zweier Menschen können. Und es gibt auch nicht näherungsweise die Möglichkeit, sich gegenseitig lückenlos zu beobachten, zu kontrollieren und zu sanktionieren. Dazu bräuchte es ein ausgefeiltes System von Geheimdiensten und Polizei – die hat erst einmal nur der Diktator, und der nutzt sie natürlich zu einem ganz anderen Zweck.

Es wird sogar noch schlimmer, denn es kommt noch etwas hinzu: Im Zwei-Personen-Beispiel von A und B fällt die Wahrscheinlichkeit, dass der Umsturz gelingt, von 60 auf 30 Prozent, also um 30 Prozentpunkte, wenn einer der beiden kneift. Das ist ein deutlich spürbarer Unterschied. Im Falle der 10.000 Menschen fällt sie für einen Einzelnen von ihnen um ganze 0,006 Prozent, und das bleibt vermutlich jenseits jeder Wahrnehmungsgrenze. Das untergräbt bei jedem Einzelnen in massiver Weise das Gefühl der Verantwortung für das gesamte Projekt Revolution.

Für Marx und Engels war die große Masse verarmter Unterdrückter der Schlüssel zum Erfolg. Sie stellten sich vor, wie die großen Menschenmassen die Villen und Büros der Herrschenden einfach stürmen. Kurz, für sie galt: Die Masse macht‘s. Unser Ergebnis sagt dagegen, dass es die Masse gerade nicht macht. Wenn es einer Gruppe gelingt, sich gegen einen Diktator zu verschwören, dann allenfalls einer kleinen Gruppe. Aber wenn es einer kleinen Gruppe gelingt, dann ist das kein Aufstand der Massen, sondern ein Putsch oder ein Staatsstreich. Damit wir dagegen von einem Aufstand der unterdrückten Massen sprechen können, muss die Gruppe groß sein. Wenn sie aber groß ist, gelingt ihr die Verschwörung nicht mehr.

Unser Ergebnis ist ernüchternd. Erstens stecken unsere unterdrückten Bürger in einem Gefangenendilemma, dem man allenfalls in kleinsten Gruppen von wenigen Mitgliedern durch eine wirksame Verschwörung entfliehen kann. Das Volk ist aber zweitens eine große Gruppe, innerhalb derer eine Verschwörung nahezu unmöglich ist. Und drittens trägt in einer großen Gruppe jeder Einzelne nur verschwindend wenig zum Gesamtergebnis bei, obwohl jeder Einzelne ein beträchtliches Risiko eingeht. All das hält unsere unterdrückte Bevölkerung in dem Gefangenendilemma eingesperrt. Gruppen, die lediglich aus ein paar Personen bestehen, mögen ihm entfliehen. Große Massen aber kaum. Das ist der Ausgangspunkt aller unserer weiteren Überlegungen. Weil es uns dabei aber nicht um zwei Bankräuber, sondern um große Massen unterdrückter Bürger geht, wollen wir ab jetzt nicht mehr von einem Gefangenendilemma, sondern vom Dilemma der Revolution sprechen. Das Dilemma der Revolution ist die Machtbasis eines jeden Diktators. Es ist ein Fluch für unterdrückte Bürger, aber ein Segen für Diktatoren. Denn mit seiner Hilfe können Diktatoren ganze Völker beherrschen.

In gewisser Weise könnte man das passive Verhalten aller 10.000 Personen natürlich als unmoralisch bezeichnen, weil sich jeder Einzelne aus Angst vor einem Leben im Gefängnis einer aktiven Teilnahme an einem Umsturzversuch verweigert – wohl wissend, dass es für alle besser wäre, wenn sich alle aktiv beteiligen würden. Ob wir uns einem solch harten Urteil aber wirklich anschließen wollen, sollten wir noch einmal überdenken. Hierzu sollten wir uns vor Augen führen, was es heißt, im Folterkeller eines Augusto Pinochet, in einem KZ der Nazis, in sibirischer Verbannung unter Stalin oder auch „nur“ in der Einzelhaft eines Kellers in einem Ost-Berliner Stasi-Gefängnis zu landen. Wir mögen uns vorstellen, dass man nicht nur uns selbst, sondern auch uns nahestehende Menschen für das bestraft, was wir selbst getan haben. Dass man unseren Kindern das Studium verweigert, ihnen die Reisefreiheit nimmt, sie in ihrer beruflichen und sogar persönlichen Entwicklung behindert. Oder sie festnimmt, foltert oder Schlimmeres. All das können die Konsequenzen sein, für uns und für diejenigen, die uns nahestehen. Letzteres ist besonders perfide, weil es die betroffenen Menschen ganz bewusst in eine schwere moralische Zwangslage stürzt. Gerade deshalb gehört solcherlei Sippenhaft zu den beliebtesten Instrumenten von Diktatoren.

Über diese Aspekte sind viele beseelte Revolutionäre gern einmal etwas voreilig hinweggegangen. Sie mögen bemerkt haben, dass die unterdrückten Bürger ihnen nicht so vorbehaltlos folgen wollten, wie sie sich das vorstellt hatten, und das mag ihnen angesichts des gemeinsamen Interesses an einer Änderung der politischen Verhältnisse irrational erschienen sein – was es aber nicht ist. Manche dieser beseelten Revolutionäre haben am Ende selbst große Schuld auf sich geladen, weil sie aus der ihnen paradox erscheinenden Passivität der Bürger ihr vermeintliches Recht abgeleitet haben, den Willen der Menschen zu brechen; nicht wenige von ihnen haben dabei schlimme Verbrechen begangen – und das manchmal mit den besten Absichten. Mitunter sind sie sich in der Wahl ihrer Methoden dem herrschenden Diktator ähnlich geworden oder haben ihn an Brutalität und Rücksichtslosigkeit gar übertroffen.

Diesen Fehler dürfen wir aber nicht begehen, aus ethischen Gründen nicht, aber auch nicht aus analytischen Gründen. Denn wenn wir die strukturellen Ursachen für eine uns paradox erscheinende Passivität einer unterdrückten Bevölkerung nicht verstanden haben oder nicht verstehen wollen, dann werden wir immer an den eigentlichen Problemen vorbeireden und vorbeidenken. Zu den Kernursachen gehört es, dass die individuellen Konsequenzen, die jeder Einzelne tragen muss, der sich an Umsturzaktivitäten in einer Diktatur beteiligt, alles andere als vernachlässigbar sind. Und das gilt auch für die Wahrscheinlichkeit, mit der einer einzelnen Person solche Konsequenzen blühen. Denn selbst wenn sich alle 9.999 anderen Bürger in unserem Beispiel ebenso wie Person A selbst aktiv beteiligen, so wird Person A noch immer mit einer nicht unerheblichen Wahrscheinlichkeit im Gefängnis landen, in einem Folterkeller oder wo sonst noch Diktatoren ihre ungeliebten Untertanen hinschicken.

In der Realität mögen die Wahrscheinlichkeiten des Scheiterns oder Gelingens andere sein. Aber vernachlässigbar sind sie selten. Und 10.000 verschwundene, getötete oder gefangene Dissidenten sind für eine Diktatur nichts Ungewöhnliches. Die Dimension der Nazi-Opferzahlen ist bekannt, bei Stalin waren es allein 20 Mio. Tote, unter Mao sah es nicht viel anders aus, und Pol Pot hat in Kambodscha innerhalb von nicht einmal einem halben Jahrzehnt rund 2 Mio. Menschen umgebracht und damit ein Fünftel der gesamten Bevölkerung.

Vor diesem Hintergrund dürften wir eigentlich so gut wie keine Massenrevolutionen erwarten. Denn die Theorie sagt, dass sich niemand an einer solchen Aktion je beteiligen würde, der die Folgen seines Tuns auch nur näherungsweise im Blick hat. Und die Theorie sagt weiterhin, dass gerade dann keine Revolution stattfinden wird, wenn die unterdrückten Menschen die Folgen ihres Tuns vernünftig abschätzen. Sie wissen zwar, dass das Ergebnis für alle schlecht sein wird. Aber sie können der Struktur, die dieses Ergebnis erzeugt, nicht entkommen, und sie wissen auch das. Dies gilt umso mehr, je größer die Gruppe der Unterdrückten wird.

Bevor wir uns aber ansehen, inwieweit diese theoretischen Überlegungen mit der realen Welt übereinstimmen, müssen wir unser Gedankenexperiment noch um einen Aspekt erweitern. Dieser Aspekt war bisher noch nicht wichtig. Er wird es aber noch werden. Es geht um dies: Es werden in der Realität nicht immer restlos alle Personen verhaftet, die sich an einem gescheiterten Umsturzversuch beteiligt haben oder in irgendeiner Weise damit in Verbindung stehen. Auch wenn ein Regime durchaus einmal 10.000 Menschen oder mehr verhaftet, verschwinden lässt oder tötet, so wird es doch mit zunehmender Zahl an beteiligten Umstürzlern immer weniger wahrscheinlicher, dass wirklich jede Person verhaftet wird, die sich in dieser oder jener Weise beteiligt hatte oder darin verwickelt war. Nicht einmal die Nazis haben alle Regimekritiker verhaftet.

Daher können wir fast immer damit rechnen, dass ein Teil jener, die mit einem Umsturzversuch in Verbindung stehen, entweder ganz oder zumindest teilweise ungeschoren davonkommt oder doch zumindest relativ unbehelligt bleibt. Und noch etwas: Die Wahrscheinlichkeit, dass ein Einzelner ungeschoren davonkommt, wird mit zunehmender Zahl an potenziellen Umstürzlern steigen. Gerade diesen letzteren Effekt konnte man zum Beispiel in Leipzig und Ost-Berlin 1989 gut beobachten: In der immer größer werdenden Masse konnte man als einzelne Person immer besser abtauchen, ohne direkt und allzu sehr gefährdet zu sein.

Nehmen wir also an, der Diktator verhafte nur maximal eine bestimmte Zahl an Umstürzlern, sagen wir 100. Dann würden bei einer Teilnehmerzahl von bis zu 100 stets alle aktiven Umstürzler verhaftet. Steigt die Zahl der Aktiven aber beispielsweise auf 1.000, dann wird nur jeder Zehnte davon verhaftet, so dass für jeden Teilnehmer die Wahrscheinlichkeit, nach einem gescheiterten Umsturzversuch verhaftet zu werden, von 100 auf 10 Prozent sinkt. Da bei 1.000 Teilnehmern laut Tabelle 2 die Wahrscheinlichkeit eines Gelingens der Revolution 6 Prozent oder 0,06 ist, errechnet sich die Wahrscheinlichkeit ihres Scheiterns zu 1–0,06. Das ergibt 0,94 und damit 94 Prozent.

So groß ist dann auch die Wahrscheinlichkeit, im Gefängnis zu landen, solange jeder aktive Teilnehmer nach einem gescheiterten Umsturzversuch verhaftet wird. Wird aber nur jeder Zehnte verhaftet, so sinkt das Risiko für jeden Einzelnen entsprechend. Die neue Wahrscheinlichkeit finden wir, indem wir die Wahrscheinlichkeit des gescheiterten Umsturzversuchs mit der Wahrscheinlichkeit multiplizieren, im Anschluss verhaftet zu werden. Die erstere ist bei 1.000 Teilnehmern 94 Prozent, die zweite 10 Prozent. Statistisch ausgedrückt also 0,94 mal 0,1. Das ergibt 0,094 oder 9,4 Prozent. So groß ist unter diesen Bedingungen das Risiko, verhaftet zu werden. Nicht ganz wenig, aber 9,4 Prozent ist schon eine andere Hausnummer als 94 Prozent.

Das Risiko sinkt weiter, wenn sich noch mehr Bürger an den Aktivitäten beteiligen. Sollten am Ende alle 10.000 Bürger aktiv teilnehmen und im Falle eines Scheiterns immer noch nur 100 von ihnen verhaftet werden, so fällt die Wahrscheinlichkeit, verhaftet zu werden, für jeden Einzelnen sogar auf 0,94 Prozent. Wie genau sich das verhält, zeigt Tabelle 3. Sie basiert auf allen Daten, die wir bisher angenommen hatten, mit einer einzigen Ausnahme: In Tabelle 3 nehmen wir an, dass „nur“ maximal 100 Personen verhaftet werden, wenn der Umsturz scheitert.

Alle Daten bleiben so, wie sie auch in Tabelle 2 waren, nur in der rechten Spalte ändert sich etwas, und auch hier nur in den unteren vier Zeilen. Wie bisher kann unsere Person A nach wie vor damit rechnen, bei einem gelungenen Umsturzversuch auf eine Lebensqualität von 100 zu gelangen, egal ob sie sich beteiligt hat oder nicht. Hat sie sich aber als eine von 1.000 Revolutionären an einem gescheiterten Umsturzversuch beteiligt, so bleibt sie mit einer Wahrscheinlichkeit von 90 Prozent ein unbehelligter Bürger mit einer Lebensqualität von 50, wenn auch in einer Diktatur; und mit einer Wahrscheinlichkeit von „nur“ noch 10 Prozent landet sie im Gefängnis. Rechnet man das alles zusammen, so gelangt Person A zu einem Erwartungswert der Lebensqualität von 48,342. Genau das finden wir in der zweiten Spalte von rechts und der vierten Zeile von unten in Tabelle 3.

Tabelle 3. Dilemma der Revolution bei kleinem Verhaftungsrisiko

Zahl sonstiger Aktiver (Umwelt)	Wahrscheinlichkeit einer gelungenen Revolution (in Prozent)		Lebensqualität Person A		
	A bleibt passiv	A wird aktiv	A bleibt passiv	A wird aktiv	Differenz
0	0,000	0,006	50,000	0,006	–49,994
1	0,006	0,012	50,003	0,012	–49,991
9	0,054	0,060	50,027	0,060	–49,967
99	0,594	0,600	50,297	0,600	–49,697
999	5,994	6,000	52,997	48,342	–4,655
4.999	29,994	30,000	64,997	64,307	–0,690
8.999	53,994	54,000	76,997	76,747	–0,250
9.999	59,994	60,000	79,997	79,802	–0,195

Der zu erwartende Verlust an Lebensqualität steht in der ganz rechten Spalte und ist mit –4,655 nicht mehr dramatisch hoch. Und man sieht, dass diese Differenz oberhalb von 99 Mitstreitern sprunghaft nach oben steigt. Das liegt daran, dass bei insgesamt 100 Teilnehmern noch jeder Einzelne verhaftet wird, wenn der Umsturz scheitert, bei 1.000 Teilnehmern aber immerhin jeder zweite ungeschoren davonkommt. Allerdings gilt auch: Der Anstieg der erwarteten Lebensqualität eines Umstürzlers oberhalb von 99 Mitstreitern ist immer noch nicht hoch genug, um jene Lebensqualität zu übertreffen, die ein Bürger erwarten darf, der sich weiterhin passiv verhält.

Nach wie vor sind in jeder denkbaren Umwelt die Erwartungswerte der Lebensqualität eines aktiven Revolutionärs kleiner als jene eines passiven Bürgers. Zwar nähern sich die Werte der aktiven gegenüber jenen der passiven bei steigender Teilnehmerzahl sehr stark an, und genau das wird später noch einmal eine wichtige Rolle spielen. Aber für den Moment bleibt die erwartete Lebensqualität eines Revolutionärs in jeder möglichen Umwelt stets kleiner als die eines passiven Bürgers. Das sieht man bereits auf einen Blick in der ganz rechten Spalte, wo alle Werte negativ sind – genau wie vorher.

Wem das alles zu abstrakt erscheint, der stelle sich einmal das Schicksal eines einsamen Demonstranten gegen Kim Jong Un vor dem Mansudae-Monument in Nordkoreas Hauptstadt Pjöngjang vor. Umgekehrt stelle er sich vor, ein einzelner DDR-Bürger habe sich auf der Großdemonstration am Alexanderplatz am 4. November 1989 noch zu den übrigen 1 Mio. Menschen hinzugesellt. Dem einsamen Demonstranten in Pjöngjang würde, wenn es ihn gäbe, ein Schicksal bevorstehen, das wir uns besser gar nicht ausmalen. Dagegen durfte der DDR-Bürger am Alexanderplatz im November 1989 bereits annähernd sicher damit rechnen, vollständig unbehelligt zu bleiben.

Halten wir einmal fest, was wir in der realen Welt beobachten müssten, wenn unsere theoretischen Überlegungen korrekt sein sollten. Zunächst einmal sollten wir beobachten, dass Massenproteste oder Massenaufstände einem Diktator eher selten gefährlich werden. Streng genommen dürften wir solche Massenaufstände überhaupt nicht beobachten. Aber in den Sozialwissenschaften spielen in praktisch allen Situationen zu viele zusätzliche Einflüsse eine Rolle, als dass man rein mechanische Zusammenhänge beobachten könnte. Menschen können sich beispielsweise zumindest vorübergehend sehr irrational verhalten, sie können sich von Euphorie anstecken lassen und dabei die längerfristigen Konsequenzen vergessen. Auch können sie sich bezüglich der Konsequenzen ihres Handelns grob verschätzen. Schließlich ist es nicht einmal selten geschehen, dass sich eine Regierung zunächst recht nachsichtig gegenüber aufflammenden Protesten zeigte und dann plötzlich brutal zuschlug. All das und vieles andere hat aber seine Grenzen: die Irrationalität, die Euphorie, die falschen Einschätzungen und unerwarteten Änderungen im Charakter eines Regimes. Daher dürfen wir durchaus auf plausible theoretische Ergebnisse vertrauen, aber wir können nicht erwarten, dass man mit ihnen Vorhersagen treffen kann, wie man sie aus der Mechanik oder aus den Naturwissenschaften teilweise kennt.

Es bleibt also dabei, dass wir als unser Hauptergebnis finden sollten, dass Diktatoren nur selten durch öffentliche Proteste oder Massenaufstände ihr Amt verlieren. Es gibt aber eine weitere Beobachtung, die wir machen müssten, und die beruht auf dem folgenden Ergebnis unserer Analyse: Kleine Gruppen wie jene aus dem Beispiel von Bürger A und Bürger B können sich glaubhafter gegenseitig versprechen, trotz aller drohenden Gefahren an einer Sache teilzunehmen und dabeizubleiben. Sie können sich gegenseitig beobachten, und sie haben eher die Möglichkeit, sich gegenseitig zu bestrafen für den Fall, dass einer ausschert und seine Versprechen bricht. Sie können also viel effektiver einen Umsturz organisieren, als es eine große Masse von Menschen könnte. Allerdings ist ein Aufstand von wenigen Personen naturgemäß kein Massenaufstand.

Es kann aber durchaus Aufstände von kleinen Gruppen geben, und die müssten nach unseren Überlegungen alles andere als unwahrscheinlich sein. Denn rund um jeden Diktator gibt es stets kleine und sehr einflussreiche Machtzirkel, die sich aus Generälen, Polizeichefs, Geheimdienstchefs, Ministern und anderen Funktionären zusammensetzen, ohne die der Machterhalt eines Diktators von vornherein unmöglich ist. Da diese Leute Teil des Machtapparats sind, sollte man einerseits meinen, dass sie allein deshalb schon an dessen Erhalt interessiert sind. Allerdings sind die Interessen innerhalb solcher Machtzirkel in aller Regel alles andere als gleichmäßig verteilt. Vielmehr sind Rivalitäten zwischen den einzelnen Mitgliedern der Machtzirkel sowie zwischen ihnen und dem Diktator selbst eher die Regel als die Ausnahme. Das kann schon damit anfangen, dass ein Minister den Diktator selbst gern in dessen Amt beerben würde. Es geht weiter damit, dass ein Staatssekretär oder Parteifreund einem anderen ein Ministeramt neidet oder dass ein Industrieboss einen Rüstungsauftrag nicht erhalten hat, weil der Diktator mit dem Boss eines Konkurrenzunternehmens Golf spielen geht, der leer ausgehende Industrieboss dagegen Tennis mit dem Oberbefehlshaber der Landstreitkräfte oder dem Geheimdienstchef.

Innerhalb dieser Machtzirkel mag es ausreichen, wenn sich eine Handvoll von wichtigen Leuten gegen den Diktator verschwört, ohne dass es dem Diktator rechtzeitig gelingt, an anderer Stelle eine andere Koalition zu schmieden, die über genügend loyale Untergebene verfügt, um die Verschwörer zu verhaften. Hier ist stets eine kleine Anzahl an Individuen im Spiel, und daher sollte es sehr viel wahrscheinlicher sein, dass ein Umsturz aus diesen Reihen kommt, statt auf einer breiten Bevölkerung zu beruhen. Das Tragische dabei ist, dass eine breite Mehrheit der Bevölkerung auch ein breit gestreutes Interesse hat, welches sich am besten im Wege der Einführung von Demokratie in Politik umsetzen lässt. Die Machtzirkel rund um einen Diktator haben aber naturgemäß ein sehr enges Interesse, und dem würde eine Demokratisierung praktisch immer zuwiderlaufen.

Daraus folgt: Diejenigen, die ein Interesse daran haben, eine Diktatur durch eine Demokratie oder doch zumindest eine schlechte durch eine für das allgemeine Volk bessere Regierung zu ersetzen, haben kaum eine Chance, dem Dilemma der Revolution zu entfliehen, in dem jedes einzelne Mitglied gefangen ist. Umgekehrt haben diejenigen, die nicht in diesem Dilemma stecken und daher viel eher über die Macht verfügen, den Diktator zu stürzen, kein Interesse daran, die Diktatur durch eine Demokratie zu ersetzen oder doch zumindest eine schlechte durch eine für das allgemeine Volk bessere Regierung zu ersetzen.[29] Allenfalls haben diese Zirkel ein Interesse daran, eine Regierung, die für sie selbst schlecht ist, durch eine solche Regierung zu ersetzen, die für sie selbst besser ist. Leider hat die Masse des Volkes von solchen Machtspielen innerhalb der politischen Elite einer Diktatur rein gar nichts.

Das jedenfalls sagt unsere Theorie. Damit die sich allerdings nicht freischwebend im Wolkenkuckucksheim ihrer inneren Logik erfreut, ohne irgendetwas mit der Realität zu tun zu haben, müssen wir sie mit genau dieser Realität konfrontieren. Das bedeutet: Unsere Ergebnisse müssen sich in Zahlen und Fakten widerspiegeln. Ob sie das tun, sehen wir uns im folgenden Kapitel näher an.

[29] Der amerikanische Diktatur- und Revolutionstheoretiker Gordon Tullock nannte dies das „Paradox der Revolution"; siehe Tullock (1971).

3. Fakten, Fakten, Fakten

„Wenn man die Daten lange genug foltert, werden sie gestehen."[30]
(Ronald Coase)

Die Politikwissenschaftler Henk E. Goemans, Kristian Skrede Gleditsch und Giacomo Chiozza bauten eine Datenbank auf, welche sie die „Archigos-Datenbank" nannten. In dieser Datenbank stellten sie für die Zeit von 1875 bis 2004 und für 188 Länder sämtliche Fälle zusammen, in denen ein Regierungschef aus dem Amt ausgeschieden ist.[31] Die Gründe, die sie für den Verlust des Regierungsamts jeweils gefunden haben, sind naturgemäß vielfältig: Viele haben abgedankt oder wurden abgewählt, und viele schieden ganz regulär turnusgemäß aus. Andere sind während der Amtszeit eines natürlichen Todes gestorben, manche wurden aber auch ermordet oder im Zuge verlorener Kriege von fremden Herrschern aus dem Amt entfernt. Wieder andere fielen einem Militärputsch oder anderen gewaltsamen internen Auseinandersetzungen zum Opfer. Und schließlich wurden auch Herrscher unter dem Druck unzufriedener Bevölkerungsmassen aus dem Amt getrieben.

Insgesamt gab es in dem betreffenden Zeitraum in den 188 Ländern 3.025 Fälle, in denen ein Regierungschef aus irgendeinem dieser oder ähnlicher Gründe aus dem Amt schied. In Abbildung 1 finden wir die Verteilung dieser Fälle auf die jeweiligen Gründe. Es mag vielleicht erstaunlich klingen, dass die Archigos-Datenbank nicht weniger als 83 Prozent oder 2.433 Fälle als „regulär" klassifiziert. Aber „regulär" bedeutet nicht unbedingt, dass die betreffenden Regierungschefs auf demokratischem Wege abgewählt wurden, auch wenn das allein schon häufig der Fall war. Vielmehr finden sich darunter neben den demokratischen Regierungswechseln auch Abdankungen wegen Alters oder Krankheit, turnusmäßiges Ausscheiden oder alles, was es an vergleichbaren Gründen gibt. Es mag also verwunderlich erscheinen, aber selbst in der teilweise sehr bewegten Zeit zwischen dem Ende des 19. Jahrhunderts und der Jahrtausendwende waren die bei weitem meisten Fälle des Verlusts von Regierungsämtern solche, die man in der Archigos-Datenbank als regulär klassifiziert hat.

[30] An diesen Satz erinnert sich Gordon Tullock aus seinen Lehrveranstaltungen bei dem späteren Nobelpreisträger Ronald Coase; siehe Tullock (2001), S. 205 (Übers. d. Verf.).
[31] Siehe Goemans/Gleditsch/Chiozza (2009).

T. Apolte, *Der Mythos der Revolution*,
https://doi.org/10.1007/978-3-658-27939-4_3

Neben diesen 83 Prozent taucht als der zweitwichtigste Grund aber schon der Militärputsch auf, der für immerhin 10 Prozent aller Fälle verantwortlich ist. Nimmt man die ganz ähnlich gelagerten Fälle mit auf, in denen Regierungsmitglieder den Regierungschef gestürzt haben, dann stellen wir fest, dass fast 95 Prozent aller Amtsverluste auf das Konto regulärer Amtswechsel oder auf einen Putsch seitens des Militärs oder hoher Regierungsvertreter zurückgehen. Damit summieren sich sämtliche weiteren Gründe zusammen genommen auf nur noch gut 5 Prozent aller Regierungswechsel. Das Volk in einem breiteren Sinne spielt dabei jenseits der demokratischen Regierungswechsel mit gerade einmal 1,7 Prozent aller Fälle kaum eine Rolle. Wie gesagt: In demokratischen Regierungswechseln spielt es die Hauptrolle, und die gehören zur großen Gruppe der regulären Amtswechsel. Demokratische Amtswechsel erfolgen freilich nur in Demokratien, aber darüber, welche der regulären Amtswechsel demokratisch waren, gibt die Archigos-Datenbank uns keine Auskünfte. Wir wissen nur: Sofern wir solche Amtswechsel außen vorlassen, in denen das Volk aufgrund bestehender demokratischer Spielregeln einen Amtswechsel erzwungen hatte, spielte das Volk im Zusammenhang mit Amtswechseln so gut wie keine Rolle.

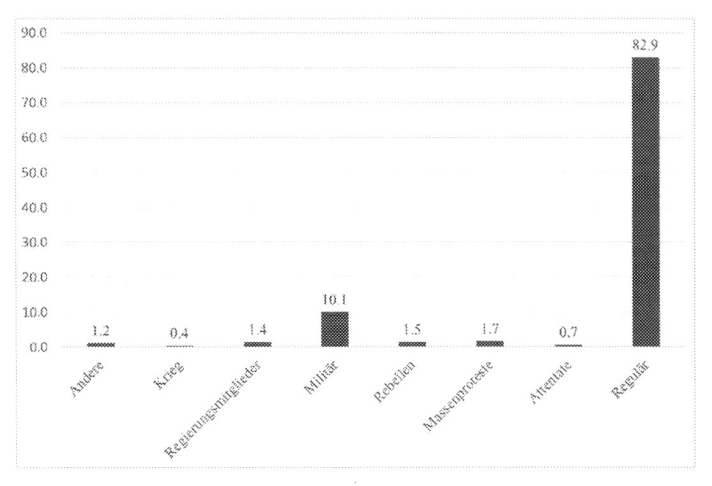

Abbildung 1. Prozentualer Anteil der Ursachen für Amtsverluste (Quelle: Archigos-Datenbank)

Nun interessieren uns für unsere Zwecke nicht diejenigen vom Volk erzwungenen Regierungswechsel, welche im Rahmen demokratischer Spielregeln erfolgt sind. Uns interessieren ja im Gegenteil gerade jene Fälle, in denen dem Volk eine solche Option gar nicht zur Verfügung stand und in denen es das Volk dennoch vermocht hat, einen Herrscher aus dem Amt zu entfernen. Lassen wir daher einmal alle regulären Regierungswechsel weg und sehen uns stattdessen allein jene 17 Prozent der Regierungswechsel an, welche die Datenbank als nicht regulär klassifiziert. Diese sind noch einmal separat in Abbildung 2 zusammengetragen. Dabei handelt es sich um immerhin noch 531 Fälle. Davon waren nicht weniger als 312 gewaltsam durch das jeweilige Militär erzwungen worden. Das waren annähernd 59 Prozent aller irregulären Regierungswechsel. Jene Umstürze, die inländische Regierungsmitglieder herbeigeführt haben, belaufen sich auf 44 Fälle oder 8,3 Prozent. Insgesamt gehen damit 365 Fälle oder etwas mehr als zwei Drittel aller Umstürze auf das Konto des inländischen Militärs oder inländischer Regierungsmitglieder. Sie bilden zusammengenommen damit die mit Abstand gefährlichste Gruppe für einen Regierungschef, wenn wir die regulären Regierungswechsel außen vor lassen.

Eine weitere bedeutende Gruppe sind inländische Rebellen, die in 53 Fällen oder in knapp 10 Prozent aller nicht-regulären Regierungswechsel verantwortlich waren. Viele von ihnen nahmen freilich für sich in Anspruch, die Masse des Volkes zu vertreten, und deshalb werden wir darauf später noch ausführlich zu sprechen kommen. Allerdings zählt die Datenbank in dieser Kategorie nur solche Fälle, die ausdrücklich nicht von Aktionen der Masse des Volkes begleitet wurden. Das sind also keine Rebellen, die zum Beispiel als eine Art Führungsfiguren aus einem Massenprotest hervorgegangen waren, so wie zum Beispiel Lech Wałęsa in Polen.

Sofern sie dennoch von den Massen bejubelt wurden, waren das eher Rebellen wie seinerzeit Fidel Castro und Che Guevara in Kuba, die zunächst ohne Beteiligung irgendwelcher Volksmassen einen Herrscher gestürzt und erst dann von den Massen gefeiert wurden. Es mag also sein, dass im jeweiligen Falle eine Mehrheit des Volkes glücklich war über den Regierungssturz, den inländische Rebellen zu verantworten hatten. Aber das muss nicht so sein, denn darüber gibt die Datenbank keine Auskunft. Rebellen in dieser Kategorie können deshalb in verschiedenartigster Beziehung zur Masse des Volkes gestanden haben, wenn man im Einzelfall überhaupt von so etwas wie einer homogenen Masse sprechen konnte. Es ist für uns aber auch nicht wichtig zu entscheiden, ob ein Rebell mit seinem Regierungssturz dem Volk oder großen Teilen davon im Einzelfall einen Gefallen getan hat oder nicht. Wichtig ist allein, ob es die Masse des Volkes selbst war, welche einen Regierungssturz maßgeblich verursacht hat. Und im Falle der Kategorie inländischer Rebellen ist das nicht so.

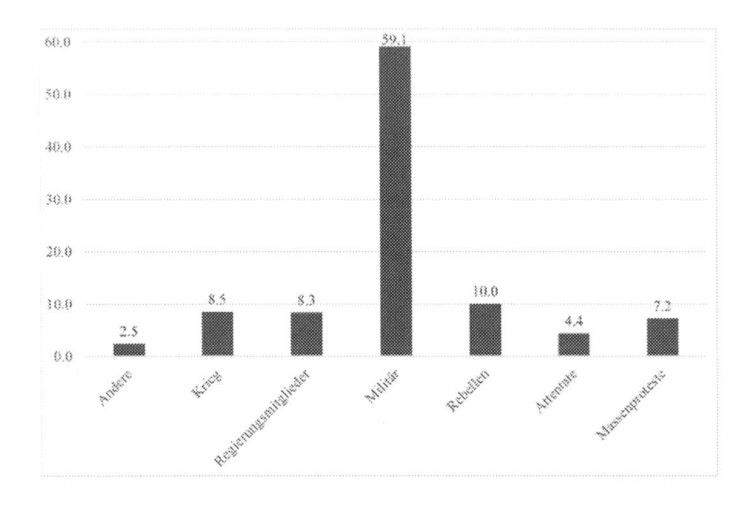

Abbildung 2. Prozentualer Anteil der Ursachen für irreguläre Amtsverluste (Quelle: Archigos-Datenbank)

Gehen wir weiter. Äußere Mächte standen in 8,5 Prozent aller Fälle hinter einem irregulären Amtsverlust. Und dann erst kommen Massenproteste, die es in 41 der insgesamt 531 Fälle oder in 7,2 Prozent aller irregulären Fälle eines Regierungswechsels vermocht hatten, einen ungeliebten Herrscher aus dem Amt zu entfernen.

Wichtiger als die absolute Zahl ist das Verhältnis zur Zahl der anderen Gründe. Der Putsch von Militärs oder Regierungsmitgliedern macht allein mehr als zwei Drittel aller irregulären Machtverluste von Regierungschefs aus, und wenn wir inländische Rebellen und Kriege mit hinzunehmen, liegen wir bei 86 Prozent. Hier spielt die Musik, und das deckt sich mit unseren theoretischen Überlegungen. Denn diese Fakten passen zu dem theoretischen Ergebnis, dass ein Diktator die einzelnen Mitglieder der Masse des Volkes fast immer leicht gegeneinander ausspielen kann, weshalb die Masse des Volkes einem Diktator tatsächlich nur sehr selten gefährlich wird.

Werfen wir vor diesem Hintergrund noch einmal einen etwas genaueren Blick auf die Daten. Wie gesagt, zwischen 1875 und 2004 waren 83 Prozent aller Regierungswechsel regulär. So hoch war also auch die Wahrscheinlichkeit für einen Herrscher, sein Amt auf regulärem Wege zu verlieren oder freiwillig abzugeben. Interessant ist nun dies: Sollte ein Herrscher selbst auf irregulärem Wege ins Amt gekommen sein, so erhöhte dies die Wahrscheinlichkeit für diesen Herrscher, seinerseits sein Amt eines Tages auf irregulärem Wege zu verlieren oder abzugeben, und zwar um über 30 Prozent. Rein statistisch gilt daher: Ein Herrscher, der sich selbst ins Amt putscht, wird mit höherer Wahrscheinlichkeit später einmal selbst aus dem Amt geputscht. Allein die Hälfte solcher Regierungswechsel ging auf das Konto von Militärs oder Regierungsmitgliedern.

Zwar stieg auch die Wahrscheinlichkeit, dass ein auf irregulärem Weg an die Macht gekommener Regierungschef später durch einen Massenprotest aus dem Amt vertrieben wurde. Aber dieser Anstieg ist unbedeutend und vermutlich rein zufällig, denn er betrug gerade einmal 1,2 Prozent. Kurz gesagt: Wer sich ins Amt putscht, muss das allgemeine Volk kaum mehr fürchten als einer, der auf regulärem Wege in sein Amt gelangt ist. Wohl aber muss er die Militärs und die anderen Regierungsmitglieder fürchten, und zwar um 30 Prozent mehr, als er sie ohnehin schon fürchten muss.

Nur: Warum sollte jemand mit höherer Wahrscheinlichkeit aus dem Amt geputscht werden, weil er sich selbst ebenfalls ins Amt geputscht hat? Wo soll da der Zusammenhang sein? Vermutlich ist das kein kausaler Zusammenhang, der sich mit einem Satz wie diesem beschreiben ließe: *Weil* sich der Herrscher A ins Amt geputscht hat, muss er damit rechnen, auch selbst aus dem Amt geputscht zu werden. Vielmehr handelt es sich um eine statistische Regelmäßigkeit, der ein dritter Faktor zugrunde liegt. Das ist nicht so kompliziert, wie es klingen mag. Es ist so ähnlich wie mit folgendem statistischen Zusammenhang: Zwischen 1950 und 1980 ist zugleich die Zahl der Störche und die Zahl der Kindergeburten in Deutschland gesunken. Der statistische Zusammenhang ist wahr, aber eine kausale Wirkung in der Art, dass es keine Babys geben konnte, *weil* es zu wenige Störche gab, die sie hätten bringen können, erscheint uns doch eher fraglich. Es gibt aber eine dritte Ursache hinter beiden Beobachtungen: Das hohe Wirtschaftswachstum der Nachkriegszeit hat uns seinerzeit einen großzügigen Ausbau der Rentenversicherung ermöglicht, so dass die traditionelle Altersabsicherung über die Familie rasch an Bedeutung verlor; zugleich hat dasselbe Wirtschaftswachstum aber auch die Landschaft in einer Weise verändert, dass die Lebensräume der Störche schrumpften.[32]

Das hohe und sich zumindest damals noch kaum um Umweltbelange kümmernde Wachstum der Einkommen war ein Faktor, der unabhängig voneinander zwei Dinge antrieb: den Rückgang der Storchenpopulation und den Rückgang der Geburten. Im Ergebnis beobachteten wir einen statistischen Gleichlauf zwischen zwei Phänomenen, die ansonsten miteinander nichts zu tun haben: die Zahl der Störche und die Zahl der Geburten. Einen solchen Gleichlauf dürfen wir auch für unser Thema vermuten. Ähnlich wie beim Wirtschaftswachstum muss es eine gemeinsame Ursache für zwei voneinander unabhängige Beobachtungen geben: dass sich nämlich erstens ein Herrscher an die Macht geputscht hat und dass dieser Herrscher zweitens selbst später wieder aus dem Amt geputscht wird.

Ein heißer Kandidat für einen solchen dritten Faktor ist politische Instabilität in einem Land. Der Grund mag sein, dass in instabilen Herrschaftssystemen weder allgemein akzeptierte demokratische Spielregeln herrschen noch solche einer Erbmonarchie, in der die Nachfolge eines Herrschers dynastisch geregelt ist. Wenn es auch sonst keine allgemein akzeptierten Regeln für den Regierungsübergang gibt, dann bleiben eigentlich nur noch irreguläre Regierungswechsel. Gewaltsame Regierungswechsel sind deshalb in einem solchen Umfeld häufiger anzutreffen, und daher finden wir statistisch gesehen eine vergleichsweise hohe Putschwahrscheinlichkeit.

Wer nun eine solch instabile Lage ausnutzt, um sich an die Macht zu putschen, wird sich vermutlich die Frage stellen, mit welcher Wahrscheinlichkeit er selbst einmal Opfer eines Putsches werden wird. Die Antwort lautet: Wenn es ihm gelingt, ein neues Umfeld mit allgemein akzeptierten Regeln des Regierungswechsels zu schaffen, dann kann er diese Wahrscheinlichkeit senken; anderenfalls aber nicht. Die meisten Putschisten versuchen freilich, im Anschluss an ihren eigenen Putsch die Dinge zu stabilisieren, indem sie zum Beispiel so etwas wie eine Erbmonarchie einführen. Das hat zu dem

[32] Inzwischen ist das Wachstum nachhaltiger geworden, so dass sich die Lebensräume der Störche wieder erweitert haben und die Störche nach und nach zurückkehren. Und siehe da: Die Zahl der Kindergeburten steigt ebenfalls wieder.

skurrilen Ergebnis geführt, dass sich selbst marxistische Regierungschefs häufig mit Eheleuten, Kindern oder sonstigen engen Verwandten umgeben, die dann wichtige Ämter bekleiden und teilweise zu potenziellen Nachfolgern entwickelt werden. Denn wichtige Amtsträger sind für einen Regierungschef immer auch potenziell bedrohliche Amtsträger. Da hat man dann lieber mal einen Verwandten in einer solchen Position sitzen.

Im Ergebnis entstand häufig so etwas wie eine marxistisch-leninistische Erbmonarchie. Das auffälligste Beispiel hierfür dürfte Nordkorea sein, aber auch Kuba, Rumänien und teilweise sogar die DDR zeigten solche Züge. Insgesamt ist es aber gerade solchen Herrschern, welche sich an die Regierung geputscht hatten, nur vergleichsweise selten gelungen, im Anschluss allgemeine und stabile Nachfolgeregeln zu etablieren und damit für stabile Verhältnisse zu sorgen. Die Folge ist, dass die Wahrscheinlichkeit, einem Putsch zum Opfer zu fallen, nach einem erfolgten Putsch wiederum hoch bleibt. Das liegt aber nicht daran, dass die Art, in der der Putschist sein Amt erlangt hat, Einfluss darauf hätte, wie er es später einmal verlieren würde. Vielmehr ist die Art, wie er sein Amt erlangt hat, ein Hinweis darauf, wie man in dem betreffenden Land im Allgemeinen einen Herrscher aus dem Amt entfernt: per Putsch nämlich. Und daher gilt: Was für den Vorgänger eines Putschisten gilt, das gilt mit hoher Wahrscheinlichkeit auch für den Putschisten selbst.

Die Zahlen aus der Archigos-Datenbank passen gut zu diesen Überlegungen. Zwar blieben Regierungschefs, die irregulär ihr Amt erlangt hatten, im Durchschnitt durchaus länger im Amt. Dennoch verloren sie ihr Amt im Anschluss mit höherer Wahrscheinlichkeit wiederum auf irreguläre Weise. Ein Regierungschef in den betrachteten 188 Ländern war von 1875 bis 2004 im Durchschnitt 1.553 Tage lang im Amt, das sind ziemlich genau 4,25 Jahre. Für den Fall, dass dieser Regierungschef auf regulärem Wege ins Amt gelangt war, blieb er mit seiner Amtszeit im Durchschnitt um 273 Tage hinter jener zurück, die ein auf irregulärem Wege ins Amt gekommener Regierungschef hatte.

Wenn wir nun gemeinsam berechnen, wie sich die durchschnittliche Amtszeit eines Regierungschefs verändert, wenn er sowohl auf regulärem Wege ins Amt gelangt als auch auf regulärem Wege sein Amt wieder aufgegeben hat, dann finden wir Folgendes: Es spielt gar keine Rolle, ob ein Regierungschef auf regulärem Wege ins Amt gelangt ist, wichtig ist allein, ob er das Amt auf reguläre Weise verloren oder aufgegeben hat. Kurz: Wer sein

Amt auf reguläre Weise verliert, tut dies im Durchschnitt 556 Tage oder gut 1,5 Jahre früher als einer, der sein Amt auf irreguläre Weise verliert. Die Frage, wie einer ins Amt gelangt ist, spielt dabei nur scheinbar eine Rolle. Was zählt, ist, wie Herrscher ihr Amt in einem Land typischerweise verlieren, und das weist genau auf die Instabilität der Nachfolgeregelung.

Das macht das Leben eines Diktators gefährlich. Er bleibt zwar im Durchschnitt länger im Amt als sein demokratisch gewählter Kollege. Dafür kann ein demokratisch abgewählter Regierungschef nach seiner wahrscheinlich kürzeren Amtszeit mit großzügigen Pensionen und allerlei Ehrenbezeigungen rechnen.

Daher sollte man sich vielleicht überlegen, ob man in dem gefährlichen Umfeld einer Diktatur überhaupt das Amt eines Regierungschefs anstreben möchte. Denn die Gefahr, irregulär und sogar gewaltsam sein Amt zu verlieren, ist dort immer höher. Und das dann drohende Schicksal ist stets ungewiss. All das sollte sich ein Politiker gut überlegen, bevor er sich auf irregulärem Wege selbst in das Amt des Regierungschefs bringt. Es kann für ihn buchstäblich lebenswichtig sein.

Aber um *eine* Eventualität muss er sich auch in einem instabilen Umfeld kaum ernsthafte Sorgen machen: dass ihn nämlich das Volk aus dem Amt entfernen wird. In einer Demokratie ist das das übliche Schicksal eines Regierungschefs, sofern er nicht selbst abdankt. In einer Diktatur passiert das dagegen allenfalls jedem einhundertsten Herrscher. Umgekehrt hat ein diktatorischer Herrscher allen Grund, genau jene zu fürchten, die er mit hoher Wahrscheinlichkeit benutzt hat, um überhaupt erst ins Amt zu gelangen: das Militär und seine unmittelbaren Mitstreiter aus der eigenen Regierung.

Heißt das nun, dass das Volk gegen einen ungeliebten Herrscher oder eine ungeliebte Politik so gut wie nie protestiert? Unsere theoretischen Überlegungen legen das nahe, und auch die Fakten, die wir aus der Archigos-Datenbank gewonnen haben, scheinen diesen Eindruck zu bestätigen. Aber wir müssen vorsichtig sein, denn die Archigos-Datenbank misst nicht die Zahl der Fälle, in denen sich das Volk gegen einen Herrscher erhoben hat. Vielmehr misst sie jene Fälle, in denen sich das Volk erhoben hat *und* dabei erfolgreich war, der Herrscher im Zuge des Volksaufstands also tatsächlich sein Amt verloren hat. Das ist nicht dasselbe, auch wenn es zusammenhängt. Daher könnte es nach wie vor so sein, dass es sehr wohl viele Massenaufstände gegeben hat, von denen aber nur sehr wenige erfolgreich waren.

Die Beobachtung rund um das Ende des Kalten Krieges und jene des weiteren Tagesgeschehens in der Ukraine, in Tunesien, Ägypten, in der Türkei und im Iran oder auch im fernen Thailand und in Venezuela sowie an vielen anderen Orten zeigen uns tatsächlich, dass es gar nicht so wenige Fälle von breiten Protestbewegungen aus der Masse des Volkes gegeben hat. Die Politikwissenschaftlerin Dawn Brancati zählt allein für den Zeitraum nach dem Kalten Krieg zwischen 1989 und 2011 nicht weniger als 310 Protestwellen in 92 Ländern, welche sich das Ziel demokratischer Reformen ihres jeweiligen Landes auf die Fahnen geschrieben hatten.[33] Zwar dürfen wir nicht übersehen, dass auch eine solche Zahl angesichts der noch immer überwiegend diktatorischen Herrschaftsverhältnisse relativ klein ist. Davon, dass sich das Volk stets oder auch nur häufig erhebt, wenn ein Herrscher es allzu arg unterdrückt, kann also nach wie vor keine Rede sein. Aber davon, dass es sich niemals oder doch kaum jemals erhebt, wie es unsere bisherigen theoretischen Überlegungen nahelegen, kann wiederum auch nicht die Rede sein. Denn 310 Protestwellen sind in absoluten Zahlen gesehen keine zu vernachlässigende Größe.

Gleichwohl hält auch Dawn Brancati fest: Wirklich gefährlich sind alle diese öffentlichen Proteste den jeweiligen Herrschern nur selten geworden. Das sagt zwar nicht, dass öffentliche Proteste niemals Einfluss auf die Politik in den betroffenen Ländern gehabt haben oder dass die betroffenen Herrscher niemals Zugeständnisse in puncto Demokratie oder in anderer Hinsicht gemacht hätten. Es sagt allerdings, dass die Öffentlichkeit es nicht oder nur sehr selten vermocht hat, Herrscher jenseits demokratischer Verfahren erfolgreich aus dem Amt zu jagen.

Halten wir einmal eine Reihe der wichtigsten Fakten fest:

1. In relativen Zahlen gemessen geschieht es eher selten, dass Menschen gegen einen Herrscher massenhaft auf die Straße gehen. In absoluten Zahlen ist es aber keine so große Seltenheit, als dass wir das Phänomen von Massenprotesten einfach vernachlässigen dürften.
2. Massenproteste kosten einen Herrscher aber sowohl in absoluten als auch in relativen Zahlen nur sehr selten das Amt. Was wir aber noch

[33] Brancati (2016), S. 3.

zeigen werden, ist Folgendes: Sofern Massenproteste einmal ausgebrochen sind, erhöhen sie die Wahrscheinlichkeit eines irregulären Regierungswechsels. Ein irregulärer Regierungswechsel ist also nicht selten, aber keineswegs immer die Folge von Massenaufständen.

3. Nur manchmal ist es für die Bevölkerung mit einer Besserung der Lebensverhältnisse verbunden, wenn es in der Folge von Massenaufständen zu einem Regierungswechsel gekommen ist. Auch das werden wir noch zu zeigen haben. Oft wird im Anschluss an Massenproteste nur ein Diktator durch einen neuen ersetzt.

Wenn wir diese Faktenlage nun mit den Ergebnissen unserer theoretischen Überlegungen abgleichen, dann sehen wir, dass manches durchaus gut zusammenpasst, manches aber auch nicht so gut. Sehen wir uns das an:

- Die Theorie besagt, dass große Gruppen einem Diktator kaum gefährlich werden können, kleine dagegen stets gefährlich sind. Das passt sehr gut zu den Fakten, insbesondere zu dem dominierenden Anteil von Militärputschen und Regierungswechseln, die durch Rebellen erzwungen wurden. Denn die werden immer von vergleichsweise kleinen Gruppen vorangetrieben.
- Die Theorie besagt außerdem, dass Massenaufstände – egal ob erfolgreich oder nicht – kaum je beobachtbar sein dürften. Das bestätigen unsere Fakten allerdings nur sehr bedingt. Zwar sind Massenaufstände in relativen Größen eher selten; aber sie kommen vor, und in absoluten Zahlen ist ihre Häufigkeit durchaus nicht zu vernachlässigen.
- Die Fakten zeigen uns andererseits aber, dass Massenaufstände selten erfolgreich sind. Das widerspricht zwar unserer Theorie nicht direkt. Aber die Theorie besagt das für sich genommen eigentlich nicht. Denn in unserer Theorie sind Massenaufstände nur deshalb kein Grund für gelungene Revolutionen, weil sie gar nicht vorkommen dürften. Unsere Fakten sind dagegen differenzierter.

Das sind nicht ganz unerhebliche Unstimmigkeiten. Sie zeigen uns, dass unser grundlegendes Gedankenexperiment noch zu grob ist. Denn in dessen Welt gibt es in einer Diktatur nur zwei Möglichkeiten: Entweder erhebt sich das Volk erfolgreich dagegen, oder es erhebt sich nicht. Die Realität ist aber eher so: Zunächst einmal gibt es in einer Diktatur manchmal Massenaufstände, manchmal aber auch nicht. Und es geht weiter: Wenn es Massenaufstände gibt, dann führen sie manchmal zu einem Regierungswechsel, manchmal aber auch nicht. Schließlich: Wenn es einen Massenaufstand gegeben hat und wenn er zu einem Regierungswechsel geführt hat, dann hat das die politische und ökonomische Lage der großen Masse des Volkes manchmal verbessert, manchmal aber auch nicht. Leider muss man sogar sagen: meistens nicht. Fügen wir das alles zusammen, dann ergibt sich ein ziemlich durchwachsenes Bild von der modernen Revolution.

Im Gegensatz zu dieser eher trüben Realität umfasst der Mythos der Revolution eine in sich geschlossene Erfolgsgeschichte, welche stets die ganze Kette umfasst: ausgehend von der schlechten politischen und ökonomischen Lage, welche Massenproteste auslöst, die wiederum zu einem Regimewechsel führen, der dann am Ende eine allgemeine Verbesserung der politischen und ökonomischen Situation herbeiführt; und all das auf der Grundlage eines Volkes, das spontan oder vielleicht mit Hilfe eines revolutionären Führers die Initiative ergreift, um sein Schicksal in die eigenen Hände zu nehmen.

Diese ganze Kette umfasst der moderne Mythos der Revolution, aber in der Realität gibt diese Kette nur einen von vielen möglichen Abläufen der Dinge wieder. Jedes einzelne Glied in der Kette kann brechen, und daraus ergibt sich eine Vielzahl von möglichen Szenarien. Um die alle zu berücksichtigen und uns auf diesem Wege ein wirklich umfassendes Bild von Revolutionen machen zu können, müssen wir verstehen, was Massenaufstände trotz des Dilemmas der Revolution manchmal auslösen kann, auch wenn das relativ selten geschieht; warum Massenaufstände, wenn sie geschehen, einen Herrscher manchmal das Amt kosten und manchmal nicht; und schließlich, warum sich die Dinge für die Bürger selbst dann selten zum Besseren wenden, wenn ein Herrscher tatsächlich durch einen Massenaufstand aus dem Amt gejagt wurde.

Das heißt aber nicht, dass alles, was wir uns bisher erarbeitet hatten, für die Katz war. Im Gegenteil! Es bleibt die Grundlage für alle weiteren Überlegungen. Denn mit Hilfe dieser Grundlage können wir verstehen, wie die vielen Individuen miteinander interagieren, aus denen jede Bevölkerung besteht. Daher können wir sogar sagen: Alles, was jetzt noch kommt, besteht aus Varianten dessen, was wir uns bisher erarbeitet hatten. Wir sind also bestens gerüstet.

Vor allem sind wir mit unserem Rüstzeug nun in der Lage, die Begriffe etwas genauer zu bestimmen, mit denen wir es im weiteren Verlauf unserer

Überlegungen zu tun haben werden. Es wird sehr nützlich sein, wenn wir uns Klarheit über die Bedeutung der folgenden drei Begriffe verschaffen, die immer wieder auftauchen werden: Revolutionen, Massenaufstände und Revolten.

Beginnen wir mit dem Begriff der **Revolution**. Man könnte Bücher allein über diesen Begriff schreiben. Das liegt nicht zuletzt daran, dass der moderne Mythos der Revolution oft allzu viel Pathos in den Begriff der Revolution gelegt und ihn dadurch meist arg überladen hat. Bei allem Respekt vor der großen Hannah Arendt gilt das in gewisser Weise auch für ihren Begriff von Revolution. Zumindest für unsere Zwecke ist ein derart überladener Begriff aber nicht sehr hilfreich.

Halten wir die Dinge daher möglichst schlicht und bezeichnen wir mit dem Begriff der Revolution einfach nur eine Umwälzung bisher bestehender Machtverhältnisse. Bedenken wir aber, dass eine solche Umwälzung mehr ist als nur der personelle Wechsel im Amt eines Regierungschefs, eines Königs oder eines Präsidenten im Rahmen allgemein akzeptierter Regeln. Unter einer Revolution verstehen wir vielmehr eine Umwälzung, welche die Grundlagen eines bisherigen Machtsystems oder Regelwerks zerstört. Dazu gehören: die Abschaffung eines dynastischen Systems oder einer Erbmonarchie; die Abschaffung einer verfassungsmäßigen Ordnung; oder der Sturz eines autokratischen Herrschaftsgefüges. Nicht dazu gehören dagegen: Regierungswechsel nach regulären Wahlen oder die Abdankung oder der Tod eines amtierenden Regierungschefs, sofern im Anschluss die bestehenden Nachfolgeregeln beachtet werden.

Damit ist es für unseren Begriff von Revolution nicht wichtig, wer oder was die Umwälzung verursacht hat, ob die Massen des Volkes daran beteiligt waren und ob die Umwälzung zu einem höheren Freiheitsgrad oder zu besseren ökonomischen und politischen Verhältnissen für die Massen geführt hat. Diese Aspekte fangen wir erst mit einem zweiten wichtigen Begriff ein, und das, was wir damit beschreiben, mag im Einzelfall mit einer Revolution verbunden gewesen sein oder auch nicht. Es geht um den Begriff des Massenaufstands.

Unter einem **Massenaufstand** wollen wir wieder etwas sehr Allgemeines verstehen. Genauer gesagt wollen wir darunter politische Unruhen verstehen, welche von einer sehr großen Zahl von Menschen aus der Bevölkerung – einer anonymen Masse – getragen sind und welche von sich in Anspruch nehmen, die gemeinsamen Interessen der Bevölkerung gegenüber einer politischen Führung zum Ausdruck zu bringen. Ein Aufstand nach diesem Verständnis muss nicht gewalttätig sein, denn sonst würden wir zum Beispiel die Montagsdemonstrationen in Leipzig im Sommer und Herbst 1989 damit nicht erfassen. Friedliche Massenproteste oder Massendemonstrationen sind daher nach unserem Verständnis eine Spielart von Massenaufständen, eine friedliche eben. Ob sie friedlich sind oder bleiben, ist für unsere Überlegungen im Augenblick jedenfalls nicht wichtig.

Der dritte Begriff, den wir brauchen, ist so etwas wie das Gegenstück des Massenaufstandes. Wir wollen ihn **Revolte** nennen. Hierunter verstehen wir die Verschwörung einer kleinen Gruppe von Personen mit dem Ziel, die politische Führung zu stürzen. Dabei kann es sich um Personen innerhalb oder außerhalb des Machtzentrums eines Regimes handeln. Ein Putsch ist zum Beispiel eine Revolte aus dem Kreis hochrangiger Militärs. Es gibt aber auch äußere Feinde, welche mit kleinen, meist bewaffneten Gruppen ins Zentrum der Macht eindringen und einen Regierungswechsel herbeiführen. Eine Revolte kann sich im Zweifel aber einfach nur auf eine Intrige beschränken und doch revolutionäre Folgen haben. Die Beteiligten an einer Revolte mögen von sich in Anspruch nehmen, wie beim Massenaufstand die Interessen einer breiten Masse des Volkes zu vertreten. Sie mögen aber auch so etwas wie eine „nationale Errettung" oder die Bewahrung oder Rückbesinnung auf religiöse Fundamente vor Augen haben. Wichtig ist, dass eine Revolte von einer kleinen Gruppe getragen wird, deren Mitglieder sich kennen.

Schließlich beachten wir: Eine Revolution wird immer entweder mit einer Revolte oder einem Massenaufstand oder mit beidem zusammenhängen. Das sollte klar sein, denn irgendwelche Akteure muss es geben, deren Aktivitäten am Ende eine Revolution bewirken. Von allein geht das nicht. So kann eine Revolution die Folge einer Revolte sein. Sie kann aber auch die Folge eines Massenaufstandes sein. Schließlich kann sie in unterschiedlicher Weise mit dem einen oder dem anderen verbunden sein. Vor allem können Massenaufstände und Revolten sich gegenseitig beeinflussen. Alles das werden wir in den folgenden Kapiteln kennenlernen.

4. Die versehentliche Revolution

„Es gibt nichts Stilleres als eine geladene Kanone."[34]
(Heinrich Heine)

Nicolae Ceauşescu war ein Diktator, wie man ihn eigentlich nur mit den kommunistischen Erbmonarchen Nordkoreas vergleichen kann. Er regierte mit menschenverachtender Härte und scherte sich keinen Deut um die Bedürfnisse des rumänischen Volkes.[35] Stattdessen lebte er mit seiner Frau Elena ungeachtet der offiziellen sozialistischen Gleichheit wie ein Königspaar und in ungehemmtem Luxus. Zugleich ließ er sich in einem beispiellosen Personenkult von seinem Volk als Conducător, als Führer, feiern. Die Wirklichkeit seines Ansehens im Volk sah freilich anders aus: Kaum ein Herrscher in den Satellitenstaaten der ehemaligen Sowjetunion war zugleich so verhasst und so gefürchtet wie Ceauşescu, und das galt für seine Frau nicht zuletzt wegen der unverhohlenen Offenheit ihres ausschweifenden Luxuslebens mindestens ebenso wie für ihn selbst.

Nachdem im Sommer und Herbst des Jahres 1989 die kommunistischen Systeme Polens, der DDR, Ungarns, der Tschechoslowakei und Bulgariens bereits kollabiert waren, wurde es auch für Ceauşescu eng, trotz aller Rücksichtslosigkeit, mit der er und sein gefürchteter Geheimdienst Securitate das Land tyrannisierten. Hinzu kam, dass er im Falle eines Regimewechsels gerade wegen seiner unbarmherzigen Herrschaft und wegen der krassen Diskrepanz zwischen der bitteren Armut des Volkes und dem schamlosen Luxusleben der Ceauşescus nicht damit rechnen durfte, ähnlich glimpflich davonzukommen wie die übrigen ex-kommunistischen Herrscher. Unbeirrt blieb er daher bei seinen scheinbar bewährten Mitteln, sich als unbestrittener Herrscher zu behaupten, und die lauteten: rücksichtslose Unterdrückung und schamloser Personenkult.[36]

Die Stadt Timişoara liegt am Rande Rumäniens, weit weg von der Hauptstadt Bukarest. Sie ist das wirtschaftliche und kulturelle Zentrum der Region Banat, welche sich grenzüberschreitend über den Südosten Ungarns, den Nordwesten Serbiens und den äußersten Westen Rumäniens erstreckt. In dieser Region lebten und leben vor allem viele ethnische Ungarn, und es

[34] Heine (1997), S. 604.
[35] Siehe im Einzelnen die Biographie von Kunze (2000).
[36] Zu den Ereignissen des Dezember 1989 siehe Rau (2009);

T. Apolte, *Der Mythos der Revolution*,
https://doi.org/10.1007/978-3-658-27939-4_4

gibt in der Tat nicht wenige nationalistische Ungarn, die das Gebiet für Ungarn beanspruchen. Es dürfte nicht ganz zufällig gewesen sein, dass ein Pfarrer mit dem erkennbar ungarischen Namen László Tőkés zur Integrationsfigur der ersten Protestbewegung in Rumänien wurde. Hinzu kam allerdings, dass die Bewohner des Banats ungarische sowie serbische Radio- und Fernsehprogramme empfangen und teilweise auch verstehen konnten und dass sie von daher besser über die Ereignisse in Mittel- und Osteuropa informiert waren als die große Mehrheit der übrigen Rumänen.

So ist es nicht verwunderlich, dass es die Stadt Timişoara war, aus der heraus sich im Revolutionsjahr 1989 erstmals eine Opposition gegen das Ceauşescu-Regime entwickelte.[37] Zunächst agierte diese über viele Monate sehr vorsichtig. Im Dezember 1989 aber entwickelten die Dinge innerhalb von nur zwei Tagen eine für das Regime in Bukarest gefährliche Dynamik. Ceauşescu reagierte, indem er die Region abriegelte und so das übrige Rumänien weitgehend von Informationen über die Vorgänge in der Banat-Region abschnitt. Ab dem 16. Dezember 1989 kam es in Timişoara zu offenen Demonstrationen, die das Regime am Folgetag erstmals mit scharfen Waffen blutig beantwortete. Im Verlauf dieser Ereignisse kamen etwa 50 Menschen zu Tode. Weitere gewaltsame Auseinandersetzungen konnten den Kontrollverlust des Regimes in der Region dennoch nicht verhindern, und dieser manifestierte sich am 20. Dezember 1989 in einem Forderungskatalog der Banater Opposition, welcher unter anderem den sofortigen Rücktritt Ceauşescus sowie seiner Regierung enthielt.

Ceauşescus Strategie war es, den Aufstand als einen regionalen antirumänischen Konflikt erscheinen zu lassen und die Banat-Region zugleich vom übrigen Rumänien zu isolieren, um ein Übergreifen der Proteste zu verhindern. Gegenüber der Bevölkerung außerhalb des Banats bemühte er sich, die Protestierenden von Timişoara als fremdgesteuerte, insbesondere ungarische Verschwörer zu brandmarken, deren Absicht es war, die Integrität des rumänischen Vaterlands zu zerstören.[38]

Krönen wollte Ceauşescu diese Strategie mit einer organisierten Jubeldemonstration, auf der er vor über 100.000 Teilnehmern vom Balkon des ZK-Gebäudes in Bukarest sprach. Diese scheinbar machiavellische List sollte

[37] Zu den Ereignissen in Timişoara siehe Rados (1992), S. 59ff.

[38] Ein knapper Überblick über die Ereignisse vom 16. bis zum 22. Dezember findet sich in Gabynyi (1990), S. 11ff.

sich aber als grober Fehler erweisen.[39] Denn während Ceaușescu auf der organisierten Kundgebung sprach, mischten sich zwischen die organisierten Jubelrufe zunächst zögerlich störende Anti-Ceaușescu-Rufe. Manche riefen „Timişoara" und nutzten dabei die Vieldeutigkeit dieses Rufes, welche je nach Motivation Loyalität mit Ceaușescu ebenso wie Protest gegen ihn bedeuten konnte.

Die Rufe wurden aber immer lauter und in ihrer Bedeutung unmissverständlicher, und die Menge wurde zusehends unruhiger. Zug um Zug drehte sich das, was als Loyalitätsbeweis für den „Conducător" und als deutliche Warnung an potenzielle Protestler gedacht war, in sein Gegenteil: Es mutierte zu einer offenen Protestkundgebung gegen Ceaușescu, der sich immer weitere Teilnehmer anschlossen. Schließlich mündeten die Ereignisse in gewaltsame Auseinandersetzungen der Protestierenden mit den Sicherheitskräften, welche bis in die Nacht hinein anhielten und am Folgetag erneut aufflammten. Ein letzter Versuch Ceaușescus, zu den Protestierenden zu sprechen, scheiterte am 22. Dezember kläglich.

Die bedrohliche Situation nun endlich vor Augen, floh Ceaușescu mit seiner Frau über das Dach des ZK-Gebäudes in einem Hubschrauber.[40] Diesem Flug folgte eine spektakuläre Irrfahrt, an deren Ende aber noch am selben Tag die Verhaftung stand, welche auf dem Befehl einer eilig gegründeten „Front der Nationalen Rettung (FNR) " unter der Führung hoher Militärs beruhte, welche inzwischen die Seiten gewechselt hatten, wohl um ihre Haut und vielleicht auch ihre Position zu retten.[41] Zu diesem Zweck veranstaltete die FNR einen Schauprozess, der am 25. Dezember begann und noch an diesem Tage mit einem Todesurteil und der unmittelbar darauffolgenden Hinrichtung von Nicolae und Elena Ceaușescu endete.[42]

Der selbsternannte Conducător hatte seine Lage bis fast zum Schluss grob verkannt. Am Ende gab er den Oppositionellen mit der organisierten Massenkundgebung genau das Forum, das sie brauchten, um aus der Deckung der Masse heraus die alles entscheidende Information für jeden Einzelnen zu verbreiten, der genug hatte von der Schreckensherrschaft Ceaușescus, und die lautete: Die große Mehrheit der hier Anwesenden denkt wie du! Der

[39] Siehe im Folgenden: Rados (1992), S. 89ff.
[40] Siehe Rados (1992), S. 119f.
[41] Zu den Motiven hinter der Gründung der „Front der Nationalen Rettung" siehe Gabanyi (1990), S. 51ff.
[42] Siehe Rados (1992), S. 175ff.

Informationsgehalt dieser zentralen Botschaft stieg und verbreitete sich wie in einem Lauffeuer mit den zunächst unklaren und vereinzelten, dann aber immer häufigeren und immer eindeutigeren Rufen. Statt nunmehr die zu diesem Zeitpunkt vielleicht noch mögliche Flucht zu organisieren, rief der Diktator den Ausnahmezustand aus und gab damit den überlaufenden Sicherheitskräften der „Rettungsfront" die legale Grundlage für das Schnellgericht, das ihn und seine Frau nur drei Tage später zum Tode verurteilte und hinrichtete.

Wirklich tragisch waren die Ereignisse freilich wegen der insgesamt über 1.000 Todesopfer, die die rumänische Revolution forderte, von denen allerdings die meisten in den Wirren vom 22. bis zum 27. Dezember umkamen, also bereits nach der Flucht Ceauşescus.[43] Zugleich beinhaltete die rumänische Revolution so ziemlich alles, was man an Elementen einer Revolution finden kann, welche auf einem Massenaufstand beruht: eine lange Zeit annähernd folgenlosen Murrens in der Bevölkerung; starke Integrationsfiguren, an die sich selbst brutale Regime wegen ihrer großen moralischen Anziehungskraft nur ungern heranwagen; einen scheinbar unbedeutenden Auslöser, welcher das lange leise Murren in der Bevölkerung mit einem Schlag in eine rasant aufbrausende Massenbewegung verwandelt; verwirrte Soldaten, Polizisten und Sicherheitskräfte in den unteren Hierarchieebenen, die nicht mehr wissen, welchen Befehlen sie folgen sollen; schließlich auch den unappetitlichen Loyalitätswechsel in der Spitze von Verwaltung, Militär und Sicherheitsapparat, die sich in größter Eile als vehemente Regimegegner zu profilieren versuchen, indem sie Rache an jenen demonstrieren, denen sie noch vor kurzem treu ergeben waren. Und damit schließlich auch das: die alten Apparatschiks aus Verwaltung, Militär und Sicherheitsapparat im Gewande einer neu formierten Regierung, soweit sie noch gerade rechtzeitig die Seiten gewechselt hatten.

Allein, mit den Überlegungen des vorletzten Kapitels (Kap. 2) scheinen diese Zutaten eines Massenaufstandes nicht viel zu tun zu haben. Mehr noch: Wenn es ein zentrales Ergebnis dieses Kapitels gab, so lag es darin, dass Massenaufstände nicht recht zu erklären sind und dass sie von daher eigentlich kaum je vorkommen dürften. Die statistischen Beobachtungen bestätigten diesen Eindruck, aber sie sagten noch mehr: dass nämlich Massenaufstände, wenn sie doch vorkommen, nur selten erfolgreich in dem Sinne sind, dass sie einen Diktator wirklich zu Fall bringen. Schließlich: Noch einmal

[43] Vgl. Weiss (2012), S. 308.

seltener sind die Fälle, in denen ein ungerechter Herrscher am Ende durch einen besseren ersetzt wird oder gar durch eine Demokratie nach unserem heutigen Verständnis.

All das erscheint sehr unwahrscheinlich und kaum zu erklären. Und doch gehört es hin und wieder zur Realität – zum Beispiel in Form der Kette von Revolutionen in den ehemaligen sowjetischen Satellitenstaaten, deren vorläufiges Ende durch die rumänische Revolution markiert war. Die offensichtliche Kettenreaktion von 1989 springt tatsächlich ins Auge, aber auch das ändert nichts daran, dass wir diese und ähnliche Ereignisse mit unseren bisherigen Überlegungen nicht recht erklären können. Gewiss, die Kette erfolgreicher Massenaufstände von 1989 war eine Ausnahme, und wir sehen sie ansonsten eher selten, zumindest gemessen an der großen Zahl an repressiven Diktaturen, die von so etwas unbehelligt bleiben. Aber wenn sie auch selten sein mögen, so gibt es sie doch. Daher sind unsere bisherigen Überlegungen unvollständig. Um zu sehen, was noch fehlt, stellen wir uns eine Frage, die zunächst als völlig aus dem Zusammenhang gerissen erscheinen muss. Die Frage lautet: Warum geht ein Bürger eigentlich wählen?

Egal, was eine solche Frage hier zu suchen hat, vermutlich ist die erste Antwort, die wir darauf hören, diese: Ein Bürger geht wählen, weil er von seinem legitimen Recht Gebrauch machen möchte, Einfluss auf das politische Geschehen auszuüben. Dieses Recht ist ganz unbestritten. Wahr ist aber auch: Einen wirklich spürbaren Einfluss hat er mit seiner einzelnen Stimme nicht. Wenn wir es recht betrachten, hat er als Einzelner so gut wie keinen Einfluss. Ist das starker Tobak? Sehen wir uns das an.

Stellen Sie sich drei Personen vor und zwei Optionen A und B, über die diese drei Personen abstimmen. Die erste Person sei entschieden für A, die dritte entschieden für B. Dann ist die zweite Person wahlentscheidend. Für sie ist es, als ob sie allein entschiede. Sie kann frei wählen zwischen A und B. Stellen Sie sich nun vor, die drei Personen würden über die Höhe eines sozialen Unterstützungsprogramms entscheiden, und jeder könnte eine monatliche Summe zwischen null und, sagen wir, 2.000 Euro vorschlagen, über die dann abgestimmt würde. Wenn wir wieder drei Personen haben, dann wird immer diejenige Person ihren Willen durchsetzen können, die sich einen mittleren Wert zwischen der höheren und der kleineren Summe wünscht. Schlägt die erste Person beispielsweise 100 und die dritte 1.500 Euro vor, dann kann die zweite Person irgendeine beliebige Summe zwischen 100 und 1.500 Euro frei wählen und dafür immer eine Mehrheit gewinnen, die aus sich selbst und einer zweiten Person besteht. Denn gegenüber der mittleren Person gibt es ebenso viele Personen, die höhere Summen wünschen, wie es Personen gibt, die niedrigere Summen wünschen – jeweils eine.

Man nennt die alles entscheidende mittlere Person den Medianwähler. Einen Medianwähler gibt es auch, wenn wir insgesamt fünf oder sieben Personen haben, oder auch, wenn wir 60 Mio. plus eine Person haben. Streng genommen gilt das natürlich nur bei ungeraden Zahlen, aber das ist nur eine technische Frage. Jedenfalls gilt: Egal, wie groß die Wählerschaft ist, es ist immer der Medianwähler, dessen Wünsche entscheidend sind. Der Unterschied ist nur dieser: Wenn wir drei Wähler haben, dann ist einer davon entscheidend. Weil es insgesamt drei Wähler gibt, aber nur einer entscheidend ist, beträgt die Wahrscheinlichkeit für jeden beliebigen Wähler, entscheidend zu sein, eins geteilt durch drei, also ein Drittel. Wenn wir fünf Wähler haben, ist sie nur ein Fünftel, und so weiter.[44] Wenn wir schließlich mehrere Millionen oder zig Millionen Wähler haben, so bedeutet das für jeden Einzelnen von ihnen: Die Wahrscheinlichkeit, dass meine Stimme den Wahlausgang beeinflusst, ist nahezu null.

Jeder weiß das eigentlich, und doch ist es fast unschicklich, das zu sagen. Denn es scheint die Moral des verantwortungsvollen demokratischen Bürgers zu untergraben. Und die Geschichte, der Mythos, den wir uns rund um die Demokratie erzählen, sagt uns, dass jede einzelne Stimme wichtig und vielleicht sogar entscheidend ist. So sagen es uns auch die Politiker immer wieder gern, und dafür haben sie gute Gründe. Während es aber als Mythos dem Zweck dient, die Bürger zur Teilnahme am demokratischen Prozess zu bewegen, so wissen wir doch, dass es als Beschreibung der Realität ganz offensichtlich nicht wahr ist. Ein Spötter hat einmal gesagt, dass es wahrscheinlicher ist, auf dem Weg zum Wahllokal vom Auto überfahren zu werden, als mit seiner Stimme die Wahl zu entscheiden. Wahrscheinlich ist das richtig.

Richtig ist aber auch das: Alle Stimmen zusammen sind alles andere als machtlos. Vielmehr üben sie unter Einhaltung der demokratischen Spielregeln eine solch große Macht aus, dass sie über die berufliche Laufbahn von

[44] In Wirklichkeit ist die Berechnung der Wahrscheinlichkeit wesentlich komplizierter. Aber das Prinzip bleibt erhalten, daher wollen wir die mathematischen Probleme hier nicht vertiefen.

vielen hundert Abgeordneten, Ministern, Regierungschefs und anderen Menschen entscheiden; ganz zu schweigen von den daraus folgenden politischen Entscheidungen, welche die Belange von vielen Millionen Menschen berühren, ja ihr Schicksal bestimmen. Daher ist es gut, dass solche wichtigen Entscheidungen nicht in der Hand von einigen wenigen liegen, die keiner öffentlichen Kontrolle unterliegen. Bei allen Unzulänglichkeiten, die die Demokratie gewiss hat, können wir in unseren Demokratien froh sein, dass die politischen Amtsträger zuerst einmal viele Millionen Menschen überzeugen müssen, bevor sie überhaupt etwas entscheiden dürfen.

Aber an der Einsicht, dass die Stimme eines einzelnen Bürgers praktisch ohne jeden Einfluss ist, ändert das nichts. Sie ist so bedeutsam wie ein einzelner Wassertropfen in einem reißenden Fluss. Darf man das sagen? Es kommt vielleicht darauf an, welche Aufgabe wir dem Mythos zuweisen, den wir von der Demokratie pflegen. Wenn es dessen Aufgabe ist, die Moral der Menschen zu beeinflussen, sie also zur Wahrnehmung ihrer Bürgerpflicht zu motivieren, dann mag man die Frage verneinen. Wenn es aber ihre Aufgabe ist, die Wahrheit zu finden, dann kommen wir nicht umhin, die Frage zu bejahen.

Wenn wir auf der Suche nach der Wahrheit an den Wassertropfen in einem reißenden Fluss denken, dann folgt daraus noch etwas, was unschön klingt: Aus der Sicht eines einzelnen Bürgers ist die Demokratie unkontrollierbar, was übrigens vielen Leuten unheimlich und genau aus diesem Grund immer wieder Nahrung für Populisten ist, die daraus ihr Süppchen kochen. Denn während eine Demokratie aus der Sicht jedes einzelnen Bürgers unkontrollierbar erscheinen muss, ist eine Diktatur ein kontrolliertes System; dummerweise wird es aber von einem Diktator kontrolliert. Er lenkt und bestimmt die Dinge, so scheint es zumindest. Derweil ist in einer Demokratie keine einzelne Stimme von Bedeutung, wenngleich alle zusammen so mächtig sind wie ein reißender Fluss. Die Gründe dafür, warum das dem ersten Anschein zum Trotz überhaupt nicht schlimm ist, sondern im Gegenteil die tiefere Ursache für die großartige Überlegenheit der Demokratie, können wir an dieser Stelle aber nicht vertiefen.

Stattdessen stellt uns das Bild vom reißenden Fluss vor eine andere Frage: Wenn es wahr ist, dass jede Stimme nur ein bedeutungsloser Tropfen in einem reißenden Fluss ist, warum geht ein Bürger dann überhaupt wählen? Einfluss nimmt er schließlich nicht. Und es hilft auch der Gedanke nicht, dass es keinen reißenden Fluss gäbe, wenn jeder dächte, dass er allein unbedeutend ist und daher der Wahl fernbliebe. Es stimmt zwar, dass es dann keinen reißenden Fluss mehr gäbe, aber es ändert nichts daran, dass der reißende Fluss auch dann ein reißender Fluss bleibt, wenn nur ein einzelner Bürger der Wahl fernbleibt. Denn das Fernbleiben oder Nicht-Fernbleiben ändert am Verhalten der anderen im Wesentlichen wiederum nichts. Vielleicht ist es Vorbild für ein paar andere einzelne Bürger, für drei, vier oder vielleicht für 50 oder 100. Aber auch das ändert insgesamt so gut wie nichts. Warum also geht der einzelne Bürger dennoch wählen?

Es könnte vielleicht sein, dass er einfach glaubt, er hätte Einfluss. Aber die Einsicht in die Bedeutungslosigkeit seiner einzelnen Stimme ist so simpel, dass das kaum plausibel ist. Gewiss, viele Bürger wählen, als ob ihre Stimme Einfluss hätte. Als Orientierung mag so ein Bild auch hilfreich sein. Aber es ist nur eine Orientierung. Es ist kaum zu glauben, dass die Bürger sich der Bedeutungslosigkeit ihrer einzelnen Stimme nicht bewusst wären.

Wie also ist das Rätsel zu lösen? So, wie ein Kriminologe eher fragt, warum Menschen auch dann meist nicht stehlen, wenn sie sicher oder fast sicher sein können, nicht erwischt zu werden, so fragen sich moderne Sozialwissenschaftler, warum die Menschen wählen, obwohl sie keinen Einfluss haben und das wissen. Sie nennen diese für sie erstaunliche Beobachtung das Wahlparadoxon. Um das Wahlparadoxon zu erklären, hilft uns eine weitere Beobachtung: Kommunalwahlen oder Europawahlen sind nicht minder wichtig als Bundestagswahlen, wenn man sie an den Steuergeldern misst, über die dort jeweils entschieden wird, an der hoheitlichen Macht, die dort ausgeübt wird, und vieles mehr. Dennoch ist die Wahlbeteiligung dort deutlich geringer. Die Teilnahme an Wahlen zur Studierendenschaft an Hochschulen erreicht selten 20 Prozent und bleibt gern auch mal einstellig. Dennoch müssen die Studierenden im Laufe ihres Studiums hunderte, wenn nicht mehr als 1.000 Euro auf das Konto der Studierendenschaft einzahlen. Dieses Geld kann sinnvoll verwendet oder auch verplempert werden, worauf der reißende Fluss der Studierenden Einfluss haben kann. Gleichwohl beteiligen sich die meisten Studierenden nicht an der Auswahl jener, die das Geld verwalten und nicht selten auch dessen Höhe festlegen. Und bei Sozialwahlen reicht eine rhetorische Frage: Wer von uns hat an einer solchen Wahl zuletzt teilgenommen?

Eine mögliche Erklärung des Wahlparadoxons folgt aus einer Umkehrung der guten demokratischen Moral: Die Menschen wählen, weil sie es als ihre Pflicht erachten, und vielleicht gerade auch deshalb, weil ein Lehrer ihnen dies im Unterricht der Staatsbürgerkunde einmal so vermittelt hat. Das wäre nicht einmal die schlechteste Erklärung. Denn Menschen tun Dinge aus Pflichtgefühl, auch und gerade dann, wenn sie hierzu ein Opfer bringen müssen – solange das Opfer freilich nicht allzu groß ist. Da der Gang zum Wahllokal nach allen Maßstäben alles andere als ein großes Opfer ist, können wir das Handeln aus Pflichtgefühl im Falle der Wahlen als etwas sehr Plausibles betrachten. Es hat aber einen Haken: Es erklärt nicht, warum das Pflichtgefühl bei einer Bundestagswahl so viel größer ist als bei anderen Wahlen. Denn andere Wahlen sind genauso wichtig. Es gibt aber einen zweiten Haken: Die Erklärung über das Pflichtgefühl ist ein Zirkelschluss. Das können wir an der folgenden, frei erfundenen Unterhaltung zwischen A und B unmittelbar erkennen: A fragt: „Warum ist Bürger X zur Wahl gegangen?“ Darauf antwortet B: „Weil er pflichtbewusst ist.“ A fasst nach: „Woran erkennst Du, dass er pflichtbewusst ist?“ B antwortet: „Nun, wäre er nicht pflichtbewusst, dann wäre er nicht zur Wahl gegangen.“

Die Antworten von B sind perfekt logisch, da gibt es nichts zu beanstanden. Aber die Logik ist zirkulär. Sie beruht auf der Annahme, dass Bürger X pflichtbewusst ist. Diese Annahme folgt aus dem Ergebnis, dass Bürger X zur Wahl gegangen ist. Aber das Ergebnis, dass er zur Wahl gegangen ist, folgt wiederum aus der Annahme, dass er pflichtbewusst ist. In diesen zirkulären Schluss kann man mit keinem Gegenargument eindringen, er ist stets logisch korrekt, weil die Annahme aus dem Ergebnis und das Ergebnis aus der Annahme folgt. Allerdings kann die Annahme mit der Realität übereinstimmen oder auch nicht übereinstimmen. Darüber, ob sie übereinstimmt oder nicht, sagt uns der Zirkelschluss nichts. So könnte es durchaus sein, dass Bürger X zur Wahl geht, obwohl er nicht pflichtbewusst ist. Und wenn das stimmt, dann muss ihn etwas anderes zur Wahl bewogen haben.

Damit die Erklärung über das Pflichtbewusstsein überzeugend ist, müssten wir es unabhängig von der Wahlteilnahme beobachten oder messen können. Aber wie will man Pflichtbewusstsein unabhängig von seinem Ergebnis messen, wo doch fast jeder gern von sich behauptet, pflichtbewusst zu sein? Wir brauchen also andere, direkte Beobachtungen. Und eine dieser Beobachtungen ist, dass Bürger an manchen Wahlen teilnehmen und an manchen nicht, was mit dem Motiv des Pflichtbewusstseins nur schwer vereinbar ist. Gibt es also alternative Erklärungen? Oder doch zumindest Ergänzungen, die die unterschiedliche Höhe der Wahlbeteiligung erklären?

Im Jahre 1993 haben der australische Philosoph Loren Lomasky und der australische politische Ökonom Geoffrey Brennan ein viel beachtetes Buch geschrieben.[45] Die Kurzversion ihres Arguments ist wie folgt: Wir Menschen sind meinungsfreudig. Wir versuchen Dinge moralisch zu beurteilen und diese Urteile für uns selbst überzeugend zu begründen. Haben wir einmal ein Urteil gefällt oder eine moralische Position eingenommen, so richten sich unsere weiteren Überlegungen weniger darauf, diese Position zu hinterfragen, sondern vor allem darauf, diese Position zu rechtfertigen. Wir suchen nach Fakten und Argumenten, die unser Urteil stützen, vor allem dann, wenn wir sie einmal nach außen kommuniziert haben – wenn wir uns also einmal in unserer politischen Ansicht festgelegt haben. All das sind gut beobachtbare Eigenschaften von uns Menschen, die in der Kognitionspsychologie bekannt sind[46] und die sich auch neurobiologisch gut erklären lassen.[47]

Es kommt aber noch eine weitere Beobachtung hinzu: Wir Menschen haben ein Bedürfnis danach, konsistent zu handeln. Wir kämen uns merkwürdig vor, wenn wir in unserem Umfeld beispielsweise die Überlegenheit von Partei A kommunizieren, dann aber „heimlich" Partei B wählen würden. Oder eben gar nicht wählen gingen. Daraus folgt, dass wir nicht nur meinungsfreudig sind, sondern dies auch gern und konsistent zum Ausdruck bringen möchten: im Freundes- oder Familienkreis ebenso wie an der Wahlurne. Brennan und Lomasky haben es ein expressives Bedürfnis genannt, also ein Bedürfnis, seine Position auszudrücken, eine Meinung zu haben, und dies hier und dort und vor allem auch an der Wahlurne konsistent – also wahrheitsgemäß und folgerichtig – zum Ausdruck zu bringen. Das expressive Bedürfnis und das Bedürfnis nach Konsistenz können wir im Gegensatz zum diffusen Konzept des Pflichtbewusstseins gut und direkt beobachten und sogar messen. Wir können auch gut erklären, warum uns dieses Bedürfnis vor allem zu einer Bundestagswahl, weniger aber zu anderen Wahlen und ganz wenig zu einer Sozialwahl treibt. Denn von dem, was auf Bundesebene läuft, sind die Zeitungen und Talkshows voll; hier spielt die Musik, und darüber Meinungen zu haben und zu äußern gehört zum gesellschaftlichen Zusammenleben.

---

[45] Siehe Brennan/Lomasky (1993).

[46] Dort ist sie als der duale Prozess des Begründens (dual process in reasoning) bekannt und geht zurück auf die Kognitionspsychologen Wason und Evans; siehe Wason/Evans (1974).

[47] Siehe ausführlich Haidt (2013).

Es ist keinesfalls ausgeschlossen, dass sich dem expressiven Bedürfnis auch Pflichtgefühl hinzugesellt; bei manchen Menschen mehr, bei anderen weniger. Darüber wissen wir wie gesagt nicht viel, vor allem auch nicht, warum es bei einer Wahl relativ stark, bei einer anderen dagegen verschwindend gering zu sein scheint. Doch wie immer sich das verhält, so dürften das expressive Wahlmotiv und vielleicht auch ein gewisses Pflichtbewusstsein allemal hinreichen, um die Leute zum Gang zur Wahlurne zu bewegen, zumal dieser Gang nur ein denkbar kleines Opfer ist.

Und mit diesem kleinen Ausflug wollen wir wieder zur Revolution zurückkehren. Denn das Wahlparadoxon ist in seiner logischen Struktur baugleich mit dem Dilemma der Revolution. Aus exakt demselben Grunde, aus dem es auf allzu direktem Wege schwerfällt, die Wahlbeteiligung der Bürger zu erklären, fällt es auf allzu direktem Wege schwer, die Beteiligung der Menschen an einem Massenaufstand zu erklären. Im Falle der Wahl lebt die überzeugende Erklärung aber nicht zuletzt davon, dass es so gut wie nichts kostet, sich an der Wahl in einer etablierten und stabilen Demokratie zu beteiligen. Man möchte seine Meinung zum Ausdruck bringen, man hat vielleicht ein gewisses Pflichtbewusstsein, und all dem kann man mit einem kleinen Spaziergang am Sonntag gerecht werden.

Genau darin aber unterscheidet sich die Wahlbeteiligung von der Beteiligung an einem Massenaufstand. Während die Wahlbeteiligung wenig kostet, ist die Beteiligung an einem Massenaufstand fast immer teuer – auch, wenn es sich dabei nur um harmlos aussehende Massenproteste handelt. So oder so kann die Beteiligung daran derart teuer sein, dass sie die Freiheit, die körperliche Unversehrtheit, den sozialen Status und alles, , was einem Menschen lieb ist, kostet oder zumindest kosten kann; und nicht zuletzt kommt es nicht ganz selten vor, dass ein Mensch sie mit dem Leben bezahlt. Abgesehen davon ist es so ziemlich das Gleiche, ob man sich an einer Wahl oder an einem Massenaufstand beteiligt. Aber was heißt hier schon „das Gleiche", wenn es in einem Falle ein Spaziergang und im anderen ein Kampf ist, den man vielleicht mit dem Leben bezahlt? Kann man solch unterschiedliche Bedingungen überhaupt miteinander vergleichen?

Man kann. Man muss nur genau hinsehen und feststellen, was gleich und was ungleich ist. Dann finden wir erstens: Das Problem, dass der Einzelne für den Ausgang eines Massenaufstands hier und das Ergebnis einer Wahl dort praktisch unbedeutend ist, dieses Problem finden wir in beiden Fällen in ziemlich genau der gleichen Weise. Und wir finden zweitens: Es gibt keinen Grund, warum das expressive Motiv im Falle einer Wahl ein grundlegend anderes sein sollte als im Falle der Teilnahme an einem Protest. Im Gegenteil: Das eine wie das andere lässt sich mit demselben Motiv gut erklären. Bleiben drittens die zu erbringenden Opfer eines Wahlteilnehmers in einer etablierten Demokratie auf der einen Seite und eines Protestteilnehmers auf der anderen Seite. Der eine spaziert zum Wahllokal und endet womöglich bei einem Bierchen unter Freunden; der andere aber endet mit nicht geringer Wahrscheinlichkeit im Gefängnis, in Arbeitslosigkeit und sozialer Isolation – nicht selten auch im Krankenhaus, und nicht einmal das ist der schlimmste Fall.

Wie ist es vor diesem Hintergrund zu erklären, dass sich dennoch hier und dort Menschen zu so etwas wie einem Massenaufstand zusammenfinden? Erinnern wir uns noch einmal an die Beispielzahlen der Tabelle 3 aus dem vorletzten Kapitel (Kap. 2). Wir haben das, was wir dazu brauchen, in den ersten drei Spalten der Tabelle 4 zunächst noch einmal zusammengefasst. Hier ist es: Die Bevölkerung besteht aus 10.000 Menschen, einer davon ist Person A. Wenn es keine Revolution gibt, so liegt die Lebensqualität eines jeden Bürgers bei 50; das ist das, was man in unserer Beispieldiktatur hat. Jeder Bürger, der sich an Massenaktionen beteiligt, erhöht die Wahrscheinlichkeit ihres Gelingens um den Faktor 0,0006, das sind 0,06 Prozent – das ist leider so gut wie nichts. Nur ein Tropfen, wo ein reißender Strom gebraucht wird. Das wird anders, wenn sich alle 10.000 Bürger aktiv an Massenprotesten beteiligen. Dann nämlich gelingt die Revolution mit hoher Wahrscheinlichkeit. Das ist der reißende Fluss, den es braucht. Wenn dieser reißende Fluss den Diktator davonspült, dann steigt die Lebensqualität jedes Bürgers auf 100. Erweist sich der Fluss aber als zu schwach, weil nicht genügend Bürger teilnehmen, dann wird es eng für jene, die sich doch beteiligen. Denn sie riskieren Gefängnis mit einer Lebensqualität von null.

In diesem Zusammenhang hatten wir aber berücksichtigt, dass es kaum ein Regime schaffen wird, jeden einzelnen Teilnehmer zu verhaften und ins Gefängnis zu stecken. Das gilt zumindest, wenn die Teilnehmerzahlen größer werden. In unserem Beispiel werden maximal 100 Teilnehmer verhaftet. Steigt die Teilnehmerzahl über 100, dann wird nur noch ein Teil von ihnen im Gefängnis landen, wenn die Revolution scheitert. Steigt die Teilnehmerzahl beispielsweise auf 200, dann wird nur noch jeder zweite verhaftet. Und steigt die Zahl der Teilnehmer gar auf alle 10.000, dann wird sogar nur noch jeder 100ste verhaftet.

Daraus folgt: Sollten alle außer A passiv bleiben, dann bleibt es für A ebenso wie für alle anderen bei einer Lebensqualität von 50, sofern er ebenfalls passiv bleibt. Sollte er aber ganz allein den Regimewechsel versuchen, dann sinkt seine zu erwartende Lebensqualität auf annähernd null. Denn mit einer Wahrscheinlichkeit von 1–0,00006=0,99994 oder 99,994 Prozent wird er im Gefängnis landen und null Lebensqualität haben, und mit einer Wahrscheinlichkeit von 0,00006 oder 0,006 Prozent wird ihm der Coup gelingen, so dass seine Lebensqualität – ebenso wie die aller anderen 9.999 Bürger – auf 100 steigt. Also folgt eine erwartete Lebensqualität von 0,00006 mal 100 plus 0,99994 mal null. Das ergibt 0,006 und damit wiederum fast null für den Fall, dass er als „Lonesome Cowboy" den Umsturz wagt. Sollten aber weitere Personen teilnehmen, dann steigt die erwartete Lebensqualität – allerdings für diejenigen, die nicht teilnehmen, ebenso wie für diejenigen, die teilnehmen.

Tabelle 4. Expressiver Nutzen

Zahl sonstiger Aktiver	Lebensqualität Person A		Differenz Lebens-Qualität	Expressiver Nutzen	Differenz inkl. expressiver Nutzen
	A bleibt passiv	A wird aktiv			
0	50,000	0,006	–49,994	1,00	–48,994
1	50,003	0,012	–49,991	1,00	–48,991
9	50,027	0,060	–49,967	1,00	–48,967
99	50,297	0,600	–49,697	1,00	–48,697
999	52,997	48,342	–4,655	1,00	–3,655
3.808	**61,424**	**60,424**	**–1,000**	**1,00**	**0,000**
4.999	64,997	64,307	–0,690	1,00	0,310
8.999	76,997	76,747	–0,250	1,00	0,750
9.999	79,997	79,802	–0,195	1,00	0,805

Nun wollen wir aber noch berücksichtigen, dass die Teilnahme an Massenprotesten so etwas wie expressiven Nutzen bringen kann: Ein Bürger, der die Diktatur satt ist, weiß zwar, dass es für ihn allein fast unmöglich ist, an den Verhältnissen etwas zu ändern. Aber wenn es für ihn nicht mit einem allzu großen Risiko verbunden wäre, dann würde er seinen Unmut gern einmal auf der Straße kundtun. Man könnte sagen, es wäre ihm ein expressives Bedürfnis. Wenn es also tatsächlich mit einem nur geringen Risiko verbunden ist, dann ist der Gang eines Bürgers auf die Straße im Prinzip sehr ähnlich wie der Gang eines Wählers zur Wahlurne in einer Demokratie.

Leider ist das aber nicht so, denn wir reden von einer Diktatur, und da ist es typischerweise ziemlich gefährlich, seinem Unmut öffentlich Luft zu machen.

Es bleibt aber dabei, dass der Einfluss eines einzelnen Teilnehmers auf das Ergebnis nahezu null ist. Damit scheidet in beiden Fällen ein „instrumentelles" Motiv zur Teilnahme aus, worunter man den Wunsch versteht, den Ausgang einer Wahl oder den Ausgang einer Revolution zu beeinflussen. Das gilt zumindest, solange jeder Bürger weiß, wie verschwindend klein sein persönlicher Einfluss ist. Dennoch ist es durchaus plausibel, dass die Teilnehmer ein „expressives" Bedürfnis haben, womit wiederum der Wunsch gemeint ist, wenigstens seine Meinung und seinen Unmut zum Ausdruck zu bringen, wenn jeder allein die Dinge schon nicht ändern kann: durch Teilnahme an der Wahl oder durch Teilnahme an einem Massenaufstand. Ebenso plausibel ist es, dass in beiden Fällen ein gewisses Pflichtbedürfnis eine Rolle spielt.

Nehmen wir also für den Moment einmal an, jeder Bürger habe ein genau gleich hohes expressives Bedürfnis, gepaart mit einem gewissen Gefühl der Pflicht, etwas gegen die Diktatur zu tun. Nehmen wir weiterhin an, dass es für jeden Bürger gleichermaßen einen kleinen Zugewinn an Lebensqualität bedeuten würde, wenn er seinem expressiven Bedürfnis und seinem Pflichtgefühl gerecht würde und an Protestaktionen teilnähme. Setzen wir den Betrag dieser Lebensqualität einmal auf einen Wert von eins. Diesen Betrag finden wir in der zweiten Spalte von rechts. Er ist immer gleich, ganz egal, wie viele andere Bürger teilnehmen. Addieren wir diesen Betrag mit der Differenz der Lebensqualität von Bürger A aus der dritten Spalte von rechts. Das Ergebnis finden wir in der ganz rechten Spalte.

Was wir sehen, ist dies: Solange die Zahl der Teilnehmer unter 3.808 bleibt, bleibt auch unter Berücksichtigung des expressiven Bedürfnisses der Bürger die Differenz der Lebensqualitäten negativ. Das heißt: Wenn die Zahl der übrigen Teilnehmer hinreichend klein bleibt, dann wird Bürger A nach wie vor einen Verlust an erwarteter Lebensqualität erleiden, wenn er an einem Massenaufstand teilnimmt. Bei sehr kleinen Teilnehmerzahlen ist dieser Verlust sehr erheblich, bis zu 48,994 nämlich, wenn außer A selbst niemand teilnimmt. Steigt die Teilnehmerzahl aber auf mehr als 3.808, dann kehrt sich der Effekt um: Dann kann Bürger A durch seine Teilnahme mit einem – wenn auch kleinen – Zugewinn an Lebensqualität rechnen, wenn er an Protestaktionen teilnimmt. Wie immer gilt das, was für A gilt, gleichermaßen für alle anderen Bürger.

Soweit ist das alles noch nicht überraschend. Es folgt einfach nur aus der Vermutung, dass es ein gutes Gefühl vermittelt, seiner Meinung Ausdruck zu verleihen und sich eventuell seinem Pflichtgefühl gemäß verhalten zu haben. Hinzu kommt: Wenn es viele weitere Bürger gibt, die das ebenfalls tun, dann wird die Wahrscheinlichkeit, dafür verhaftet zu werden, so klein, dass es wenig kostet, an den Protestaktivitäten teilzunehmen. Unter solchen Bedingungen ähnelt die Teilnahme daran schon fast der Teilnahme an einer Wahl in einem demokratischen Land. Es kostet fast nichts mehr, und wenn es auch keinen allzu großen Gewinn an Lebensqualität bringt, so lohnt es sich doch.

Wem das zu abstrakt oder zu stark kalkulierend vorkommt, mag sich Folgendes vorstellen: Ein Mensch, der während der Zeit des Dritten Reichs seinen Unmut gegenüber den Nazis kundtun wollte, wurde dabei mit sehr hoher Wahrscheinlichkeit erwischt, und wenn er erwischt wurde, war die Strafe drakonisch, meist tödlich. Ein Mensch, der dasselbe in der DDR tun wollte, wurde bis in den Sommer 1989 ebenfalls mit einer recht hohen Wahrscheinlichkeit erwischt, und die Strafe war hart. Aber sie war meist nicht mehr gar so hoch wie jene bei den Nazis. Als im Herbst 1989 Zehntausende an den Leipziger Montagsdemonstrationen teilnahmen, existierte das Regime nach wie vor und drohte öffentlich mit empfindlichen Konsequenzen. Dennoch verlor selbst die Stasi angesichts der Masse zunehmend den Überblick. Der Leipziger Schriftsteller Christoph Wielepp schrieb:

> *„Die Solidarität der Demonstrierenden untereinander war beeindruckend; jeder hatte die Entscheidung trotz Drohung in der Presse für sich allein gefällt, und der einzige Schutz, den er hatte, waren die anderen.“*[48]

Als einige Wochen später eine Million Menschen auf dem Alexanderplatz standen, war eine schwere Strafe bereits praktisch ausgeschlossen. Selbst ein ängstlicher Mensch konnte in dieser Lage Flagge zeigen, wenn ihm dies ein Anliegen war, ohne noch spürbare Risiken einzugehen – fast schon so wie einer, der am Sonntag zum Wahllokal geht, um seinerseits für seine Meinung einzustehen.

---

[48] Wielepp (1990), S. 76.

Was können wir aus diesem Befund lernen? Tatsächlich haben wir im Vergleich zum vorletzten Kapitel (Kap. 3) ein durchaus neues Ergebnis. Das Ergebnis des vorletzten Kapitels war, dass es sich für einen einzelnen Menschen unter keinen Umständen lohnt, an Protestaktivitäten teilzunehmen. Vergessen wir nicht: Es lohnte sich nach dieser Argumentation aus zwei Gründen nicht: Einmal war der Preis, den ein Einzelner zu zahlen hatte, viel zu hoch. Dann aber war auch der Beitrag, den ein Einzelner zum Gelingen des Ganzen leisten konnte, verschwindend gering; so gering, dass es angesichts der großen Gefahren einfach völlig irrational wäre, teilzunehmen – und zwar im wörtlichen Sinne, so dass man von keinem auch nur halbwegs vernunftbegabten Menschen eine Teilnahme erwarten konnte. Ein einzelner Protestler vor dem Mansudae-Monument in Pjöngjang – völlig irre. Dieses zunächst eindeutige Ergebnis können wir nun ergänzen: Der Irrsinn, an einem Massenaufstand teilzunehmen, ist nur dann ein Irrsinn, wenn außer einem selbst niemand oder nur wenige teilnehmen. Nehmen dagegen hinreichend viele teil, dann sieht die Welt schon anders aus.

Kurz: Wenn nur wenige Menschen teilnehmen, dann lohnt es sich für niemanden, teilzunehmen; wenn dagegen alle teilnehmen, dann lohnt es sich für alle. Bedenken wir aber: Wirklich gelöst haben wir unsere Ungereimtheiten damit immer noch nicht. Denn auch die modifizierten Ergebnisse erklären für sich genommen noch nicht, warum es manchmal Massenaufstände gibt. Vielmehr stellen sie uns erst einmal vor ein klassisches Henne-Ei-Problem: Ist die Henne einmal da, dann wird es auch ein Ei geben und mit dem Ei eine weitere Henne. Ist ein Ei einmal da, wird es eine weitere Henne geben und mit ihr ein weiteres Ei. Woher aber soll die erste Henne kommen, wenn es noch kein Ei gab? Oder woher das erste Ei, wenn es noch keine Henne gab?

Für uns heißt das: Steht eine Menschenmasse auf der Straße, dann kann man es wagen, auch selbst auf die Straße zu gehen. Steht aber keine Menschenmasse auf der Straße, dann kann man es nicht wagen, selbst auf die Straße zu gehen. Wenn aber keine Menschen auf die Straße gehen, dann wird es auch keine Menschenmasse geben. Die Masse muss jene Menschen anziehen, aus der sie selbst erst entstehen kann. Sie soll sich selbst gebären. Aber dazu müsste sie erst einmal da sein. Wie soll das gehen?

Mancher mag hier zu einem pragmatischen Urteil geneigt sein und sagen: Irgendwie werden schon genügend Leute zusammenkommen, und wenn die erst einmal da sind, dann lohnt sich das für die, die da zusammenkommen.

Und schließlich kommt man zusammen, um etwas zu ändern. Man sieht es ja, dass die Leute da sind. Aber eine solche Argumentation kürzt die Dinge allzu sehr ab. Denn sie speist sich aus der Beobachtung, dass es manchmal tatsächlich zu Massenprotesten kommt. Das bestreitet auch keiner. Nur: Die Beobachtung ist keine Erklärung. Und wenn wir es bei der Beobachtung bewenden lassen würden, dann könnten wir auch das Henne-Ei-Problem als gelöst betrachten: Irgendwann wird schon ein Ei dagewesen sein oder eine Henne! Warum? Nun, weil es doch zweifellos viele Hennen und viele Eier gibt. Das ist richtig, nur erklärt es nichts. Denn die Begründung ist wiederum zirkulär.

Es kommt noch etwas hinzu: Wir sehen zwar nicht ganz wenige Massenproteste, Revolutionen und Aufstände. Wir sehen aber nicht die, die nie stattgefunden haben, weil sie das Henne-Ei-Problem eben nicht überwunden haben. Und das müssen viele sein, wenn wir anerkennen, dass es schrecklich viele repressive und ungerechte Regime auf der Welt gibt und gegeben hat; und wenn wir anerkennen, dass es höchstwahrscheinlich viele Millionen Menschen in den betroffenen Ländern gibt, die gegen diese Repressionen und Ungerechtigkeiten protestieren würden, wenn ihr Protest nur nicht so schreckliche Konsequenzen für sie hätte: Jobverlust, Gefängnis, Folter oder gar Tod. Die Wahrscheinlichkeit, solche schrecklichen Konsequenzen tragen zu müssen, würde zumindest kleiner, wenn es für jeden einzelnen Protestler eine große Masse von Menschen gäbe, in die er abtauchen könnte. Nur: Manchmal entsteht eine solche Masse zwar, aber meistens eben nicht.

Wo also soll die schützende Masse herkommen? Und wieso gibt es sie tatsächlich manchmal? Das rumänische Beispiel zeigt uns einen Weg, allerdings einen Weg, der in der Geschichte der Menschheit wohl nur selten zur Verfügung steht. Vielleicht ist es tatsächlich ein Einzelfall. Der rumänische Diktator hielt sich gewiss für einen besonders gewieften Herrscher. Soweit ist das nicht ungewöhnlich für einen Despoten. Aber die Realität hielt mit dieser Selbsteinschätzung nicht stand. Denn außer dem „Genie der Karpaten", wie er sich auch nennen ließ,[49] ist nur selten ein Diktator derart töricht gewesen. In einer hochaufgeladenen Stimmung und im Angesicht der rund um sein Land grassierenden Revolutionen sowie der Lage in der Banat-Region löste er das Henne-Ei-Problem der revolutionären Menschenmasse in Rumänien höchstselbst. Wie das?

---

[49] Kunze, S. 232.

Über hunderttausend Menschen orchestrierte er auf den Vorplatz des ZK-Gebäudes in Bukarest. Dass ein paar, vielleicht gar ein paar hundert Menschen aus dieser Masse glühende Anhänger Ceauşescus waren, mag wohl sein. Mehr werden es aber gewiss nicht gewesen sein. Dass eine größere Zahl aus Opportunisten bestand, wird auch wahr sein, aber bereits diese würden die Seiten wechseln, sobald nur der Wind aus einer anderen Richtung wehte. Die Übrigen waren herbestellt oder freiwillig gekommen – aber gewiss nicht aus Begeisterung für den Conducător.

Der Rest der Geschichte hätte dem Diktator vorher klar sein müssen, wenn er nicht so völlig verblendet gewesen wäre, wie er es offenbar war. Die zunächst vorsichtigen und doppeldeutigen Rufe verdichteten sich zu einer zunehmend zuverlässigen Informationsquelle zwischen den Teilnehmern. Die Information lautete: Du bist hier nicht allein, ganz im Gegenteil. Als klar war, woraus die Mehrheit der Anwesenden bestand, war Ceauşescu verloren.

Allerdings: Ganz ungefährlich war es für einen Einzelnen noch immer nicht, sich den Protesten anzuschließen. Denn insgesamt bezahlten mehr als 1.000 Menschen den Massenprotest mit ihrem Leben. Aber wenn es auch zynisch klingt: Für jeden Einzelnen relativiert sich die drohende Gefahr einer Teilnahme, wenn wir an die über 100.000 Teilnehmer allein am 21. Dezember 1989 denken. Durch diese große Zahl sank die Wahrscheinlichkeit, Todesopfer zu werden, auf unter ein Prozent. Hinzu kommt, dass vorher nicht klar war, in welchem Ausmaß sich die gewaltsamen Aktivitäten entwickeln würden, so dass sie zunächst massiv unterschätzt worden sein dürften. Gleichwohl müssen wir darauf zurückkommen, dass ein Risiko blieb und dass die Menschen im Prinzip von diesem Risiko wussten, auch wenn sie dessen Höhe unterschätzt haben sollten.

Trotz des oftmals gewaltsamen Ausgangs kann es für einzelne Menschen also durchaus im Rahmen der Vernunft liegen, sich Massenprotesten anzuschließen. Das unterscheidet das Ergebnis dieses Kapitels von dem noch sehr einfachen Ergebnis des vorherigen (Kap. 4). Allerdings setzt die Entstehung der Masse ihre eigene Existenz voraus, woraus sich das Henne-Ei-Problem ergibt. Wenn das Henne-Ei-Problem nicht in irgendeiner Form überwunden wird, geschieht gar nichts.

Massenaufstände werden häufig mit überlaufenden Fässern verglichen. Das Maß an Unterdrückung und Ausbeutung erreicht irgendwann ein derart hohes Niveau, dass das Fass des Unmuts überlaufen muss und sich in einem Massenaufstand ergießt. Das Henne-Ei-Problem zeigt uns aber, dass dieses Bild irreführend ist. Ein anderes Bild beschreibt die Dinge sehr viel passender: das Bild von einem explodierenden Pulverfass. Denn hier kommt es oberhalb einer kritischen Masse weniger auf die Füllmenge des Fasses an, sondern darauf, ob ein Funke an das Pulver gelangt. Nur dann kommt es zur Explosion. Aber was ist, wenn niemand diesen Funken versehentlich oder bewusst erzeugt? Dann geschieht womöglich über Jahre und Jahrzehnte überhaupt nichts, ganz egal, wie schlimm die Verhältnisse auch sind – denken wir nur an Nordkorea.

Im rumänischen Fall können wir von grobem diktatorischem Fehlverhalten sprechen. Denn der Diktator hat den Funken selbst erzeugt. Darauf allerdings, dass ein Diktator eine solche Dummheit begeht, lässt sich für andere Fälle nicht bauen. Autoritäre Herrscher nutzen durchaus Massenveranstaltungen, um ihre Macht zu demonstrieren. Davon machen sie sogar ausgiebig Gebrauch. Doch sind deren Veranstaltungen keine aus der Not geborenen Improvisationen, sondern stets von langer Hand sorgfältig in ideologische, religiöse oder nationale Feierveranstaltungen gebettet und in aller Regel bis ins allerletzte Detail hinein choreographiert. Im Gegensatz dazu hat der rumänische Diktator Nicolae Ceaușescu mit seiner unüberlegt inszenierten Massenveranstaltung das Pulverfass des Unmuts selbst zum Explodieren gebracht und sich damit buchstäblich selbst in die Luft gesprengt. Damit hat er uns *eine* mögliche Lösung des Henne-Ei-Problems gezeigt. Aber diese Lösung ist eher eine Seltenheit, und daher stellt sich die Frage: Was außer der Dummheit eines Diktators kann das Henne-Ei-Problem unzufriedener Massen noch lösen? Manchmal hilft eine schicksalhafte Verkettung von Ereignissen.

5. Schicksalhafte Verkettungen

„Das, wobei unsere Berechnungen versagen, nennen wir Zufall."
(*Albert Einstein*)

Zhao Ziyang war ein Kind aus wohlhabenden Verhältnissen. Dennoch trat er bereits im Alter von 13 Jahren der kommunistischen Jugendvereinigung Chinas bei. Das war im Jahre 1932, gerade einmal elf Jahre nach Gründung der Kommunistischen Partei Chinas (KPCh). Im Anschluss an die Machtübernahme der KPCh im Jahre 1949 machte der ehemalige Untergrundkämpfer Parteikarriere. Doch in den 1960er Jahren fiel Zhao erstmals als Reformer auf, und das kam im Vorfeld der Kulturrevolution ganz schlecht an. Er fiel in Ungnade, wurde als Parteisekretär von Guangdong abgelöst und zum Arbeitsdienst in die Innere Mongolei geschickt.

Nach der Katastrophe der Kulturrevolution brauchte die chinesische Führung pragmatische Reformer, um die Wirtschaft des Landes wieder in Gang zu bringen. Und so holte man Zhao Ziyang zurück in die Führungsspitze, wo er ab Mitte der 1970er Jahren mit marktorientierten Reformen zur rechten Zeit am rechten Ort war.[50] Denn Deng Xiaoping, seit dem Ende der Kulturrevolution Strippenzieher ohne formale Position in Partei oder Staat,[51] leitete ab 1978 die Öffnungspolitik Chinas ein und wurde damit zum Architekten der eigentümlichen chinesischen Kombination aus kapitalistischer Wirtschaft und unangefochtener politischer Macht der Kommunistischen Partei.[52]

Beides musste sich freilich erst einmal entwickeln. Zunächst schien das Machtmonopol der KPCh) in den 1980er Jahren ganz analog zu jenem der Kommunistischen Partei der Sowjetunion (KPdSU) tatsächlich zu bröckeln, wollte es doch ideologisch so gar nicht zur neuerlich marktwirtschaftlichen Ausrichtung Chinas passen. Ähnlich wie Gorbatschow in der späten Sowjetunion positionierten sich Reformer wie Zhao Ziyang und Hu Yaobang in diesem Punkt nie klar. Das gab Demokratiefreunden aus der studentischen Szene vor allem nach dem Aufstieg Gorbatschows zum Staats- und Parteichef in der Sowjetunion Anlass zur Hoffnung.

---

[50] Zur Geschichte des kommunistischen Chinas und seiner politischen Führer siehe McGregor (2013).

[51] Für eine ausführliche Biographie von Deng siehe Lee (2014).

[52] Siehe ausführlich: ten Brink (2013).

T. Apolte, *Der Mythos der Revolution*,
https://doi.org/10.1007/978-3-658-27939-4_5

Zunächst einmal waren Zhao Ziyang und Hu Yaobang aber Rivalen, obwohl oder gerade weil sie beide dem reformorientierten Lager angehörten. Wie Zhao Ziyang hatte sich Hu bereits in den 1930er Jahren der KPCh) angeschlossen, war aber erst nach der Kulturrevolution in die Führung von Partei und Staat aufgestiegen. Als Generalsekretär der KPCh) verfolgte er dann parallel zur marktwirtschaftlichen Öffnung einen relativ liberalen Kurs und lotete die Möglichkeiten einer politischen Liberalisierung innerhalb des bestehenden Gewaltmonopols der Kommunistischen Partei aus. Dass ihm dies nicht nur Freunde gemacht hatte, liegt auf der Hand. Mit Zhao Ziyang allerdings stritt er sich eher um Fragen der wirtschaftlichen Entwicklung des Landes. Unabhängig davon hatte Hu für reichlich Gegnerschaft in seiner Partei gesorgt.

Jahre zuvor schon hatte der Tod des populären Revolutionärs und langjährigen Premierministers Zhou Enlai im Januar 1976 Anlass zu Protesten gegen die Kommunistische Führung auf dem Platz des Himmlischen Friedens in Peking, dem Tiananmen-Platz, gegeben. Diese Proteste sind als der Tiananmen-Zwischenfall in die neuere Geschichte Chinas eingegangen. Die Zahl der Protestierenden wuchs seinerzeit schnell auf über 100.000 Menschen an, und die Proteste eskalierten in gewaltsame Ausschreitungen. Deng Xiaoping kostete der Tiananmen-Zwischenfall seine formale Macht in Staat und Partei, und das wird seine spätere Haltung gegenüber öffentlichen Protesten geprägt haben.

Zehn Jahre nach dem Tiananmen-Zwischenfall kam es Ende 1986 erneut zu Kundgebungen und Protesten in Pekings Innenstadt. Das war den Rivalen des Generalsekretärs Hu Yaobang ein willkommener Anlass. Am 16. Januar 1987 verlor er seinen Posten als Generalsekretär der KPCh) zugunsten von Zhao Ziyang. Aus taktischen Gründen hielt man ihn nach außen dennoch in Ehren.[53] So blieb er Parteimitglied und sogar Mitglied des Politbüros. Weil man ihn offiziell in der Position eines dekorierten Revolutionärs und verdienten Staats- und Parteidieners beließ, avancierte er gerade durch seine Entmachtung in der Folge von öffentlichen Demonstrationen zu einer populären Figur der politischen Reform- und Demokratiefreunde.

Die Parteiführung konnte dagegen wenig ausrichten, denn sie selbst hatte sich darauf festgelegt, Hu offiziell zu ehren. Das fügte sich ganz ungünstig für die Partei, denn Hus Tod ereignete sich ausgerechnet am 15. April 1989,

[53] Siehe Nathan/Link (2001), S. 56ff.

mitten im Aufbrausen der mittel- und osteuropäischen Demokratiebewegungen.[54] Die KP-Führung sah sich wegen der ungebrochenen Position Hu Yaobangs zu einer offiziellen Trauerfeier gezwungen und gab den bis dahin noch nicht formierten Regimekritikern damit ungewollt das, was sie brauchten: einen Anlass, einen Termin und einen Ort, an dem sie sich zu Protesten versammeln konnten. Die Proteste anlässlich des Todes von Zhu Enlai 1976 waren nicht vergessen. Bereits deren Ausgangspunkt war der Tod eines populären Politikers gewesen, den die Führung offiziell in Ehren gehalten hatte; und auch die seinerzeitigen Proteste hatten am Heldendenkmal auf dem Tiananmen-Platz begonnen.

Das brachte Zhao Ziyang in eine Zwickmühle. Denn obwohl er wahrlich kein Freund des Verstorbenen war, so war er doch selbst ein profilierter Vertreter nicht allein der marktwirtschaftlichen Öffnung, sondern auch jemand, den man zumindest als politischen Reformer einschätzen konnte. Vor ihm, so schien es, mussten sich die protestierenden Studenten nicht fürchten. Je mehr sie aber protestierten, desto mehr musste sich Zhao Ziyang vor den Hardlinern in der KPCh) fürchten. Seine einzige Chance war es, die Protestierenden auf friedlichem Wege zum Einlenken zu bewegen. Und so suchte er den Kontakt zu den Protestierenden, um einen Ausgleich herzustellen.

Aber die Dynamik in der Protestbewegung hatte bereits die Grenzen dessen überschritten, was mit gutem Zureden noch aufzuhalten gewesen wäre; umgekehrt hatte die politische Führung um Deng Xiaoping nicht die leiseste Absicht, den Protestierenden nachzugeben und das Gewaltmonopol der KPCh) aufzugeben. Diese beiden Handlungsstränge waren unvereinbar, und so nahmen die Dinge ihren schicksalhaften Lauf. Noch am 17. April 1989 fanden sich lediglich einige tausend Studenten auf dem Platz des Himmlischen Friedens zusammen. Am Folgetag waren es bereits einige 10.000, und am 4. Mai standen über 100.000 Menschen auf der Straße.

Wie wir gesehen haben, lassen sich Massenproteste und Massenaufstände besser mit einem explodierenden Pulverfass vergleichen als mit einem überlaufenden Wasserfass. Unmut über politische oder wirtschaftliche Verhältnisse hat es in den meisten Ländern der Welt und zu allen Zeiten gegeben. In einer Demokratie hängen institutionelle Regeln die Schwellen zur Äußerung von Unmut bewusst niedrig, und zwar gerade mit dem Ziel, die Politik möglich sensibel darauf reagieren zu lassen. In einer Diktatur ist das umge-

---

[54] Siehe die umfassende Geschichte des Tiananmen-Massakers von Louisa Lim (2014).

kehrt. Man hängt die Schwellen bewusst hoch, damit der Unmut der Bevölkerung die Macht des Regimes nicht infrage stellen kann. Der Mechanismus hierzu ist das Henne-Ei-Problem. Mit seiner Hilfe kann Unmut im Prinzip unbegrenzt vor sich hin schwelen, ohne dass dies irgendwelche Folgen hätte. Kommt dann aber doch einmal ein Funke an das Pulverfass, dann kann sich eine womöglich langanhaltende Zeit der Unterdrückung plötzlich in Unruhen, Massenprotesten und auch gewaltsamen Auseinandersetzungen entladen. Wo allerdings kommt so ein Funke her, wenn er nicht, wie im Falle Ceaușescus, versehentlich vom Diktator eigens gezündet wird? Am chinesischen Beispiel können wir sehen, dass eine Verkettung von Ereignissen manchmal eine Art Selbstzündung auslösen kann.

Um zu verstehen, wie so eine Selbstzündung funktioniert, brauchen wir wieder etwas Theorie. Stellen Sie sich zu diesem Zweck einmal vor, Sie hätten sich mit einem Freund in einer großen Stadt verabredet. Stellen Sie sich weiterhin – mit einer guten Portion Phantasie – vor, es gäbe noch keine Handys oder sie hätten keines dabei. Unglücklicherweise hätten Sie vor Ihrer Abfahrt vergessen, den genauen Ort innerhalb der Stadt festzulegen. Wo würden Sie nun hingehen, um Ihren Freund zu treffen? Ohne irgendeinen Anhaltspunkt wird die Sache schwierig, denn eine große Stadt bietet viele tausend Möglichkeiten, sich zu treffen – oder sich zu verpassen.

Also müssen Sie herausfinden, wo Ihr Freund hingeht. Weil er das aber spiegelbildlich ebenso tut, Sie das wissen und er weiß, dass Sie das wissen, müssen Sie weiterbohren: Sie müssen herausfinden, was Ihr Freund glaubt, dass Sie glauben, wo er hingeht. Umgekehrt muss er herausfinden, was Sie glauben, dass er glaubt, wo Sie hingehen. Genau da sollte er nämlich hingehen, und sie sollten das auch. Aber was glaubt Ihr Freund, dass Sie glauben, wo er hingeht? Er wird überlegen, ob es einen Ort gibt, von dem er glaubt, dass er Ihnen spontan einfallen wird, wenn San die Stadt denken, in der Sie sich treffen wollen. Gibt es einen solchen Ort, dann muss er außerdem erwarten, dass Sie glauben, dass auch ihm dieser Ort sofort einfallen wird. Alles klar?

Jedenfalls gilt: Wenn es so einen Ort gibt, dann ist das Problem gelöst. Haben Sie sich jahrelang immer in demselben und noch immer existierenden Café getroffen, dann ist die Sache ohnehin klar. Gibt es einen solchen Ort dagegen überhaupt nicht, dann wird es schwierig. Vielleicht gibt es aber immerhin Orte, von denen Sie gegenseitig wissen, dass Sie sie mit einer etwas höheren Wahrscheinlichkeit aufsuchen werden als andere. Dann können Sie dorthin gehen und zumindest die Wahrscheinlichkeit erhöhen, sich zu treffen. So machen wir das fast schon intuitiv, aber ein völlig kühl kalkulierender Computer würde es auch so entscheiden.

Der originelle Kopf und Nobelpreisträger Thomas Schelling hat solche Orte „fokale Punkte“ genannt.[55] Natürlich bezeichnen fokale Punkte nicht allein geographische Orte. Es könnte ja auch sein, dass Sie beide zwar den genauen Ort vereinbart, die Zeit aber vergessen hätten. Wenn Sie sich jahrelang zur gleichen Zeit getroffen hatten, dann ist das kein Problem. Ansonsten gibt es typische Zeiten: 12 Uhr zum Beispiel, oder 20 Uhr oder irgendetwas, was sich im Zusammenhang mit Ihrem Treffen in besonderer Weise anbietet. Schließlich kann auch ein Ereignis ein fokaler Punkt sein. Haben Sie einen Menschen bei einem regelmäßigen Ereignis getroffen und wollen diesen Menschen wiedersehen, dann bietet sich der nächste regelmäßige Termin dieses Ereignisses als fokaler Punkt an.

Am Beispiel der Ereignisse von 1989 in Peking können wir detailliert nachvollziehen, wie sich im Verborgenen über eine lange Zeit und ohne jemandes Absicht fokale Punkte bilden können. In Peking war zum zweiten Mal ein relativ liberaler Politiker gestorben, den das Regime aus erkennbar taktischen Gründen in Ehren gehalten, zuvor aber entmachtet hatte. Im Jahre 1976 hatten sich daran bereits Proteste entzündet, und zwar an einem bestimmten markanten Ort: dem Heldendenkmal auf dem Platz des Himmlischen Friedens. Zehn Jahre danach hatte es erneut Proteste gegeben. Wo hatten diese ihren Ausgang genommen? Richtig, am Heldendenkmal auf dem Platz des Himmlischen Friedens. Und nun, 1989, war erneut ein relativ liberaler Politiker gestorben, den das Regime nur noch aus taktischen Gründen in Ehren gehalten hatte. Das war ein Vorteil für die Demonstranten. Denn sie konnten sich zunächst in formeller Übereinstimmung mit dem Regime zum Gedenken an den geehrten verstorbenen Parteisoldaten zusammenfinden. Und wo taten sie das? Natürlich, am Heldendenkmal auf dem Platz des Himmlischen Friedens.

Aber damit war noch kein Massenprotest entstanden. Denn man hat zwar ein Ereignis, einen Ort und eine Zeit. Aber eine Demonstration in einem totalitären System bleibt gefährlich, daran ändert die Existenz eines fokalen Punkts allein noch nichts. Daher blieb ein wichtiger Teil des Henne-Ei-Problems bestehen. Erinnern wir uns: In einem Massenprotest kann kein

[55] Siehe Schelling (1960), S. 54-58.

einzelner Teilnehmer darauf hoffen, die politische Lage allein dadurch zu verändern, dass er selbst neben vielen tausend, zehntausend oder mehr Menschen auch noch vor Ort ist. Umgekehrt aber muss er mit ganz persönlichen Konsequenzen rechnen, wenn er vor Ort ist. Er kann verletzt oder verhaftet werden, er kann seine Karriere oder die seiner Kinder oder Ehepartner in Gefahr bringen, und er kann schließlich gefoltert oder gar getötet werden. Der Effekt, den ein unbedeutender Mensch allein auf die Geschicke des Landes ausübt, steht daher für keinen einzelnen Menschen in einem akzeptablen Verhältnis zu den drohenden Konsequenzen.

Wir haben aber auch gesehen, dass es trotz des vernachlässigbar kleinen Einflusses eines Einzelnen auf die Geschicke des Landes ein Motiv zur Teilnahme an Protesten gibt; das expressive Motiv nämlich. Menschen haben ganz einfach das Bedürfnis, ihren Unmut kundzutun, zu zeigen, wofür sie stehen. Das ist ein beachtlich starkes Motiv, und doch würden die wenigsten von uns allein dafür all die drohenden Konsequenzen riskieren; es sei denn, es ist für jeden Einzelnen hinreichend unwahrscheinlich, dass sich diese Konsequenzen realisieren. Wir alle wissen: Eine simple Autofahrt kann in einem schrecklichen Unfall mit schwersten Verletzungen, bleibenden Schäden oder gar im Tod enden. Aber solange wir diese Gefahr als hinreichend klein einschätzen, setzen wir uns annähernd bedenkenlos ins Auto. Wann aber ist es hinreichend unwahrscheinlich, dass wir mit Verletzung, Karriereverlust, Gefängnis, Folter oder gar Tod dafür bezahlen müssen, dass wir unseren Unmut öffentlich bekunden? Richtig, wenn während unserer Kundgebung hinreichend viele weitere Menschen genau da sind, wo wir auch sind.

Dazu trägt ein fokaler Punkt bei. Aber ein fokaler Punkt allein könnte das Pulverfass des Unmuts nur dann zum Explodieren bringen, wenn er wirklich mit einem Schlag eine hinreichend große Masse an Menschen exakt zum selben Zeitpunkt am Ort des Geschehens wie *Jack-in-the-Box* auftauchen lassen würde. Denn nur dann könnte ein fokaler Punkt allein das Henne-Ei-Problem lösen: Jeder, der auftaucht, müsste unmittelbar eine so große Masse an anderen Menschen um sich herumhaben, dass er sich von Beginn an davon in hinreichendem Maße geschützt fühlt. Das müsste selbst für den allerersten Menschen gelten, der auftaucht. Aber das ist überhaupt nur theoretisch möglich. In der Praxis ist so etwas kaum denkbar.

Das Zusammenkommen von Ereignis, Ort und Zeit wird also kaum je so perfekt sein, dass ein fokaler Punkt allein dazu ausreicht, einen Massenprotest auszulösen. Daher braucht es so etwas wie Katalysatoren, welche bewirken, dass ein fokaler Punkt auch dann eine Explosion auszulösen imstande ist, wenn er die Menschen nur schrittweise zusammenkommen lässt. Möglicherweise könnten solche Katalysatoren bewirken, dass sich die ersten Menschen einfinden können, ohne sogleich mit staatlicher Gewalt und Verhaftung konfrontiert zu werden. Weiterhin könnten sie bewirken, dass irgendwann erste Meinungsäußerungen auftauchen, die nicht sofort zu Konflikten mit der Staatsgewalt führen. Und schließlich könnten sie bewirken, dass anwesende Menschen weitere Menschen anziehen und dies wiederum weitere, so dass ab einem bestimmten Punkt die Masse ihr eigenes Wachstum füttert. Solche Katalysatoren wird es natürlich nicht immer geben. Aber manchmal fügen sich die Ereignisse so, dass sie entstehen.

In China haben sich die Dinge so gefügt. Ein erster Katalysator bestand in der formellen Übereinstimmung des Motivs der sich einfindenden Menschen mit der offiziellen Linie der Partei. Denn zunächst erschienen die Menschen auf dem Tiananmen-Platz ja nur, um ihre Trauer um Hu Yaobang zum Ausdruck zu bringen – eine Trauer, die ganz im Einklang mit der offiziellen Parteilinie stand. Damit war es zunächst unverfänglich, sich am Heldendenkmal mit anderen Trauernden zusammenzufinden. Und dabei hätte es durchaus bleiben können.

Aber in diesem Falle blieb es nicht dabei, sondern es entwickelte sich weiter. Dafür war ein zweiter Katalysator verantwortlich. In Ansammlungen von Menschen entsteht notwendigerweise Kommunikation, und diese Kommunikation verbreitet Information. Die wichtigste Information verbreitete sich ganz analog zu jener vor dem ZK-Gebäude in Bukarest, und sie kann ungefähr so zusammengefasst werden: „Du bist nicht allein mit deinem Unmut, allgemein nicht und hier auf diesem Platz schon gar nicht." Offen ausgesprochen wird das in einem totalitären Regime so schnell nicht. Aber im Vorfeld der chinesischen Demokratiebewegung von 1989 gab es einen Effekt, der die Schwelle dazu herabsetzte.

Die Protestierenden wurden nämlich durch das Verhalten von Zhao Ziyang in einer gewissen Sicherheit gewiegt, der – von Beginn an in der Zwickmühle sitzend – keinen anderen Weg sah, als auf die Menschen zuzugehen. Das Signal war klar: Ich repräsentiere die Spitze von Partei und Staat und ich stehe für Dialog. Das wirkte wie ein Reaktionsbeschleuniger der Proteste und war deshalb der zweite Katalysator der chinesischen Demokratiebewegung. Dieser Katalysator ist bereits im 19. Jahrhundert von Alexis de

Tocqueville beschrieben worden, der uns im ersten Kapitel schon begegnet war. In seinem Werk über die Französische Revolution schrieb er:

> *„Nur ein großes Genie vermag einen Fürsten zu retten, der es unternimmt, seinen Untertanen nach langer Bedrückung Erleichterung zu gewähren."*[56]

Der Effekt ist einfach: Ein verminderter Grad an Repression senkt das Risiko, das mit einer Meinungsäußerung verbunden ist; und das ermutigt Menschen, sich aus der Deckung zu wagen und ihre Meinung in die Öffentlichkeit zu tragen. Dankbarkeit für die weniger repressive Linie sollte ein Diktator dabei nicht erwarten. Deshalb sollte sich ein Diktator dreimal überlegen, ob und unter welchen Bedingungen er auf eine weniger repressive Linie umschwenkt. Genau in diesem Sinne dürfen wir allerdings auch nicht vergessen, dass China nach wie vor ein totalitärer Staat war. Zhao Ziyang war nur einer von vielen Repräsentanten dieses Staates, und ob seine relativ liberale Haltung auch ein Signal für eine dauerhaft weniger repressive Linie sein würde, hing von der weiteren Entwicklung ab. Immerhin hatte man Staats- und Parteiführer kommen und gehen sehen, man hatte gesehen, wie sie aufstiegen und mitunter plötzlich verschwanden. Manche waren sehr rigide, andere – wie Zhao Ziyang – ein wenig liberaler.[57]

Eine relativ liberale Periode kann daher schnell einmal durch eine andere abgelöst werden, und tatsächlich wurde sie das in China ja später auch. Geschieht das, dann wird man sich mit hoher Wahrscheinlichkeit an allzu aufmüpfige Demonstranten erinnern. Je nachdem, wie die Dinge sich dann entwickeln, werden sie verhaftet, verlieren vielleicht auch „nur" ihren Studienplatz oder werden mit Berufsverboten belegt. Es winkte also nach wie vor eine ganze Palette von möglichen unangenehmen Konsequenzen. Vielleicht mögen diese Konsequenzen in der aktuellen Lage etwas weniger wahrscheinlich erschienen sein. Aber niemand wird einen Zweifel daran gehabt haben, dass es nach wie vor nicht ungefährlich war, sich an Protesten zu beteiligen. In einer solchen Situation wird sich nicht gleich jeder in gleichem Maße dazu ermutigen lassen, in Protestgesänge einzustimmen.

Was es in einer solchen Situation braucht, sind Wortführer. Das sind Menschen wie die Psychologie-Studentin Chai Ling, die sich dadurch auszeich-

---

[56] Alexis de Tocqueville (1856/1978), S. 176

[57] Zu den inneren Machtkämpfen in der KPCh während der Ereignisse siehe Zhang u.a. (2001).

nen, dass sie sich etwas früher als andere aus der Deckung der Masse wagen und zunehmend deutlich aussprechen, was andere nach wie vor nur hinter vorgehaltener Hand sagen – oder überhaupt nur denken. Zweifellos gehen diese Wortführer ein deutlich höheres Risiko ein als die übrigen Demonstranten, und nicht alle haben später das Glück von Chai Ling, die sich rechtzeitig über Hongkong in die USA absetzen konnte.[58] Andere haben dafür am Ende einen hohen Preis gezahlt. Warum aber tun manche Menschen das und andere nicht? Ganz abstrakt gesagt lautet die Antwort: Weil Menschen unterschiedlich sind. Aus unseren bisherigen theoretischen Überlegungen hatten wir Unterschiede zwischen Menschen bisher ausgeblendet, weil uns das die Analyse einfacher machte. Wir durften das auch, weil Unterschiede zwischen den Menschen für unsere bisherigen Belange nicht von Bedeutung waren. Nun allerdings werden solche Unterschiede bedeutsam, und daher müssen wir sie in unsere Überlegungen einbeziehen.

Konkret geht es dabei um Unterschiede im jeweiligen Bedürfnis, sich öffentlich zu äußern, und um Unterschiede in der Bereitschaft, hierzu Risiken einzugehen. Ganz generell sollte es uns nicht überraschen, dass Menschen in unterschiedlichem Maße bereit sind, Risiken einzugehen oder Risiken unterschiedlich hoch einzuschätzen. Wir finden solche Unterschiede überall, nicht allein bei protestierenden Bürgern. Es gibt Autofahrer oder Motorradfahrer, die hohe Risiken eingehen, und andere, die ganz im Gegenteil ausgesprochen vorsichtig sind. Es gibt solche, die hohe Risiken in Kauf nehmen, weil ihnen das, was sie dafür bekommen, sehr viel bedeutet; und es gibt andere, die das nicht tun. Schließlich bedeutet manchen Extremsportlern das Risiko selbst schon etwas, so dass sie es nicht nur in Kauf nehmen, sondern sogar bewusst suchen. Es sollte uns also nicht wundern, dass es solche Unterschiede zwischen Menschen auch bei jenen gibt, die ihre Meinung kundtun. Manche werden das nur tun, wenn das mit keinerlei Risiken verbunden ist. Andere dagegen sind bereit, dafür höhere Risiken in Kauf zu nehmen; und schließlich mag es durchaus auch Menschen geben, die sich von aufkommenden Protestsituationen in eine Art Abenteuerlust treiben lassen.

Dieser Unterschied zwischen den Menschen ist die Grundlage eines dritten Katalysators. Der erste Katalysator hatte zunächst eine gewisse Menge an erkennbar gleichgesinnten Menschen zusammengebracht. Der zweite hat ein paar der besonders mutigen und risikofreudigen unter den versammelten Menschen zu öffentlichen Meinungsäußerungen ermuntert. Aber an dieser

[58] Siehe Ling (2012), insbesondere Kapitel 23–25.

Stelle wäre die Dynamik stecken geblieben – wenn es keinen dritten Katalysator gegeben hätte. Während die ersten beiden Katalysatoren sehr spezifisch für dieses eine historische Ereignis in China waren, finden wir den dritten bei praktisch allen solchen Ereignissen.

Wie dieser dritte und immer wieder beobachtbare Katalysator wirkt, können wir uns an dem folgenden Gedankenspiel deutlich machen: Stellen wir uns eine Gruppe einander völlig fremder Menschen vor, die bei Regenwetter in der Nacht an einer Ampel stehen. Nehmen wir an, es seien zehn Leute. Kein Auto weit und breit. Jeder von ihnen würde die Straße sofort bei Rot überqueren, wenn er sich nur unbeobachtet fühlte. Aber leider beobachten sich die zehn Menschen gegenseitig, und jeder fürchtet ein wenig die empörte Reaktion der anderen. Das wäre nur anders, wenn jeder von jedem anderen wüsste, dass dieser auch gern losliefe. Daher gilt für jeden Einzelnen: Wenn kein anderer sich traut, loszulaufen, dann traut sich der Einzelne auch nicht.

Stellen wir uns also eine Person aus unserer Gruppe vor, für die Folgendes gilt: Wenn diese Person mindestens einen Menschen bei Rot über die Straße gehen sähe, dann ginge diese Person auch. Eine zweite Person wäre vorsichtiger. Für sie stellen wir uns dies vor: Wenn sie mindestens zwei andere Menschen über die Straße gehen sähe, dann ginge auch unsere zweite Person; aber erst dann. Eine dritte Person wäre noch vorsichtiger: Sie ginge erst, nachdem sie drei weitere Personen sähe, die bei Rot laufen. Und so weiter. Wenn nun außer dieser Zehnergruppe niemand sonst an der Kreuzung auftaucht, dann geschieht etwas Merkwürdiges: nämlich nichts. Denn die komplette Gruppe wird stehenbleiben und auf Grün warten, obwohl doch jede einzelne Person bedenkenlos gegangen wäre, wenn sie sich unbeobachtet gefühlt hätte; und obwohl doch jede einzelne Person bedenkenlos gegangen wäre, wenn auch die anderen gegangen wären. Hier ist es wieder: das Henne-Ei-Problem – allerdings in einer etwas anderen Variante. Mit unterschiedlichen Menschen nämlich.

Verändern wir das Szenario leicht, dann finden wir eine Lösung des Problems. Stellen wir uns vor, es kommt zufällig von irgendwo eine elfte Person daher – eine Person, die sich um das Urteil der anderen nicht schert und daher einfach über die Straße geht. Diese elfte Person wird völlig unbeabsichtigt eine Kettenreaktion auslösen. Denn sie stellt die Bedingung dafür her, dass die erste Person aus unserer Zehnergruppe ebenfalls die Straße bei Rot überquert; jene nämlich, die dann und nur dann geht, wenn sie eine weitere Person die Straße bei Rot überqueren sieht. Ist die erste Person aus unserer Zehnergruppe zusammen mit der elften Person aber erst einmal unterwegs, so stellen sie gemeinsam und wiederum ohne jede Absicht die Bedingung dafür her, dass die zweite Person aus der Zehnergruppe die Straße überquert. Denn nun laufen ja schon zwei. Anschließend läuft die dritte Person los, und so geht das weiter.

Am Ende laufen sie alle, und nur, weil irgendein Mensch bei irgendeinem Mitglied einer ihm völlig unbekannten Gruppe ohne jede Absicht die Bedingung dafür hergestellt hat, dass diese Person sich traut, bei Rot über die Ampel zu laufen; und weil diese sich nunmehr trauende Person wiederum ohne jede Absicht eine weitere dazu ermutigt, es ihm gleichzutun; und so weiter, bis zur letzten Person. Ziemlich genau so funktioniert unser dritter Katalysator: Er verknüpft das Verhalten jeder Person mit dem Verhalten jeweils anderer Personen und löst so das Henne-Ei-Problem.[59]

Die elfte, zufällig daherkommende Person ist vergleichbar mit den Wortführern der ersten Stunde. Wortführer wie Chai Ling wurden durch den ersten Katalysator in ein Umfeld von zunächst noch relativ wenigen, aber nicht zu wenigen Menschen versetzt. Dann hat der zweite Katalysator sie in einer gewissen Sicherheit gewiegt. Diese Sicherheit war aber nicht hoch. Sie reichte gerade für besonders mutige Menschen, aber sie reichte noch nicht für weniger mutige Menschen. Diese brauchten eine größere Masse von Menschen, bis sie sich sicher genug fühlen konnten.

Genau diese Sicherheit stellte nun der dritte Katalysator bereit, und zwar Zug um Zug: Die anfängliche Zahl an Menschen auf dem Tiananmen-Platz senkte zusammen mit den ersten Äußerungen der Wortführer das Risiko für weitere Menschen ab. Das ermunterte jene, sich anzuschließen, die nicht gar so mutig waren wie die Wortführer selbst. Das wiederum senkte das Risiko noch weiter und lockte nun solche, die noch etwas weniger mutig waren; und so ging das weiter. Einmal in Gang gesetzt, lässt der dritte Katalysator die Zahl der teilnehmenden Menschen immer schneller steigen.

Manche Leser mögen längst die Nase rümpfen und völlig zu Recht an die vielen möglichen Varianten der Ampelsituation denken. Was ist zum Beispiel, wenn die Zusammensetzung der Zehnergruppe so ist: Einer aus der

[59] Diese Dynamik wurde zuerst von dem Soziologen Mark Granovetter (1978) und zeitgleich von Thomas C. Schelling (1978) allgemein beschrieben. Timur Kuran (1991) hat damit dann die Ereignisse von Leipzig und Ost-Berlin beschrieben. Ein Überblick über die Literatur und die Funktion der Modelle findet sich bei Apolte (2016).

Zehnergruppe läuft dann los, wenn er mindestens eine andere Person sieht, die ebenfalls läuft. Eine zweite Person läuft los, wenn sie mindestens zwei Personen ebenfalls laufen sieht. So weit ist das wie gehabt. Nun aber kommt der Unterschied: Die dritte und die vierte Person laufen jeweils los, wenn sie mindestens vier andere Personen laufen sehen. Die fünfte läuft, wenn mindestens fünf andere laufen und so weiter.

Wenn das zufälligerweise die Zusammensetzung sein sollte und wenn wir wieder an eine elfte Person denken, die zufällig des Wegs kommt und dann völlig unabhängig vom Verhalten der Mitglieder der Zehnergruppe über die rote Ampel läuft, dann läuft die erste Person aus der Zehnergruppe ebenfalls los. Das führt dazu, dass die zweite ebenfalls läuft. Aber die dritte Person läuft nicht. Denn damit sich diese Person zu laufen traut, müsste sie vier Leute laufen sehen, aber sie sieht nur drei: diejenige nämlich, die zufällig vorbeikam und dann noch zwei aus der Zehnergruppe, die an der Ampel warten. Das ist ihr zu wenig. Da traut sie sich noch nicht. Und weil sich diese dritte Person nicht traut, bleibt auch die vierte stehen und erst recht alle übrigen.

Im Ergebnis ist die Kettenreaktion unterbrochen worden, und das kann je nach Zusammensetzung schon bei der ersten geschehen, aber auch erst bei der letzten. Schließlich hatten wir schon daran gedacht, dass ja auch die elfte, alles auslösende Person zufällig nicht vorbeikommen könnte. Umgekehrt kann es freilich auch sein, dass die erste Person der Zehnergruppe sich um den Rest nicht schert, daher sofort losläuft und eine Kettenreaktion auslöst: eine, die nur ein paar weitere nach sich zieht oder auch eine, die am Ende die ganze Gruppe bei Rot loslaufen lässt.

Damit haben wir die Zutaten beisammen, die unter ganz bestimmten Bedingungen ein Pulverfass politischen Unmuts explodieren lassen können, und zwar schicksalhaft, ohne dass irgendjemand versehentlich oder bewusst einen Funken an das Pulverfass gelenkt hätte. Es geschieht wie aus dem Nichts. Die Explosion ist zwar im Nachhinein immer gut erklärbar. Vorhersehbar ist sie aber dennoch nicht.[60] Denn wie im Ampelbeispiel kann die Zusammensetzung so strukturiert sein, dass eine Kettenreaktion so lange aufrechterhalten bleibt, bis riesige Menschenmassen beisammen sind. Aber es kann ebenso sein, dass die Kette schon bei einer Handvoll von Menschen

[60] Siehe Kuran (1989; 1995).

unterbrochen wird. All das bestimmt allein der Zufall. Denn niemand hat die Zusammensetzung der Gruppe bewusst in einer bestimmten Weise geordnet.

Deshalb sind die Bedingungen, die in ihrem Zusammenspiel zu einer Explosion führen können, ausgesprochen komplex, und sie wirken in jedem Einzelfall in jeweils einzigartiger Weise zusammen – mit dem Ergebnis, dass große und täglich wachsende Massen auf der Straße stehen, oder mit dem Ergebnis, dass es bloß ein kurzes Murren einiger besonders Mutiger gibt, die von der Polizei im Handumdrehen auseinandergetrieben oder vielleicht auch verhaftet werden.

Im Vorfeld steht aber immer ein fokaler Punkt, der auf sehr vielfältige Weise entstehen und sich über Jahre oder Jahrzehnte zusammenbrauen kann, ohne dass es jemandem auffiele; und ganz ähnlich verhält es sich mit den Katalysatoren, die an bestimmten Lücken, die der fokale Punkt lässt, als Reaktionsbeschleuniger wirken und am Ende die Explosion auslösen. Auch sie sind in jedem einzelnen Falle höchst unterschiedlich beschaffen. Eines sollte daher klar sein: Die politische und ökonomische Unterdrückung des Volkes ist nur eine notwendige, aber keineswegs eine hinreichende Bedingung dafür, dass sich die Dinge bis hin zu einem Massenaufstand zusammenbrauen und am Ende das Pulverfass explodieren lassen.

Dagegen steht immer das Henne-Ei-Problem. Solange dieses Problem nicht überwunden ist, kann der Unmut noch so groß sein. Es hilft dennoch nichts. Denn auch die Mutigsten werden sich nicht allein gegen ein übermächtiges Regime wenden, wenn sie nicht aus dem Schutz der Masse heraus agieren können. Damit sie das können, muss es einen fokalen Punkt und eine Reihe von Katalysatoren geben, die die nötigen Bedingungen herstellen; und das tun sie manchmal, und manchmal eben nicht. Aus diesem Grund geschehen Massenaufstände zwar immer wieder einmal, aber man kann sich nicht darauf verlassen. Manchmal geschieht einfach nichts. In unserem Ampelbild sieht das dann so aus: Die unzufriedenen Bürger stehen alle gemeinsam an der roten Ampel. Es regnet, es ist kein Auto zu sehen, jeder würde gern loslaufen, und doch bleiben sie alle miteinander stehen.

Wer das schon unbefriedigend findet, wird leider noch eine weitere Enttäuschung hinnehmen müssen. Denn ein Massenaufstand, wenn er denn stattfindet, ist erst der Beginn eines Prozesses, dessen Ende in jedem einzelnen Fall völlig offen ist. Gewissheit gibt es immer erst im Nachhinein. Im chinesischen Fall ist es eine tragische Gewissheit. Denn die Sicherheit, in der sich die chinesischen Studenten wiegten, trog. Zunächst bezahlte Zhao Ziyang seine vergleichsweise liberale Haltung mit dem Ende seiner politischen Karriere; und mit ihr ging auch die scheinbare Sicherheit der Demonstranten verloren. Für Zhao selbst ging die Sache zwar noch glimpflich aus. Für viele der Protestierenden endete die Demokratiebewegung dagegen in einer Katastrophe. Am 19. Mai 1989 versuchte Zhao Ziyang noch einmal, die Studenten zur Aufgabe zu bewegen und den Hungerstreik zu beenden, den viele begonnen hatten. Danach war er aus dem öffentlichen Leben verschwunden. Die Sicherheitskräfte ließen die Aktionen noch bis Anfang Juni gewähren. Dann, am 3. Juni 1989, schlugen sie zu.

Wie viele Menschen bei dem anschließenden Massaker ums Leben kamen, ist nicht bekannt. Offensichtlich wird das Ausmaß der Gewalt systematisch vertuscht. Offiziell wurde zunächst von 241 Opfern gesprochen, unter denen auch 23 Soldaten gewesen sein sollen.[61] Aber vieles deutet darauf hin, dass es insgesamt weit über 1.000 Opfer gewesen sind[62] und dass die Opfer unter den Sicherheitskräften auf Unfälle und nicht auf Kämpfe mit den Demonstranten zurückzuführen waren.[63] Dass es auf dem Tiananmen-Platz selbst entgegen vielfachen Darstellungen keine Toten gegeben hat, weil sich die Gewalt in Wirklichkeit in der Innenstadt rund um den Platz abspielte, wird vielfach diskutiert, ändert aber an der Tragik des Ereignisses und an dem perfiden Machtkalkül der Verantwortlichen nichts. So oder so hatten am Ende wahrscheinlich über 1.000 Menschen ihr Leben verloren, Zhao Ziyang war entmachtet, und damit war jedweder Ansatz von politischer Liberalisierung bis auf den heutigen Tag vernichtet.

So können wir zwei Lehren aus der chinesischen Demokratiebewegung ziehen: Die erste ist, dass sich das Henne-Ei-Problem mitunter wie durch eine schicksalhafte Fügung von allein lösen kann. Im letzten Kapitel (Kap. 4) haben wir einen Herrscher kennengelernt, der es aus Dummheit überwand. In diesem Kapital haben wir gesehen, dass es sich mitunter auch durch eine Verkettung unterschiedlicher und zunächst unverbundener Ereignisse selbst überwinden kann. Das Problem aber ist: Auf solche Lösungen des Henne-

[61] Vgl. Nathan/Link (2001), S. 676. Siehe zu einer Dokumentation über die Opfer auch Yiwu (2014).

[62] Möglicherweise könnten es gar bis zu 10.000 Todesopfer gewesen sein; siehe Deutsche Welle (2017). Siehe zu den Ereignissen im Einzelnen auch Wang (2019).

[63] Vgl. Nathan/Link (2001), S. 677f.

Ei-Problems ist kein Verlass. Es kann geschehen, muss es aber nicht. Ob es geschieht, entscheidet im Wesentlichen der Zufall.

Dieser Befund passt nun schon wesentlich besser zu den statistischen Daten, die wir im dritten Kapitel zusammengetragen hatten. Dort fanden wir: Massenaufstände sind relativ selten, aber absolut gesehen in ihrer Zahl dann doch nicht zu vernachlässigen. Sie kommen immer wieder einmal vor. Unsere Analyse zeigt, dass sie dann vorkommen, wenn aus irgendwelchen Gründen ein Zündfunke an das Pulverfass des Unmuts gelenkt wird, der eine Art Explosion der Ereignisse auslöst und damit das entscheidende Problem der aufbegehrenden Bevölkerung löst: das Henne-Ei-Problem.

Es gab aber noch einen weiteren Befund aus dem statistischen Kapitel (Kap. 3), und der lautete: Obwohl Massenaufstände manchmal vorkommen, kosten sie am Ende doch nur selten einen Diktator oder ein Regime die Macht. China 1989 ist ein Beispiel für jene Fälle, in denen das Regime seine Macht nicht verloren hat.

Entsprechend hält das chinesische Beispiel eine zweite Lehre für uns bereit: dass nämlich ein Massenaufstand allein noch keine Revolution ausmacht. Zwar erschüttern Massenaufstände mit großer Wahrscheinlichkeit das Machtgefüge innerhalb eines diktatorischen Staatsapparats. Aber auf welche Weise sie das tun, ist damit noch nicht gesagt. Führende Köpfe sind davon fast immer betroffen, sei es Ceaușescu, sei es Honecker, Zhao Ziyang, Mubarak oder wie sie alle heißen. Aber nicht immer kollabiert damit auch gleich ein ganzes Regime. Und wenn es doch so ist, dann finden wir mitunter das gleiche Regime in einem neuen Gewand nach kurzer Zeit wieder, wie in Ägypten, in dem Mubarak in der Folge des Arabischen Frühlings nun al-Sisi heißt. Das wirft die Frage auf: Was passiert eigentlich *innerhalb* eines Machtapparats, wenn sich draußen auf der Straße die Massen zum Protest zusammenfinden? Und warum passiert überhaupt etwas?

Wenn uns das Beispiel Chinas eines deutlich vor Augen führt, dann dies: Das Regime verfügt mit seinem Machtapparat über die Waffen, über die Gefängnisse und Folterknechte, über die Panzer und Kanonen. Wenn das Regime davon Gebrauch macht und sein Machtapparat funktioniert, dann ist es mit den Protesten vorbei, seien sie auch noch so massenhaft und seien sie auch von noch so mutigen Menschen getragen gewesen. Damit ein Regime einem Massenaufstand aber wirklich standhalten kann, müssen zwei Bedingungen erfüllt sein: Erstens muss sein innerer Machtkern auch in der Zeit eines Massenaufstandes stabil bleiben, und zweitens müssen seine Befehlsketten intakt bleiben. Die Befehlsketten reichen vom Machtkern bis hin zu den Befehlsempfängern, die die aus dem Machtkern kommenden Befehle ausführen sollen – im Zweifel mit Gewalt. Bleiben Machtkern und Befehlsketten stabil, dann kann kein Massenaufstand dem Regime ernsthaft gefährlich werden. Daher gilt: Damit ein Massenaufstand zu einer Revolution führt, muss er es schaffen, entweder den Machtkern zu destabilisieren oder die Befehlsketten oder beides. Wie kann das gehen?

6. Die Logik des autokratischen Machtkerns

„Der Mensch ist gut, nur die Leute sind schlecht.“[64]
(*Karl Valentin*)

Erich Honecker war nicht nur ein kommunistischer Betonkopf, sondern auch ein gewiefter Machtmensch. Anfang der 1970er Jahre nutzte er eine Schwäche des damaligen DDR-Staatsratsvorsitzenden Walter Ulbricht kühl berechnend aus, um ihn zu stürzen und sich am 3. Mai 1971 zum Staatsoberhaupt küren zu lassen. Ulbricht war wie Honecker ein dogmatischer Marxist und zugleich ein berechnender Machtpolitiker. Doch zuletzt hatte er sich gegenüber der Sowjetführung verkalkuliert. Allzu weit glaubte er sich gegenüber den Wünschen der seinerzeit noch rigoros agierenden Sowjetführung emanzipieren zu können. Wohl vor allem vor dem Hintergrund des Prager Frühlings, den die Sowjetunion nicht zuletzt mit Hilfe von DDR-Truppen gewaltsam beendet hatte, gefielen die Alleingänge Ulbrichts dem sowjetischen Staats- und Parteichef Leonid Breschnew überhaupt nicht.

Das nutzte Honecker, um sich bei Breschnew zu empfehlen und im Anschluss Walter Ulbricht auf dessen Posten des Ersten Sekretärs des Zentralkomitees der Sozialistischen Einheitspartei Deutschlands (SED) zu beerben; einen Posten, den er später unter dem Titel Generalsekretär bis zum Kollaps des Systems bekleiden sollte. Erst am 17. Oktober 1989 wurde er abgesetzt. Bis dahin hatte er unbeirrt an seiner Rolle des Hardliners festgehalten, auch und gerade in der Zeit, in der die Sowjetunion selbst längst auf einen neuen Kurs eingeschwenkt war.

Aus diesem Blickwinkel wird Honecker die Ereignisse von 1989 auf und um den Platz des Himmlischen Friedens in Peking von Ost-Berlin aus beobachtet haben. Ihm stand klar vor Augen, welch gefährliche Dynamik sich entfalten kann, wenn die ersten größeren Ansammlungen von Protestlern erst einmal auf der Straße stehen, und wie es weitergeht, wenn deren bloße Existenz weitere Menschen dazu ermuntert, sich anzuschließen.

Wieder und wieder waren in der DDR Wahlen offensichtlich manipuliert worden. Aber seit den Ereignissen des 17. Juni 1953 in Berlin hatte es das DDR-Regime nicht zuletzt durch Honeckers harte Linie geschafft, jedwedes Aufkeimen größerer Proteste im Keim zu ersticken. Als man aber am 7. Mai

[64] Siehe Maier (2012).

T. Apolte, *Der Mythos der Revolution*,
https://doi.org/10.1007/978-3-658-27939-4_6

1989 abermals eine Kommunalwahl manipuliert hatte,[65] löste dies auch in der scheinbar stabilen DDR eine Kettenreaktion aus. Ein fokaler Punkt war das montägliche Friedensgebet in der Nikolaikirche in Leipzig.

Dieses Friedensgebet hatte sich aus der Friedensbewegung der frühen 1980er Jahre entwickelt, welche ausgerechnet in Westeuropa als Protest gegen dort zu stationierende atomare Mittelstreckenraketen entstanden war, von dort aber vor allem über christliche Gruppen auch zarte Ableger in der DDR getrieben hatte. Seit Mitte der 1980er Jahre fand das Friedensgebet in genau dieser Tradition jeden Montag um 17 Uhr in der Nikolaikirche in Leipzig statt und wurde vom Regime – wenn auch widerwillig – geduldet.[66] Man maß ihm schon deshalb keine große Bedeutung mehr bei, weil man es als das Ritual einiger verbliebener Sektierer aus der inzwischen auch in Westeuropa abgeebbten Friedensbewegung deutete. Sogar mit einer gewissen Berechtigung konnte man darauf hoffen, dass sich dieses Ritual mit der Zeit verlieren würde. Aber die Veränderungen in Moskau und in Polen und nicht zuletzt die Ereignisse in Peking machten einen Strich durch diese Rechnung. Sie brachten neue Unruhe, und, um im Bilde des letzten Kapitels (Kap. 5) zu bleiben, erneut füllten sich die Pulverfässer des Unmuts. Es bedurfte aber noch eines Zündfunkens, und den lieferte der Wahlbetrug vom 7. Mai 1989, zusammen mit den Ergebnissen des „Runden Tisches" in Polen, der Politik Gorbatschows und der gerade einsetzenden Demontage des ungarischen Grenzzauns Richtung Österreich.

Zunächst gingen im Mai insgesamt 1.650 Personen auf die Straße. Das mag nicht viel erscheinen, aber für die Verhältnisse in der DDR war es beträchtlich. Hinzu kommt, dass es im Juni bereits 2.450 Demonstranten waren. Mit der Sommerpause der Friedensgebete in der Nikolaikirche ging die Zahl der Demonstranten zwar zunächst leicht zurück.[67] Aber nach dem Ende der Sommerpause konnten die Ereignisse unmittelbar an die ursprüngliche Dynamik anschließen. An der Montagsdemonstration vom 25. September 1989 nahmen bereits 6.500 Menschen teil. Eine Woche später waren es annähernd 18.000, und am 9. Oktober schließlich zwischen 60.000 und 80.000.[68] Insgesamt standen im September in der DDR 16.500 Menschen auf der

[65] Siehe im Einzelnen: BStU (2014).
[66] Siehe Wielepp (1990), S. 73.
[67] Siehe im Einzelnen Wielepp (1990).
[68] Siehe Lohmann (1994), S. 70, Tabelle 3; Wielepp (1990), S. 75.

Straße. Im Oktober waren es fast 1,5 Mio. und im November gar über 3,2 Mio.[69]

Ab Anfang Oktober 1989 verdichteten sich die Hinweise darauf, dass Honecker den Befehl zu einer „chinesischen Lösung" gegeben hatte.[70] Offenbar war er überzeugt davon, dass die Sowjetunion über kurz oder lang wieder zu ihrer alten Linie zurückfinden und auch Polen abermals zur Raison bringen würde. Schließlich waren vergleichbare Disziplinierungen bereits nach dem Ungarnaufstand und dem Prager Frühling gelungen, die die jeweiligen Regime ähnlich weit von ihren kommunistischen Grundlagen weggetragen hatten, wie das jetzt in Polen der Fall war. Zu einer Umkehr der bedrohlichen Tendenz im Ostblock könnte Honecker den Startschuss geben, und dazu war er wohl entschlossen. Das Vorbild war Peking, und seine Hoffnung ruhte auf sowjetischen Betonköpfen, die es in Moskau gewiss gab, und die, so die Hoffnung, den Spuk von Gorbatschows Perestroika machtvoll beenden würden.

Die Vorbereitungen zur „chinesischen Lösung" galten der Montagsdemonstration des 9. Oktober 1989, wie üblich im Anschluss an das Friedensgebet in der Leipziger Nikolaikirche.[71] Die Teilnehmer wussten um diese Vorbereitungen. Jeder konnte beobachten, was vorging. Polizisten waren mit Helmen, Schilden, Gummiknüppeln und Gasmasken ausgerüstet. Krankenhäuser waren auf Schussverletzungen vorbereitet, und Internierungslager standen bereit. Die Nationale Volksarmee im südlichen Teil der DDR wurde mit scharfer Munition ausgestattet, und große Container mit Tränengas wurden nach Leipzig transportiert. „Die Stadt war vollgestellt mit Einsatztruppen von Armee und Polizei, mit Polizeihundestaffeln, mit Kampfgruppenbataillonen; und um die Innenstadt zog sich ein weiterer Sicherheitsring."[72]

Nicht allein die Nikolaikirche war voll, sondern auch die anderen Leipziger Kirchen. Zum Ende des Friedensgebets formierte sich gegen 17:30 Uhr die Demonstration. Die Lage war extrem angespannt, und jeden Augenblick war mit einer Explosion der Gewalt zu rechnen. Die „chinesische Lösung" war mit preußischer Gründlichkeit vorbereitet worden und nun reif für die Umsetzung. Allein: Dazu kam es nicht. Denn zur Überraschung aller Be-

[69] Siehe Lohmann (1994), S. 66. Tabelle 2.
[70] Lohmann (1994), S. 69.
[71] Siehe Süss (2012).
[72] Wielepp (1990), S. 75

obachter und Beteiligten öffneten die Sicherheitskräfte die Schleusen. Sie ließen die Demonstranten gewaltlos passieren und zogen sich zurück. Acht Tage nach dem „Wunder von Leipzig“[73] dankte Honecker als Generalsekretär der SED ab. Am Folgetag wurde Egon Krenz zu seinem Amtsnachfolger gekrönt; ein Apparatschik der SED, Wahlleiter der gefälschten Kommunalwahl vom 7. Mai und auch sonst keiner, der jemals durch eine wie auch immer geartete liberale Haltung aufgefallen war. In einem Punkt allerdings unterschied er sich von Honecker: Im Verlauf der Unruhen hatte er sich für eine friedliche Lösung ausgesprochen.

Was war geschehen? Hätten Volkspolizei und Nationale Volksarmee die Demonstration nicht niederschlagen können? Wäre eine „chinesische Lösung“ in Leipzig nicht möglich gewesen? Natürlich wäre sie das, doch Honecker selbst konnte nur befehlen, aber nicht ausführen. Und die, die den Befehl hätten ausführen können, haben ihm genau das am Ende versagt, während man nur vier Monate und sechs Tage zuvor an einer anderen Stelle der Welt in einer vergleichbaren Lage einen gleichlautenden Befehl eiskalt ausgeführt hatte. Dort hatte man nicht gezögert, ein Massaker anzurichten, um die Macht der herrschenden Elite zu sichern, und das mit dem gewünschten Erfolg. All das war zuvor von allen Beteiligten in der DDR beobachtet und ausgewertet worden. Man wusste also, dass es funktionieren konnte. Doch in buchstäblich letzter Minute weigerten sich die alles entscheidenden Personen, den Befehl auszuführen.

Warum aber führte man in Leipzig nicht aus, was sich in Peking auf zynische Weise als effektiv erwiesen hatte?[74] Und wieso lösten die Proteste in Leipzig einen Wechsel an der Parteispitze von einem Befürworter einer gewaltsamen Lösung zu einem Gegner aus, während es in Peking exakt andersherum war? Pflegte man im sowjetischen Machtbereich eine andere Kultur als in China? Noch dazu seitens der Regime in den sowjetischen Satellitenstaaten Europas? Dafür spricht nichts, das zeigt der Umgang dieser Regime mit den Aufständen 1953 in der DDR und 1956 in Ungarn ebenso wie die Niederschlagung des Prager Frühlings 1968 sowie der zahlreichen polnischen Aufstände. Ebenso zeigt sich das an der Handhabung des Problems der sogenannten Republikflüchtlinge an der Berliner Mauer und anderswo. Viele zehntausend Menschenleben hatte die Machtsicherung dieser Regime bereits gekostet, mitten in Europa. Mit Honecker und den vielen

[73] Vgl. Gieseke (2012), S. 63.
[74] Siehe hierzu auch: Schäfer (2012).

anderen waren zu einem guten Teil dieselben Verantwortlichen noch immer in ihren Positionen, und die Struktur der Regime in Mittel- und Osteuropa hatte sich überhaupt nicht geändert, am wenigsten in der DDR. Hinweise auf eine grundlegend andere Kultur finden wir also nicht.

Aber warum sonst hatten die chinesischen Sicherheitskräfte den Befehl loyal ausgeführt, während derselbe Befehl kurze Zeit später in der DDR eine Lawine auslöste, in der ein DDR-Führungsmitglied nach dem anderen dem Staatsratsvorsitzenden Honecker die Gefolgschaft aufkündigte, so dass sie alle gemeinsam im Ergebnis das Ende des Regimes einläuteten? Was ließ das ganze Gebäude am Ende wie ein Kartenhaus kollabieren? Die Demonstrationen allein waren es nicht, denn die hatte es in Peking ebenso gegeben wie in Leipzig und Berlin; und es hatte sie vorher fast überall in den sowjetischen Satellitenstaaten gegeben, in Berlin, in Budapest, in Prag, in Warschau, in Danzig und anderswo. Aber diesmal war da noch mehr im Spiel. Das allerdings fand nicht auf der Straße statt, sondern im internen Machtzirkel der jeweiligen Regime: im Kern der autokratischen Macht.

Überraschenderweise ist die Logik des autokratischen Machtkerns eng verwandt mit jener der Entwicklung von Massenprotesten. Um das nachzuvollziehen, stellen wir uns beispielhaft die Führungsriege einer Diktatur vor, bestehend aus den mächtigsten Personen im Land. Da haben wir zunächst den Diktator selbst: Nennen wir ihn D. Dann den obersten Polizeichef, den wir P nennen wollen, und schließlich den Geheimdienstchef S. Hinzu kommen die Oberbefehlshaber der Teilstreitkräfte, wie etwa Marine, Heer und Luftwaffe. Nennen wir sie die Generäle G1, G2 und G3. Und schließlich den höchsten Richter R, an dessen Entscheidungen in unserer Diktatur niemand vorbeikommt. Gewiss kann sich so eine Führungsriege im Detail anders zusammensetzen, wie überhaupt unser Beispiel konstruiert ist. Vor allem sind es in der Realität meist mehr Personen als in unserem Beispiel, welche im Zentrum der Macht stehen. Aber darauf kommt es hier nicht an. Wir werden sehen, dass bei aller Vielfalt im Detail doch immer wieder dieselbe Dynamik aufscheint. Und darauf kommt es an.

Konkretisieren wir unser Beispiel. Erstens, es gibt genau einen Rivalen des Diktators, der insofern Rivale ist, als er selbst gern Regierungschef wäre. Zweitens, alle übrigen Mitglieder des Machtkerns möchten ihre augenblickliche Position zwar unbedingt behalten, allerdings auch nicht mehr als das. In der Realität kann das sicher anders sein. Im Extremfall schielen alle hohen politischen Führungskräfte auf das Amt des Regierungschefs. Wo das aber so ist, gelten die Ergebnisse unserer Überlegungen erst recht. Sie stellen sich allerdings bereits dann ein, wenn nur eine der Führungspersonen den Ehrgeiz hat, selbst einmal Regierungschef zu werden. Deshalb belassen wir es dabei, denn es vereinfacht unsere Überlegungen. Die anderen wünschen sich also nur eines: ihren Job zu behalten. Wie sieht es nun mit den einfachen Bürgern außerhalb der Führungsriege aus? Wie gehabt, ginge es ihnen natürlich besser, wenn sie in einer Demokratie lebten. Andererseits geht es ihnen immerhin besser als jenen, die im Gefängnis gelandet sind. Das ist alles so wie in den früheren Kapiteln.

Wenn wir diese Struktur nun wieder in unsere Lebensqualitäten übersetzen, dann heißt das zunächst: Jeder einfache Bürger hat eine Lebensqualität von 50, weil er in einer Diktatur lebt. Für alle Mitglieder der Führungsriege mit Ausnahme des Diktators nehmen wir dagegen eine Lebensqualität von 100 an. Damit bringen wir zum Ausdruck, dass sie sich in einer privilegierten Position befinden. Um die Dinge nicht unnötig zu verkomplizieren, nehmen wir an, dass sich diese Lebensqualität auch vom Diktator selbst nicht irgendwie aufstocken lässt.[75] In Wirklichkeit tun Diktatoren so etwas, aber auf das, was dann geschieht, kommt es uns hier nicht an. Die Ergebnisse, auf die es uns am Ende ankommen wird, bleiben davon unberührt.

Von dem Diktator selbst nehmen wir an, dass er sich einer noch einmal wesentlich höheren Lebensqualität erfreut, sagen wir 400.[76] Wer im Gefängnis landet, hat eine Lebensqualität von null. Das gilt vor allem für den Diktator für den Fall, dass er gestürzt wird. Es gilt aber auch für ein Mitglied der Führungsriege, sofern es sich gegenüber dem amtierenden Diktator als illoyal erwiesen hat.

Nehmen wir schließlich an, dass derjenige, der gern selbst einmal Regierungsoberhaupt werden würde, der Polizeichef sei. Wir könnten ebenso jeden anderen nehmen, das würde nichts ändern. Aber einer muss es sein, also nehmen wir den Polizeichef P. Die übrigen Führungsmitglieder haben demnach keinerlei entsprechende Ambitionen. Sie rechnen einfach nicht damit, ihre Lebensqualität durch einen Aufstieg zum Diktator erhöhen zu können,

---

[75] Siehe hierzu auch Fußnote 79.

[76] Eine anschauliche Illustration des auch unter kommunistischen Machthabern ungehemmten Drangs nach Privilegien und Luxus bietet die Geschichte des Jagdgebiets Schorfheide in Brandenburg, das bereits die Nazis gern genutzt hatten, was vor allem den passionierten Jäger Honecker nicht davon abgehalten hat, sich dieses Gebiet als „Sonderjagdgebiet" zu sichern. Siehe ausführlich: Suter (2018).

und haben nach ihrer eigenen Einschätzung alle das Maximum dessen erreicht, was eine berufliche Karriere ihnen bieten kann. Daher sind die Führungspersonen S, G1, G2, G3 und R alle allein daran interessiert, ihre Position und damit ihre Lebensqualität von 100 zu sichern – nicht mehr und nicht weniger.

Eines der wichtigsten Herrschaftsprinzipien eines jeden Diktators lautet *divide et impera* (teile und herrsche). Die Herkunft dieses Prinzips ist nicht ganz klar, aber es deckt sich zumindest mit den Empfehlungen des Vorreiters moderner Theoretiker der Macht: Niccolò Machiavelli. In seinem berühmten Buch „Der Fürst"[77] hat er dieses Prinzip ungefähr so beschrieben: Die Macht eines Herrschers beruht nicht auf persönlicher Gewaltausübung. Vielmehr beruht sie darauf, dass er Misstrauen zwischen seinen unmittelbar Untergebenen streut, also seinen Ministern, Polizeichefs, Generälen und so weiter.

Er muss dabei ein Kunststück vollbringen: Einerseits müssen diese Leute miteinander kooperieren, um die Staatsgeschäfte abzuwickeln und die Macht des Systems nach außen und nach innen zu sichern. Andererseits muss der Diktator um alles in der Welt verhindern, dass die Untergebenen diese notwendige Zusammenarbeit nutzen, um auch darüber hinaus miteinander zu kooperieren. Vor allem dürfen sie einander niemals so weit vertrauen, dass es dazu ausreicht, sich gegen den Diktator zu verschwören.[78] Die Balance zwischen notwendiger Zusammenarbeit und möglichst geringem Vertrauen unter den Regierungsmitarbeitern zu halten, ist die große Kunst eines Diktators – wenn wir das einmal so ausdrücken dürfen. Häufig genug sind Diktatoren daran gescheitert, und dann stand es schlecht um sie.

Nehmen wir einmal an, unser Beispieldiktator habe die Balance zumindest bisher gut gehalten. Daher arbeiten die sechs Führungspersonen zwar in Regierungsdingen zusammen, aber darüber hinaus trauen sie einander nicht über den Weg. Um nachvollziehen zu können, was das bedeutet, müssen wir ihre gegenseitigen Einschätzungen irgendwie in Zahlen fassen, und das ma-

[77] Machiavelli (1513/2017).

[78] Eine eindrucksvolle Analyse, wie es Hitler bis zum schicksalsträchtigen 20. Juli 1944 immer wieder – wenn auch oft nur knapp – gelungen war, einer wirksamen Verschwörung der Widerständler unter den Wehrmachtsoffizieren zu entgehen, findet sich bei Fest (1994).

chen wir wieder mit Wahrscheinlichkeiten.[79] Der Ordnung halber sei angemerkt, dass diese Wahrscheinlichkeiten nur ausdrücken, welche Chancen die jeweilige Person sich dafür ausrechnet, dass ihre jeweilige Strategie aufgeht. Es handelt sich also nicht um objektive Chancen, sondern immer um eigene Einschätzungen.

So ein Polizeichef ist für die innere Sicherheit da. Er entscheidet über den Einsatz von Sicherheitskräften gegen die eigene Bevölkerung. Für den Diktator ist er daher zugleich mächtig und gefährlich: Er kann seine Macht wie gewünscht gegen eine möglicherweise protestierende Bevölkerung richten, aber er kann sie im Prinzip ebenso gegen den Diktator wenden. Natürlich gilt all das auch für jeden der Generäle, denn die sind ja in gleicher Weise zugleich wichtig und gefährlich. Aber um die Dinge einfach zu halten, ist es in unserem Beispiel allein der Polizeichef, der von sich aus überhaupt nur auf die Idee kommt, den Diktator zu stürzen.

Obwohl der Polizeichef in doppelter Hinsicht gefährlich ist, wird er allein einen Umsturz dennoch kaum schaffen. Warum? Sollte er seine Sicherheitskräfte auf den Diktator hetzen, kann dieser (mindestens) einen der Generäle anrufen, damit er den Polizeichef überwältigt und vorläufig den Befehl über die Polizei übernimmt. Hierzu kann der Diktator den Polizeichef im Vorfeld vom Geheimdienstchef bespitzeln und allein schon beim leisesten Verdacht vom höchsten Richter zu Gefängnis verurteilen lassen. Ganz so kann er das mit jeder einzelnen der übrigen Führungspersonen machen, und genau das macht das Prinzip *divide et impera* aus. Vorausgesetzt ist freilich immer, dass stets genügend Führungskräfte bleiben, welche den Befehlen des Diktators folgen.

Jeder Einzelne von ihnen muss zu jedem Zeitpunkt die Frage prüfen: Soll ich den Befehlen des Diktators folgen oder nicht? Sehen wir uns hierzu Tabelle 5 an. Dort sind in der ersten Spalte die Kürzel der Akteure zu finden: Polizeichef P, Geheimdienstchef S, die Generäle G1, G2 und G3 und der Richter R. In der zweiten Spalte steht die Lebensqualität aller Führungskader mit Ausnahme des Diktators unter der Bedingung, dass sie gegenüber dem Diktator loyal bleiben und keinen Umsturz wagen. In der dritten Spalte steht die Lebensqualität unter den Bedingungen, dass ein Umsturz stattgefunden hat, erfolgreich war und alle mit Ausnahme des Polizeichefs auf ih-

[79] Siehe für die Logik der folgenden Analyse: Tullock (1974); Casper/Tyson (2014); Apolte (2015).

rem ursprünglichen Posten verblieben sind: Dann wird sich der Polizeichef als Diktator einer Lebensqualität von 400 erfreuen, und die übrigen werden bei einer von 100 bleiben.

Tabelle 5. Lebensqualität der Führungskräfte

	Lebensqualität ohne Umsturz	Lebensqualität mit Umsturz	Wahrscheinlichkeit eines gelungenen Umsturzes	Erwartete Lebensqualität bei allein versuchtem Umsturz
P	100	400	0,20	80
S	100	100	0,16	16
G1	100	100	0,16	16
G2	100	100	0,16	16
G3	100	100	0,16	16
R	100	100	0,16	16

Ohne dass dies für unsere Ergebnisse wichtig wäre, nehmen wir einmal ganz willkürlich an, dass der Polizeichef noch in einer weiteren Hinsicht gefährlicher sei als die anderen Führungspersonen. Das erkennt man daran, dass er eine Chance von 20 Prozent hat, allein einen Putschversuch zum Erfolg zu führen. Die finden wir als 0,2 in der vierten Spalte von links. Die übrigen Führungspersonen haben jeweils nur eine Chance von 16 Prozent (oder 0,16), wenn sie es jeweils allein versuchen sollten. Wenn wir diese Wahrscheinlichkeiten alle zusammenzählen, dann kommen wir auf 100. Wir stellen uns also vor, dass die Chance eines erfolgreichen Putsches tatsächlich auf 100 Prozent steigt, wenn alle Führungsmitglieder sich zu einem Umsturzversuch verschwören. Wenn sich der Polizeichef dagegen mit nur einer der weiteren Führungspersonen zusammentut, dann sind die Chancen 0,2 plus 0,16 und damit 0,36 oder 36 Prozent; und so weiter. Sich das so vorzustellen, ist eigentlich ganz plausibel, denn wenn sich alle Führungspersonen gegen den Diktator verschwören, dann hat der Diktator nichts mehr, was er dagegenhalten könnte. Er steht buchstäblich allein da. Aber je weniger Führungspersonen mitmachen, desto kleiner wird jeder, der teilnimmt, seine Chancen einschätzen, dass es klappt.

Starten wir also mit der Ausgangslage ohne Umsturz. Wenn von dort aus der Polizeichef ganz allein seine Loyalität zum Diktator aufgibt, dann wird er mit einer Wahrscheinlichkeit von 20 Prozent erfolgreich sein, aber mit einer Wahrscheinlichkeit von 80 Prozent daran scheitern. Der Erwartungswert der Lebensqualität eines ganz allein meuternden Polizeichefs ist daher 0,2 mal 400 plus 0,8 mal null, denn für den Fall des Scheiterns kommt er ins Gefängnis mit einer Lebensqualität von null. Das Ergebnis ist ein Erwartungswert von 80, und den finden wir in der Zeile P ganz rechts. Es lohnt sich also für den Polizeichef nicht.

Was für den Polizeichef gilt, das gilt für die übrigen Führungspersonen erst recht. Denn die sind erstens weniger gefährlich, und sie wollen ja zweitens nicht einmal Diktator sein. Sie sind zufrieden mit ihrer Lebensqualität von 100 und würden das am liebsten auf ewig so festschreiben. Jede einzelne von diesen Führungspersonen würde mit einer Wahrscheinlichkeit von 100–16, also mit 84 Prozent scheitern, wenn sie auf die Idee käme, ganz allein einen Umsturzversuch zu wagen. Nach einem geglückten Umsturz hätte sie 100, nach einem gescheiterten hätte sie dagegen null. Der Erwartungswert ihrer Lebensqualität im Falle eines Umsturzversuchs wäre daher 0,16 mal 100 plus 0,84 mal null, und das macht 16. Ziemlich sinnlos, sich unter solchen Bedingungen mit Umsturzgedanken überhaupt nur zu tragen.

So scheint es zu sein, doch das ist falsch. Richtig ist, dass wir den Führungspersonen anraten sollten, jederzeit zu einem Umsturzversuch bereit zu sein. Wieso das? Weil ihr Job nur dann gesichert ist, wenn der Diktator sie als stets loyaler Mitstreiter in Erinnerung hat – und zwar heute, morgen und überhaupt immer. Wenn der Diktator sie aber auch in einem künftigen Rückblick stets als loyal in Erinnerung haben soll, dann setzt das voraus, dass sie bereits heute loyal zu ihm sein müssen. Aber zu wem genau? Wer heute Diktator ist, wird jede Führungsperson wissen. Aber wer wird morgen Diktator sein und sich im Rückblick daran erinnern, ob die eine oder andere Führungsperson loyal war? Diese Frage wird spätestens dann relevant, wenn heute ein Putsch in der Luft liegt.

Klar ist: Mit jeder zusätzlichen Führungsperson, die sich einem Umsturzversuch anschließt, steigt die Wahrscheinlichkeit seines Gelingens. Wenn es der Polizeichef allein versucht, ist die Wahrscheinlichkeit 20 Prozent, wenn sich noch ein weiterer anschließt, liegt sie schon bei 36 Prozent; und wenn sich alle außer einem dem Putsch anschließen, dann liegt sie gar bei 84 Prozent. Wenn ein Putsch aber tatsächlich gelingt, dann wird es ungemütlich für eine Führungsperson, die sich daran nicht beteiligt hat. Denn sie sieht sich plötzlich einem neuen Diktator gegenüber, und ausgerechnet dem hat sie von Beginn an ihre Loyalität verweigert; als dieser nämlich den Umsturz organisierte.

Umgekehrt gilt: Versucht jemand einen Putsch, und es schließen sich nur wenige Führungspersonen an, während die anderen dem amtierenden Diktator die Treue halten, dann gelingt der Putsch wahrscheinlich nicht. Scheitert er wirklich, dann wird es für jene ungemütlich, die sich dem Putschversuch angeschlossen haben. Wiederum wird es allein deshalb ungemütlich, weil man illoyal gegenüber dem Diktator war; nur diesmal nicht gegenüber jenem, der geputscht hat, sondern gegenüber jenem, der dem Putsch erfolgreich getrotzt hat.

Wem soll ein einzelnes Führungsmitglied also seine Loyalität schenken? Dem alten Diktator oder seinem Rivalen? Das hängt davon ab, wem die übrigen Führungspersonen ihre Loyalität schenken; und deren Entscheidung hängt wieder davon ab, was die jeweils anderen tun. Das bringt jede einzelne Führungsperson in eine ausgesprochen prekäre Situation, selbst und gerade dann, wenn sie doch eigentlich am liebsten in Ruhe auf ihre Pensionierung gewartet hätte. Denn wenn ein Putsch in der Luft liegt, wird jede von ihnen gezwungen, sich auf die eine oder die andere Seite zu schlagen und ihre jeweilige Loyalität aktiv unter Beweis zu stellen. Wenn sie ihre Loyalität zum Diktator beweisen möchte, muss sie im Zweifel mit Gewalt gegen jene Führungspersonen vorgehen, die zu den Putschisten übergelaufen sind. Wenn sie dagegen ihre Loyalität zu den Putschisten beweisen möchte, muss sie sich im Zweifel mit Gewalt gegen jene Führungspersonen wenden, welche loyal zum Diktator geblieben sind. Was immer sie auch tut: Es kann der Fehler ihres Lebens werden.

Sehen wir uns das konkreter an. Was geschieht, wenn der Polizeichef den Umsturz allein versucht, wissen wir schon. Es wird ihm mit einer Wahrscheinlichkeit von nur 20 Prozent gelingen, so dass seine erwartete Lebensqualität 0,2 mal 400 und damit 80 ist. Unterlässt er den Umsturzversuch, dann hat er immer 100. Damit ist auch klar, wie sich seine erwartete Lebensqualität verändert, wenn er einen Umsturzversuch plant. Sie sinkt von 100 auf 80, und damit ist die Veränderung –20. Genau das finden wir in der Zeile P und der dritten Spalte von Tabelle 6. Wir wollen sie die Zeile P nennen, weil sie die Wahrscheinlichkeiten und die Lebensqualitäten für den Fall wiedergibt, dass der Polizeichef P allein einen Umsturz wagt.

Schafft es der Polizeichef nun, weitere Führungspersonen auf seine Seite zu ziehen, dann ändern sich die Dinge. Wenn sich beispielsweise der Geheimdienstchef S dem Polizeichef anschließt, dann liegt die Wahrscheinlichkeit des Gelingens schon bei 36 Prozent. Die erwartete Lebensqualität des Polizeichefs für diesen Fall wäre 0,36 mal 400, also 144. Das bedeutet einen Anstieg von 100 auf 144, also um 44. Diesen Zuwachs finden wir in der dritten Spalte von Tabelle 6, und zwar in der Zeile P+S. Wir nennen sie die Zeile P+S, weil sie die Lebensqualitäten und Wahrscheinlichkeiten für den Fall wiedergibt, dass sich der Polizeichef P und der Geheimdienstchef S zusammenschließen.

Tabelle 6. Henne-Ei-Problem der Führungskräfte

	Summe der Wahrscheinlichkeiten eines gelungenen Umsturzes	Veränderung der erwarteten Lebensqualität von P durch Beteiligung an einem Umsturzversuch	Veränderung der erwarteten Lebensqualität von S, G1, G2, G3, R durch Beteiligung an einem Umsturzversuch
P	0,20	–20	–
P+S	0,36	44	–44
P+S+G1	0,52	108	–12
P+S+G1+G2	0,68	172	20
P+S+G1+G2+G3	0,84	236	52
Alle	1,00	300	84

Für den Polizeichef würde sich das also lohnen. Aber wie sieht es mit dem Geheimdienstchef S aus? Für ihn gilt: Solange ihn der Regierungschef als loyal in Erinnerung behält, bleibt er im Amt und darf eine komfortable Lebensqualität von 100 genießen – die einzige, auf die es ihm ankommt. Erinnert sich der Regierungschef aber an einen illoyalen Geheimdienstchef, dann verliert der sein Amt und landet im Gefängnis mit einer Lebensqualität von null. Nur: Wer wird morgen der Diktator sein, der sich an einen loyalen oder illoyalen Geheimdienstchef von heute erinnert? Der heutige Polizeichef? Oder der heutige Diktator?

Das kann nicht einmal ein Geheimdienstchef sicher wissen. Daher muss er wie folgt spekulieren: Schließt er sich an, dann beträgt die Wahrscheinlichkeit des Gelingens 36 Prozent. Seine erwartete Lebensqualität für diesen Fall beträgt deshalb 0,36 mal 100, also 36. Schließt er sich dagegen nicht an und überlässt dem Polizeichef die Sache allein, dann beträgt die Wahrscheinlichkeit des Gelingens noch immer 20 Prozent. Daher beträgt die erwartete Lebensqualität des Geheimdienstchefs 0,8 mal 100, also 80.

Schließt er sich also an, dann muss er mit einem Rückgang seiner Lebensqualität von 80 auf 36 rechnen, also mit einer Differenz von –44. Diese Differenz finden wir wiederum in der Zeile P+S von Tabelle 6, und zwar ganz rechts. Solange diese Differenz negativ ist, lohnt es sich nicht, sich dem Polizeichef anzuschließen. Für den Geheimdienstchef ist sie negativ, also sollte er sich im Falle eines Putschversuchs dem Polizeichef besser nicht anschließen – allerdings nur so lange, wie alle anderen gegenüber dem amtierenden Diktator loyal bleiben.

Eine Garantie ist diese Strategie für den armen Geheimdienstchef aber trotzdem nicht. Denn der Putsch des Polizeipräsidenten wird zwar sehr wahrscheinlich scheitern; aber sicher ist das nicht. In immerhin 20 von 100 Fällen wird er gelingen; und dann sieht es für den Geheimdienstchef schlecht aus. Daher finden wir: Sobald irgendeine einflussreiche Führungsperson – und sei es nur eine ganz allein – einen Putschversuch plant, ist es für alle anderen mit der Gemütlichkeit vorbei. Denn wie sich diese anderen in einem solchen Falle auch immer positionieren, es gibt immer eine gewisse Chance, versehentlich auf genau der falschen Seite zu landen. Dagegen gibt es keine Versicherung.

Für den Polizeichef hätte sich der Umsturz dann gelohnt, wenn sich der Geheimdienstchef ihm angeschlossen hätte. Dann wären wir in Zeile P+S, und dort lesen wir: Der Polizeichef hätte einen Zuwachs seiner erwarteten Lebensqualität von 44. Das hätte sich wohl gelohnt. Aber für den Geheimdienstchef hätte es sich nicht lohnt, denn er hätte –44. Weil er deshalb abwinkt, rutschen wir eine Zeile höher auf Zeile P, und dort sehen wir: Nun lohnt es sich für den Polizeichef auch nicht mehr, denn in der Zeile P hat er unter diesen Bedingungen –20, und das liegt daran, dass er die Sache ganz allein versuchen müsste, was höchstwahrscheinlich schiefgeht. Also sieht er ganz davon ab. Gut für den Diktator.

Nehmen wir nun einmal an, es stünde ein Zusammenschluss des Polizeichefs, des Geheimdienstchefs und des Generals G1 im Raum. Dann wären wir in der Zeile P+S+G1. Für den Polizeichef würde sich das richtig lohnen, denn er könnte mit einem Zuwachs von satten 108 Einheiten an Lebensqualität rechnen. Aber für den Geheimdienstchef und für den General 1 würde sich das noch immer nicht lohnen. Ihre erwartete Lebensqualität würde sich nämlich um –12 verändern, also sinken. Daher springt der General ab, wir rutschen eine Zeile höher und landen in der Zeile P+S. Dort sehen wir, dass der Geheimdienstchef dann immer noch –44 verbuchen müsste, wenn er mitmachte. Also springt er ebenfalls ab, wir rutschen erneut aufwärts und landen in der Zeile P. Einmal dort angekommen, lohnt es sich für den Polizeichef auch nicht mehr, so dass er sein Projekt wieder begraben kann. Wiederum: Gut für den Diktator.

Gehen wir schließlich noch einen Schritt weiter und nehmen einmal an, es schlössen sich der Polizeichef, der Geheimdienstchef und dann auch General 1 und General 2 an. Dann wären wir in der Zeile P+S+G1+G2. Für den Polizeichef wäre das noch einmal mehr lohnend, denn er könnte mit einem Zuwachs von 172 rechnen. Und in der ganz rechten Spalte sehen wir: Nun lohnt es sich auch für die anderen! Denn auch deren Differenz ist plötzlich positiv. Plus 20, um genau zu sein. Also werden S, G1 und G2 bei der Stange bleiben. Gut für den Polizeichef. Aber schlecht für den Diktator.

Und was ist dann mit G3? Ganz einfach, er wird sich beeilen, auch dabei zu sein. Wenn er das aber tut, rutschen wir abwärts in die Zeile P+S+G1+G2+G3, und dort lesen wir: Für S, G1, G2 und G3 steigt die erwartete Lebensqualität um 52, wenn sie sich beteiligen. General G3 sollte also unbedingt dabei sein. Bleibt noch der Richter R. Was ist mit ihm? Auch für ihn gilt jetzt das, was schon für alle anderen gegolten hatte. Schließt er sich also an, dann rutschen wir noch eine Zeile weiter nach unten, und zwar in die Zeile „Alle“. Dort finden wir: Die erwartete Lebensqualität für S, G1, G2, G3 und R wächst um 84, wenn sie sich beteiligen. Warum steigt mit jedem, der sich anschließt, die erwartete Lebensqualität für alle? Ganz einfach, weil mit jedem, der zusätzlich teilnimmt, die Wahrscheinlichkeit steigt, dass die Sache gelingt. Das sehen wir in der zweiten Spalte. Zugleich sinkt die Wahrscheinlichkeit, dass der Putsch scheitert und alles beim Alten bleibt. Wer also bemüht ist, auf der richtigen Seite zu stehen, muss nun dringend die Seiten wechseln.

Fassen wir zusammen: Solange die Verschwörung am Anfang hinreichend klein ist, bricht sie immer wieder in sich zusammen. Einer nach dem anderen springt ab. Hat sie dagegen eine bestimmte kritische Masse einmal überschritten, dann wird die Verschwörung immer größer, bis sich am Ende alle angeschlossen haben. In unserem Beispiel ist die kritische Masse, die erreicht werden muss, vier. Sind vier einmal erreicht, werden es am Ende alle sein. Werden die vier dagegen nicht erreicht, wird es am Ende niemand mehr sein. Kommt uns das bekannt vor? Aber sicher: Es ist das Henne-Ei-Problem. Was wir bei Massenaufständen für große Gruppen gefunden haben, taucht hier auf kleinerer Ebene gleich wieder auf – wenn auch in einer etwas anderen Form. Alles, was ein Diktator tun muss, ist daher dies: Halte im Großen wie im Kleinen jeden Widerstand unterhalb jener kritischen Masse, ab der sich die Dynamik umkehrt. Dann bleibt das Henne-Ei-Problem aller Oppositionellen bestehen, und Du bist sicher. Wenn das in der Praxis nur so einfach wäre!

Obwohl die Dynamik bei Massenaufständen und im Kern der autokratischen Macht dieselbe ist, gibt es im Detail nicht ganz unwichtige Unterschiede. Im Beispiel der Massenaufstände dient die große Masse aller Teilnehmer ausschließlich als Schutzschild für jeden Einzelnen. Im Beispiel der Führungskader ist das anders: Hier muss jeder jeden anderen fürchten. Das liegt daran, dass jedes einzelne Mitglied aktiv und im Zweifel gewaltsam seine Loyalität zum Lager des alten Diktators oder zu jenem der Putschisten unter Beweis stellen muss. So wird jeder für jeden anderen zu einer potenziellen Gefahr, und die wird akut, sobald jemand seine Loyalität wechselt: vom alten Diktator zum neuen oder umgekehrt.

Ein weiterer Unterschied ist dieser: Jeder mögliche Teilnehmer an Massenprotesten hat jederzeit eine sichere Rückzugsoption. Er kann einfach zu Hause bleiben und sich nicht an der Sache beteiligen. Wer sich bei Massenprotesten passiv verhält, dem geschieht auch nichts. Die Folgen davon kann man in der Praxis sehen: Selbst bei den größten Massenprotesten sind die meisten Bürger einfach zu Hause geblieben. Sicher ist sicher. Die größte Demonstration am Ende der DDR-Zeit umfasste rund eine Million Menschen, die sich auf und um den Alexanderplatz in Berlin versammelt hatten. Das war viel, aber immer noch nicht mehr als ein Sechzehntel der DDR-Bevölkerung; und das, obwohl die Gefahr des Teilnehmens zu dieser Zeit praktisch bereits sehr nahe bei null lag.

Eine vergleichbare Rückzugsoption haben die Führungspersonen einer Diktatur nicht. Für sie gilt vielmehr: Wenn es ungemütlich wird, müssen sie handeln. Sie müssen sich entscheiden, wem sie ihre Loyalität schenken und wem nicht. Der Diktaturforscher Gordon Tullock fasst den Unterschied so zusammen:

„Die meisten Mitglieder der großen Masse sind gut beraten, inaktiv zu bleiben. Dagegen wären die meisten Mitglieder der Regierung ganz schlecht beraten, wenn sie sich in einem Konflikt neutral verhielten."[80]

Nicht neutral zu sein, setzt aber eine Einschätzung darüber voraus, wer morgen Diktator sein wird. Diktator zu sein ist gefährlich, das hatten wir schon. Aber Führungskader in einer Diktatur zu sein, ist stets mindestens so gefährlich. Und es kommt noch schlimmer. Denn die Prognose darüber, wer morgen Diktator sein wird, ist keine Frage von Fakten, wie beim Wetter. Vielmehr gilt: Wer morgen Diktator ist, hängt davon ab, wie viele sich ihm heute anschließen. Und wie viele sich ihm heute anschließen, hängt wiederum von der Prognose darüber ab, wer morgen Diktator sein wird. Da beißt sich die Katze in den Schwanz. Wie soll in einer solchen Situation eine vernünftige Prognose möglich sein?

Es liegt nahe zu glauben, dass gerade die Macht eines Diktators ganz besonders von harten Fakten abhängt, wie zum Beispiel von der Verfügbarkeit von Panzern, Gefängnissen, Folterinstrumenten und wer weiß was noch. Aber das ist nicht einmal die halbe Wahrheit. Wichtiger ist dies: Die Macht eines Diktators hängt davon ab, für wie mächtig ihn die Leute halten. Und dabei geht es erst einmal gar nicht um die kleinen Leute, die ihr bescheidenes Leben führen und sich aus Angst vor den Schergen des Diktators lieber ruhig verhalten. Da geht es in erster Linie um die Schergen selbst! Oder besser gesagt, um deren Befehlshaber, um den Geheimdienstchef, der den Befehl gibt, die Leute auszuspionieren; um den Polizeichef, der den Befehl gibt, die Leute zu verprügeln oder auf sie zu schießen; um den Richter, der sie zu Gefängnis verurteilt; und im Zweifel auch um die Generäle, die ihre Truppen auf die Straße schicken, um die kleinen Leute einzuschüchtern und im Zweifel ein paar, ein paar hundert oder gar ein paar tausend umzubringen, wenn die Anwesenheit der Panzer zum Einschüchtern allein nicht reichen sollte. Sie allein sind es am Ende, die bestimmen, ob es zur „chinesischen Lösung" kommt oder zum Kollaps eines Regimes. Sie sind die Kettenhunde eines jeden Diktators.

Aber treu zum Diktator bleiben die Kettenhunde exakt so lange, wie sie selbst den Diktator für mächtig halten. Wie mächtig war Honecker also, als er den Befehl zur „chinesischen Lösung" gab, ihn aber nicht selbst ausführen konnte? Was kann Macht überhaupt bedeuten, wenn der Diktator über

[80] Tullock (1974), S. 66 (Übers. d. Verf.).

die Waffen doch gar nicht selbst verfügt? Ebenso wenig über die Panzer, die Geheimdienstinformationen, die Schlüssel zu den Kerkern und alles sonst? Es bedeutet dies: Die Macht des Diktators besteht in dem Glauben der Kettenhunde daran, dass der Diktator mächtig ist. Solange sie diesen Glauben haben, werden sich alle Kettenhunde gegenseitig misstrauisch beäugen. Wer von ihnen auch nur den leisesten Verdacht auf Illoyalität zum Diktator weckt, wird von den übrigen Kettenhunden angegriffen; und wer von den übrigen Kettenhunden es dabei an Angriffslust mangeln lässt, weckt selbst wieder Verdacht auf Illoyalität und ist daher allzu leicht Ziel des nächsten Angriffs.

Umgekehrt gilt: Wird der Glaube der Kettenhunde an die Macht des Diktators aus irgendwelchen Gründen erschüttert, dann kann es für den Diktator sehr schnell sehr eng werden. Denn sobald solche Erschütterungen eine kritische Masse erreicht haben, lässt ein Kettenhund nach dem anderen von der Bewachung der übrigen Kettenhunde ab und wendet sich gegen den Diktator selbst – und gegen jene, die jetzt noch immer loyal zum Diktator sind. Das Merkwürdige daran ist: Alle miteinander müssen überhaupt nicht unzufrieden sein mit dem Diktator, sie müssen sich nicht zurückgesetzt fühlen oder in sonstiger Weise irgendetwas an ihm auszusetzen haben. All das zählt nicht. Es zählt nur das: Sie müssen zu der Überzeugung gelangen, dass der Diktator schwach (geworden) ist. Hat diese Überzeugung die kritische Masse erreicht, dann ist der Diktator verloren.

Kann ein Diktator im Wissen um diese Fakten gut schlafen? Ja und nein. Bleiben wir in unserem Beispiel. Einerseits: Wenn die ersten vier Führungspersonen sich gegen den Diktator zusammengeschlossen haben, dann löst das eine Kettenreaktion mit der Folge aus, dass sich alle anderen Führungspersonen dem Umsturzversuch ebenfalls anschließen. Andererseits: Wie sollen die ersten drei zusammenkommen, wenn es sich erst ab dem vierten lohnt und der dritte daher abwinkt, solange der vierte noch nicht dabei ist; und wenn der zweite abwinkt, solange der dritte und der vierte noch nicht dabei sind; und wo schließlich auch dem ersten die Sache zu heiß wird, solange die anderen nicht mitspielen?

Das ist das Henne-Ei-Problem in einer überschaubar kleinen Gruppe. Dessen Überwindung gelingt manchmal und manchmal nicht. Ob seine Überwindung gelingt, bestimmt auch hier wieder nicht zuletzt der Zufall. Wenn nichts mehr auf der Welt passierte, nachdem sich alle Führungspersonen auf ein loyales Verhalten gegenüber dem Diktator festgelegt haben, dann bliebe es für alle Tage bei einer stabilen Diktatur. Niemand würde sein loyales Verhalten gegenüber dem Diktator verändern, solange kein anderer sein loyales Verhalten verändert; und weil aus der Sicht eines jeden Einzelnen keiner der jeweils anderen sein loyales Verhalten verändert, wird es auch dieser Einzelne nicht tun. Da das für jeden Einzelnen gilt, sprechen wir von einem stabilen Gleichgewicht. Es zeichnet sich dadurch aus, dass es aus sich selbst heraus keine Veränderungen erzeugen kann.[81]

Dieselbe Logik gilt für den Fall der Massenproteste, solange die kritische Masse an Teilnehmern nicht erreicht werden kann. Dieses stabile Gleichgewicht ist die Machtbasis eines Diktators; und zwar gegenüber der Masse des Volkes in ganz ähnlicher Weise wie gegenüber der überschaubaren Zahl der politischen Führungspersonen – am Ende allerdings kommt es nie auf die Massen, sondern immer auf die Führungspersonen an.

Wie gesagt, bleibt ein solches Gleichgewicht unter unseren einfachen Annahmen aus sich heraus nur stabil, wenn von außen keine Änderungen einwirken. Dumm für den Diktator ist, dass sich die Welt jeden Tag verändert, aus Millionen von Gründen. Die meisten Dinge, die da passieren, werden für einen erfahrenen Diktator bedeutungslos sein und können das stabile Gleichgewicht nicht erschüttern. Aber manche Veränderungen betreffen die Grundlagen des Gleichgewichts selbst. Wenn sie bedeutend genug sind, dann können sie das Gleichgewicht der Diktatur aus den Angeln heben.

Für jede Führungsperson ist die Wahrscheinlichkeit eines gelungenen Umsturzes die wichtigste Information überhaupt. Sie einzuschätzen ist sogar für jene wichtig, die grundsätzlich nicht das geringste Interesse daran haben, den Diktator zu stürzen. So oder so sind sie alle dazu verdammt, die Stärke des Diktators einzuschätzen und dann über Loyalität oder Illoyalität zu entscheiden. Wir wissen aber auch schon: Die Wahrscheinlichkeiten sind nicht naturgegeben. Vielmehr beruhen sie auf subjektiven Einschätzungen. Sie

---

[81] Könnte ein Diktator entgegen unserer Annahme die Lebensqualität der Führungspersonen über das Niveau von 100 hinaus aufstocken, so könnte der Polizeichef mindestens drei Führungspersonen eine solche Aufstockung versprechen für den Fall, dass sie ihre Loyalität wechselten. Damit könnte er das Gleichgewicht aushebeln und es wäre nicht mehr stabil. Es lässt sich allerdings zeigen, dass es dann überhaupt kein stabiles Gleichgewicht mehr geben kann (s. Apolte, 2012, Abschnitt 4). Allerdings gilt auch das wiederum nur, wenn die Versprechungen des Polizeichefs glaubwürdig (fachsprachlich: zeitkonsistent) sind, was wiederum nicht unbedingt plausibel ist. Die sich hieran anschließenden Fragen würden die Analyse allerdings sehr viel komplizierter machen, ohne unsere grundlegenden Ergebnisse zu ändern.

sind also nichts weiter als mehr oder weniger gut begründete Vermutungen, beispielsweise die Vermutung unseres Polizeichefs, dass ihm ein Umsturzversuch in 20 von 100 Fällen gelingen wird. Ebenso ist es eine mehr oder weniger gut begründete Vermutung der übrigen Führungspersonen, dass ihnen eine solche Tat in 16 von 100 Fällen gelingen würde, wenn sie sie allein begingen. Mehr ist es nicht, aber dennoch beruhen alle Entscheidungen darauf.

Aber worauf können solche Vermutungen selbst wieder beruhen? Welche von außen kommenden Effekte können die Vermutungen so drastisch verändern, dass sie ein anfänglich stabiles Gleichgewicht aus den Angeln heben? Da gibt es zahlreiche Kandidaten. Einer davon sind Massenproteste, die sich aus irgendeinem Grund entwickelt haben; vielleicht, weil ein unvorsichtiger Diktator wie Ceaușescu die Massen selbst zusammengebracht hat; oder weil – wie in China 1989 – der Zufall eine Kombination von fokalen Punkten und Katalysatoren auf eine für den Diktator unglückliche Weise zusammengefügt hat. Irgendein Funke hat das Fass eines unterschwelligen Unmuts zum Explodieren gebracht, vielleicht nach Monaten, Jahren oder gar Jahrzehnten der Ruhe.

Ist das einmal geschehen, dann tut jede einzelne Führungsperson gut daran, ihre Einschätzungen über die Sicherheit und Macht des Diktators schleunigst neu zu justieren. Allein die Tatsache, dass die Führungspersonen dazu überhaupt nur Anlass haben, schwächt schon die Macht des Diktators. Denn das Letzte, was er aufkommen lassen darf, sind Zweifel an seiner Macht. Genau die aber kommen jetzt auf. Schließlich ist ihm die Lage auf der Straße schon aus dem Ruder gelaufen, was nicht eben ein Beweis seiner Macht ist; und deshalb ist gerade jetzt jede Führungsperson gut beraten, neu zu bestimmen, auf welches Pferd sie setzt. Alles läuft auf die eine Frage hinaus: Wer wird morgen der Diktator sein? Und wer das sein wird, hängt wiederum davon ab, von welcher Person die Führungskader glauben, dass sie der Diktator von morgen sein wird. Dass in einem solchen Anpassungsprozess der Erwartungen und Strategien kaum vorhersehbare Dinge geschehen, ist leicht vorstellbar. Daher sind die Folgen von Massenprotesten für ein Regime kaum zu prognostizieren. Alles erscheint möglich. Nur eines ist unwahrscheinlich: dass in der engen Führungsriege überhaupt keine Köpfe rollen. Nur: Wessen Köpfe rollen, das ist vorab erst einmal ungewiss.

Grundsätzlich gibt es eine Vielzahl möglicher weiterer Verlaufswege. Zwei davon sind für uns besonders interessant. Sie beginnen alle ungefähr so:

Irgendein fokaler Punkt und ein paar Katalysatoren koordinieren das Handeln der besonders Mutigen, was zunächst vorsichtige Protestaktionen zur Folge hat. Irgendwann überschreitet der Umfang der Proteste die kritische Masse, und danach gerät die Lage schnell aus dem Ruder. Einer der wenigen, der diese Dynamik dann noch unterbrechen kann, ist der Polizeichef mit seinen Sicherheitskräften. Aber er erkennt sofort seine gewachsene Bedeutung und verlangt Vollmachten und Geld, um die Proteste niederschlagen zu können. Das wiederum stärkt seine Macht, aber nicht nur gegenüber der Bevölkerung, sondern auch gegenüber dem Diktator.[82] Dem Diktator bleibt aber nichts anderes, als dieses Risiko einzugehen, denn mit bloßen Händen wird er die Protestierenden gewiss nicht zur Raison bringen.

Damit ist eines klar: Der Diktator muss dem Polizeichef Zugeständnisse machen, quasi unter dessen Schutzmantel schlüpfen. Das schwächt den Diktator innerhalb des Machtkerns weiter, und diese Schwächung wittern sogleich die Kettenhunde. Bildlich gesprochen heben sie den Kopf, um zu prüfen, woher die Witterung kommt. Weniger bildlich gesprochen korrigieren sie ihre Einschätzung bezüglich der Macht des Diktators und damit bezüglich der Wahrscheinlichkeit, dass dieser einen Umsturzversuch übersteht: einen, den der Polizeichef allein versucht, einen, den der Polizeichef mit einem von ihnen versucht, oder mit zweien, oder mehr. All das schätzen sie ab, damit sie jederzeit entscheiden können, wem sie ihre Loyalität künftig schenken.

In unserem Beispiel geht der Machtverlust des Diktators zuerst einmal allein zugunsten des Polizeichefs. Nur für ihn ist es ja überhaupt interessant, einen Machtwechsel herbeizuführen. Zugleich ist der Polizeichef aber der Mensch, auf den der Diktator angewiesen ist. Damit geht ein Anstieg der Wahrscheinlichkeit einher, dass ihm ein Umsturzversuch ganz allein gelingt. All das stellt den Polizeichef vor die Frage, ob er seine neue Machtfülle wie gewünscht zur Niederschlagung der Proteste oder ganz im Gegenteil für einen Umsturz des Diktators zu nutzen versucht. Die übrigen Kettenhunde wissen das und beobachten den weiteren Verlauf genau. Denn sie müssen jederzeit entscheiden, ob sie loyal zum alten Diktator den Polizeichef angreifen oder umgekehrt loyal zum Polizeichef den alten Diktator. Diese Entscheidung dürfen sie unter keinen Umständen zu früh und unter keinen Umständen zu spät fällen. Wer den richtigen Zeitpunkt verpasst, fin-

[82] Der amerikanische Politologe Milan Svolik (2012; 2013) analysiert diesen Zusammenhang mit Hilfe formaler Theorie und untermauert ihn durch statistische Tests.

det sich morgen nicht mehr in seinem Büro, sondern eher im Gefängnis wieder. Wer zu voreilig ist, dem geht es ebenso.

Die Massenproteste selbst könnten dem Polizeichef durchaus zupasskommen. Denn mit seinem Umsturzversuch kann er sich zum Anwalt der Protestierenden machen, was Vermutungen zerstreut, er ziele lediglich auf das Amt des Regierungschefs ab. Obwohl dem natürlich so ist, stellt er sich nach außen als Retter der Nation zur Verfügung, wo er doch immer schon ein Kritiker des bösen Diktators war. Die Massenproteste können dem Polizeichef also gleich von Beginn an eine gewisse Legitimität als neuer Regierungschef verleihen, vorausgesetzt, er war zuvor in der Bevölkerung nicht schon diskreditiert. Deshalb ist ein möglicher Nachfolger eines Diktators auch immer gut beraten, es mit der öffentlich zur Schau gestellten Loyalität zum amtierenden Diktator nicht zu weit zu treiben. Denn das könnte sich im Fall des Falles einmal als Bumerang erweisen.

Um all das in unserem Beispiel einzufangen, nehmen wir in einer ersten Variante Folgendes an: Durch die Massenproteste steigt die Wahrscheinlichkeit, dass dem Polizeichef ganz allein ein Umsturzversuch gelingt, von 20 auf 30 Prozent. Zugleich sinkt für alle anderen Führungskader die Wahrscheinlichkeit, dass ihnen jeweils allein ein Umsturz gelingt, von 16 auf 14 Prozent. Dieses Ergebnis finden wir in Tabelle 7. Sie ist genauso aufgebaut wie Tabelle 6, nur sind die Zahlen an die neuen Wahrscheinlichkeiten angepasst.

Obwohl die Wahrscheinlichkeit, dass dem Polizeichef ein ganz allein betriebener Umsturzversuch gelingt, mit 30 Prozent noch immer relativ niedrig ist, lohnt sich für ihn der Versuch. Wie kommt das? Ganz einfach: Mit einer Wahrscheinlichkeit von 0,3 gelingt ihm der Umsturz, und dann kann er eine Lebensqualität von 400 genießen. Also beträgt der Erwartungswert 0,3 mal 400 oder 120. Ohne Umsturz hat er 100, ein Umsturzversuch lässt den Erwartungswert also um 20 ansteigen. Vor den Massenprotesten lohnte es sich nicht, nun aber doch. Also wagt er es, und im Zweifel wagt er es allein.

Er wird auch allein bleiben, denn für den Geheimdienstchef ist es nach wie vor besser, wenn er loyal zum alten Diktator bleibt. Sein Kalkül ist so: Wenn er mitmacht, beträgt die Wahrscheinlichkeit eines gelungenen Umsturzes 44 Prozent. Damit gilt aber auch: Mit einer Wahrscheinlichkeit von 56 Prozent misslingt die Sache, und er steht mit nichts da. Umgekehrt gilt:

Wenn er sich dem Polizeichef nicht anschließt, dann gelingt diesem der Putsch nur mit einer Wahrscheinlichkeit von 30 Prozent. Sollte er dennoch gelingen, steht der Geheimdienstchef wieder mit nichts da, weil er sich dem neuen Diktator nicht rechtzeitig angeschlossen hatte. Aber mit 70 Prozent misslingt dem Polizeichef die Sache ohnehin. Der Geheimdienstchef kann also im Falle seiner Passivität so rechnen: Mit 70 Prozent misslingt der Putsch des Polizeichefs, und er bleibt auf seiner Position. Das macht 0,7 mal 100, also 70. Würde er sich dagegen anschließen, dann hätte er 0,44 mal 100, also 44. Schließt er sich also an, dann sinkt sein Erwartungswert von 70 auf 44, eine Veränderung von –26. Das finden wir in der Zeile P+S von Tabelle 7, und zwar ganz rechts.

Tabelle 7. Henne-Ei-Problem und Massenproteste

	Summe der Wahrschein-lichkeiten eines gelun-genen Um-sturzes	**Veränderung der erwarteten Lebensqualität von P durch Beteiligung an einem Umsturz-versuch**	**Veränderung der erwarteten Lebensqualität von S, G1, G2, G3, R durch Be-teiligung an ei-nem Umsturz-versuch**
P	0,30	20	–
P+S	0,44	76	–26
P+S+G1	0,58	132	2
P+S+G1+G2	0,72	188	30
P+S+G1+G2+G3	0,86	244	58
Alle	1,00	300	86

Solange sich nicht mindestens noch General 1 dem Polizeichef und dem Geheimdienstchef anschließt, lohnt sich die Sache für den Geheimdienstchef also nicht. Schließt sich General 1 allerdings an, so dreht sich das Spiel. Denn dann wächst die erwartete Lebensqualität von S und G1 um zwei Einheiten, wie wir in der Zeile P+S+G1 ganz rechts ablesen können. Das ist nicht viel, aber es ist positiv. Hat sich General 1 aber erst einmal angeschlossen, dann schließt sich auch General 2 an. Denn dann hat jeder von ihnen schon einen Zuwachs von 30. Damit wiederum holen sie auch noch General 3 ins Boot und danach den Richter R, und am Ende können sie alle einen Zuwachs von 86 verbuchen.

All das wird aber erst dann ins Rollen gebracht, wenn der Geheimdienstchef sich dem Polizeichef angeschlossen hat. Bedenken wir aber: Solange die übrigen sich der Verschwörung noch nicht angeschlossen haben, hat er dazu gar keinen Anlass. Denn solange der Polizeichef die Sache noch allein plant, würde es für den Geheimdienstchef eine Veränderung von –26 bedeuten, wenn er sich dem Polizeichef anschlösse. Das wird er also nicht tun. Tut er es aber nicht, so schließt sich auch G1 nicht an, und das Gleiche gilt für alle anderen. Sie bleiben also unter der kritischen Masse, ab der sie alle ihre Loyalität wechseln. Diese kritische Masse liegt bei zwei Führungspersonen. Erst wenn diese zusammenkommen, schließen sich auch die anderen an. Aber es kommen keine zwei zusammen. Zwar hat der erste – der Polizeichef – einen Anreiz, allein loszuschlagen. Aber der zweite hat keinen Anreiz, sich dem ersten anzuschließen. So bleibt unser Polizeichef schließlich allein mit seinem Versuch.

Warum aber macht es der Polizeichef unter diesen Bedingungen selbst überhaupt, wenn seine Erfolgschance mit 30 Prozent doch immer noch recht niedrig ist? Die Antwort lautet: Weil die Belohnung so hoch ist. Denn 30 Prozent mal 400 ergibt 120, und das ist mehr als 100. Für ihn ist es also lohnend, die aufbrandenden Massenproteste zu nutzen, um einen Umsturzversuch zu wagen, und im Zweifel auch allein.

Gelingt ihm die Sache, dann wird er der neue Diktator, und dann wird er die bisherige Führungsriege austauschen, die sich ihm nicht angeschlossen hatte. Gelingt ihm der Umsturz dagegen nicht, dann landet er selbst im Gefängnis. So oder so rollen also Köpfe von Führungspersonen, und genau das ist es, was wir in der Folge aufbrandender Massenproteste immer wieder beobachten.

Nicht selten rollt der Kopf des Regierungschefs selbst, gern aber auch jener von Personen aus der zweiten Führungsebene: Minister, Polizeichefs, Armeekommandeure oder Leute von vergleichbarem Rang. Nach außen verlieren sie ihre Position, ihre Freiheit oder gar ihr Leben, weil man sie für unfähig befunden hat, für korrupt oder für Verräter des Volkes, weshalb die ganze missliche Lage entstand, die die Massen verärgert und auf die Straße getrieben hat. Aber die wirklichen Gründe sind andere: Sie sind die Verlierer in einem Machtspiel, das getragen wurde von den gegenseitigen Erwartungen darüber, wer wann wen gegeneinander ausspielen konnte. Der Auslöser davon waren die Massenproteste, aber weil nicht jene zur Rechenschaft gezogen werden, die den Unmut des Volkes zu verantworten hatten, wird sich für das Volk in der Regel nichts zum Besseren wenden.

Es gibt aber noch eine drastischere Variante: die nämlich, dass sich im Anschluss an die Massenproteste spontan die ganze Führungsriege gegen den Diktator wendet und ihn davonjagt. Das passiert in unserem Beispiel unter anderem dann, wenn die Wahrscheinlichkeit, dass der Polizeichef ganz allein mit einem Umsturzversuch erfolgreich wäre, im Zuge der Massenproteste gleich auf 40 Prozent oder mehr steigt. Dann wird der alte Diktator buchstäblich aus dem Amt gefegt. Tabelle 8 zeigt, warum. Hier ist angenommen, dass ein vom Polizeichef allein ausgeführter Umsturz zu 50 Prozent erfolgreich ist. Unter dieser Bedingung sollte schnell klar sein: Für den Polizeichef lohnt sich die Sache auch allein. Mit 50-prozentiger Wahrscheinlichkeit wird er neuer Diktator und kann eine Lebensqualität von 400 genießen. Das macht 0,5 mal 400 oder 200. Seine erwartete Lebensqualität steigt von 100 auf 200 und damit um 100. Das zeigt die Zeile P von Tabelle 8 in der dritten Spalte.

Tabelle 8. Sicherer Umsturz

	Summe der Wahrscheinlichkeiten eines gelungenen Umsturzes	**Veränderung der erwarteten Lebensqualität von P durch Beteiligung an einem Umsturzversuch**	**Veränderung der erwarteten Lebensqualität von S, G1, G2, G3, R durch Beteiligung an einem Umsturzversuch**
P	0,5	100	–
P+S	0,6	140	10
P+S+G1	0,7	180	30
P+S+G1+G2	0,8	220	50
P+S+G1+G2+G3	0,9	260	70
Alle	1,0	300	90

Wie sieht es dann für den Geheimdienstchef aus? Bleibt er loyal zum alten Diktator, ist er mit 50-prozentiger Wahrscheinlichkeit sein Amt und seine Freiheit los. Seine erwartete Lebensqualität für den Fall, dass er zum alten Diktator loyal bleibt, sinkt also auf 0,5 mal 100, und das sind 50. Schließt er sich dagegen dem Umsturz des Polizeichefs an, dann gelingt ihnen der gemeinsam verübte Umsturzversuch mit einer Wahrscheinlichkeit von 60 Prozent. Dann bleibt er Geheimdienstchef und darf sein Amt und seine Freiheit und damit seine 100 Einheiten Lebensqualität weiterhin genießen. Das macht einen Erwartungswert von 0,6 mal 100, also 60. Sein Wechsel der Loyalität vom alten zum neuen Diktator erhöht daher den Erwartungswert seiner Lebensqualität um 10. Deshalb macht er das. Den Anstieg von 10 finden wir in der Zeile P+S von Tabelle 8 ganz rechts.

Für alle übrigen Führungspersonen gerät die Sache nun zur Kettenreaktion. Für jeden von ihnen lohnt sich die Angelegenheit, und mit jedem, der sich anschließt, lohnt sie sich noch mehr. Die erwartete Lebensqualität steigt erst um 10, dann um 50, dann um 70 und schließlich gar um 90 Einheiten, wenn am Ende alle dabei sind. So wird sich einer nach dem anderen gegen seinen alten Herrn richten. Aber mit Ausnahme des Polizeichefs tun sie das alle nur in einer einzigen Absicht: Sie wollen ihre Haut retten, sie wollen Geheimdienstchef, General oder Richter bleiben, statt als die verhassten Vertreter des bösen alten Regimes im Gefängnis schmachten zu müssen.

Leser, die unseren Zahlenspielen misstrauen, mögen sich andere Varianten ausdenken. Aber wie auch immer sie die Zahlen variieren, wir werden immer wieder das gleiche Muster finden: Alle Führungspersonen sind dazu verdammt, abzuschätzen, wer der Regierungschef von morgen sein wird, um rechtzeitig dieser Person ihre Loyalität zu schenken – sei es, indem sie dem aktuellen Diktator treu bleiben, oder sei es, indem sie sich umgekehrt gegen ihn wenden. Und weil das alles von subjektiven Erwartungen und Einschätzungen getrieben wird, beruhen Machtgewinn, Machterhalt und Machtverlust eines Diktators ganz allein auf diesen Erwartungen und Einschätzungen. Ändern sie sich, beispielsweise in der Folge von Massenprotesten, dann kann das eine buchstäblich revolutionäre Kettenreaktion auslösen.

Im rumänischen Fall ist das fast wie in einem Lehrbuch abgelaufen. Noch bis zum 22. Dezember 1989 haben die Kommandeure der Sicherheitskräfte im Namen des Diktators einfache Menschen aus dem Volk eiskalt erschießen lassen, sofern sie gegen den Diktator protestierten; drei Tage später haben dieselben Sicherheitskräfte im Namen der protestierenden Menschen den Diktator und seine Frau erschießen lassen – und nicht weniger eiskalt. Das Volk behaupteten sie durch die „Front zur Nationalen Rettung“ zu vertreten, aber aus diesem Rettungsrat gingen unmittelbar die neuen Machtstrukturen hervor, innerhalb derer sie alle wieder dabei waren – abgesehen von Nicolae und Elena Ceaușescu.[83]

Verschiedene Diktatoren sind mit dieser ständigen Bedrohung aus dem eigenen Umfeld jeweils sehr unterschiedlich umgegangen. Josef Stalin war bekannt für sein paranoid erscheinendes Misstrauen, welches buchstäblich tödliche Konsequenzen hatte. Seinem Misstrauen fielen die meisten Mitkämpfer der Oktoberrevolution und Politbüromitglieder zum Opfer, unter ihnen alte prominente Marxisten, wie Nikolai Bucharin, Lew Kamenew, Grigori Sinowjew und Leo Trotzki. Fast alle Armeekommandeure verloren ihr Leben, und nicht anders erging es Regierungsmitgliedern und Geheimdienstchefs.[84] Die meisten dieser späteren Stalin-Opfer hatten sich selbst zuvor als rücksichtslose Repräsentanten der frühen sowjetischen Terrorherrschaft profiliert, welche nicht erst unter Stalin begonnen hatte, sondern spätestens mit der Gründung des Geheimdienstes Tscheka unter seinem berüchtigten Leiter Feliks Dzierżyński. Gerade deshalb hatte sich Stalin speziell vor diesen Mitstreitern am meisten gefürchtet und mit einer gewissen Logik keinem von ihnen über den Weg getraut. So absurd es klingt, aber unter Stalin in den inneren Machtzirkel aufzusteigen, war annähernd gleichbedeutend mit einem Todesurteil.

Stalin war sich eines gravierenden Problems bewusst, welches er als politischer Führer der jungen Sowjetunion hatte. Es bestand darin, dass ihn die Logik des sowjetischen Systems austauschbar machte. Diese Logik ruhte auf der intellektuell höchst anziehenden Ideologie des Kommunismus, in Verbindung mit dem hochgradig zentralisierten Machtapparat der Sowjetunion, dessen Struktur auf Lenins Theorie von der Diktatur des Proletariats beruhte.[85] Besonders gefährlich war, dass weder die Logik noch die Zentralisierung des Machtapparats rückgebunden waren an eine bestimmte Führerfigur, so wie es in monarchistischen Herrscherhäusern und ihren Dynastien meist der Fall ist. Genau deshalb war Stalins Kopf jederzeit austauschbar, ohne dass dies die Stabilität des Regimes grundlegend infrage gestellt hätte. Stalin war sich dessen sehr bewusst, und daraus dürfte sich neben bestimm-

[83] Siehe Rados (1992).

[84] Siehe Baberowski (2008) für eine Geschichte des Stalinismus und Leonhard (1979) für eine Schilderung des Stalinismus aus der Perspektive eines Schülers und Studenten.

[85] Eindrücklich und unmissverständlich in seinen Absichten beschrieben in dem Klassiker „Was tun?“ von Lenin (1902/2010).

ten Persönlichkeitsmerkmalen ein Großteil seines obsessiven Misstrauens gespeist haben.[86]

In Erbmonarchien ist der Austausch der Machtspitze gerade wegen der dynastischen Folge nicht so einfach möglich, und das macht einen Teil von deren Machtlogik aus. Es gibt ihnen Stabilität. Diese Logik nutzte der Führerkult vieler moderner totalitärer Systeme des 20. Jahrhunderts ebenfalls aus; allen voran jenes der Nationalsozialisten. Im Gegensatz zum Kommunismus wies der Nationalsozialismus eine ausgesprochen schwache und intellektuell erbärmliche ideologische Fundierung auf.[87] Umgekehrt war er aber ganz und gar zugeschnitten auf die Figur des scheinbar übernatürlich begabten Ausnahmestrategen Hitler – ein Trugbild, dem nach den ersten Kriegserfolgen selbst solche Militärs aufsaßen, deren Haltung gegenüber Hitler bis dahin von mehr oder weniger offener Geringschätzung geprägt gewesen war.[88] Das Sowjetsystem wäre in den 1930er Jahren ohne Stalin gut denkbar gewesen, aber das NS-Regime wäre ohne Hitler mit hoher Wahrscheinlichkeit kollabiert. Sofern eine nationalsozialistische Führungsfigur das so einschätzte, musste es ihr zwecklos erscheinen, sich selbst als Nachfolger Hitlers überhaupt nur ins Spiel bringen zu wollen. Denn mit einer Demontage des „Führers" würde sie nur den Ast absägen, auf dem sie saß: das bestehende Machtsystem nämlich.

Eine zweite Folge des nationalsozialistischen Führerkults war, dass sich viele von Hitlers engsten Mitstreitern zu glühenden und emotional abhängigen Personen entwickelten, was für Joseph Goebbels vermutlich am stärksten ausgeprägt war. Er konkurrierte mit geradezu kindlicher Eifersucht mit anderen Nazi-Größen um die persönliche Gunst Hitlers und litt offenbar seelisch daran, dass seine Zuneigung immer nur genau dosiert und allzu knapp erwidert wurde.[89] Diese bisweilen doppelte Abhängigkeit der Nazi-Oberen von der Person Adolf Hitlers unterlief das für den Diktator so gefährliche Spiel um die Erwartungen über den Diktator von morgen. Denn im Machtsystem der Nazis konnte es vorläufig nur einen geben, auf dem das System ruhte: den „Führer" nämlich. Im Ergebnis konnte sich ausgerechnet Hitler ganz im Gegensatz zu seinem Rivalen Stalin eine merkwürdige Milde

---

[86] Siehe Baberowski (2008), vor allem S. 135–208; aufschlussreich ist auch die Biographie von Altrichter (2018).

[87] Siehe hierzu die Abhandlungen von Bärsch (2002) und Thamer (2001).

[88] Siehe Kershaw (2018), insbesondere S. 159–194.

[89] Eine eingehende Darstellung zu Goebbels findet sich bei Bärsch (2004).

gegenüber den unmittelbar ihn umgebenden Nazi-Führungspersonen leisten. Die einzige Nazi-Führungsperson, welche in klassischer Weise dem Diktator unheimlich war und deshalb ermordet wurde, war der SA-Führer Ernst Roehm. Das geschah bereits 1934 und damit in einer Phase, in der sich das Nazi-Regime noch nicht vollständig etabliert hatte. Noch bis zum Attentat vom 20. Juli 1944 blieben auch die Kommandeure der Wehrmacht weitgehend unbehelligt, obwohl bekannt war, dass viele von ihnen Hitler kritisch sahen.[90]

Für den Rest der Welt hatte diese Abhängigkeit aber katastrophale Folgen. Denn mit den fortschreitenden Zerstörungen des Krieges und den immer unfassbareren Verbrechen schwanden die persönlichen Perspektiven jedes Nazi-Oberen für eine Zeit nach dem absehbaren Untergang zusehends dahin. Einerseits wurde von ihnen erwartet, immer grausamere Verbrechen zu verüben; aber andererseits verbauten ihnen genau diese Verbrechen jede Perspektive jenseits des bestehenden Nazi-Regimes. Angesichts dessen geriet das Ende des Regimes immer mehr zum sicheren Ende der eigenen Person. Weil aber Hitlers Ende das Ende des Regimes und dieses wiederum das Ende des Krieges bedeuten würde, verknüpfte sich Hitlers Ende mit einem fast sicher zu erwartenden persönlichen Ende praktisch jedes Nazi-Oberen. Die amerikanischen Politikwissenschaftler Bruce Bueno de Mesquita und Alastair Smith haben solche Situationen als Loyalitätsfalle bezeichnet.[91]

Im Ergebnis wurde jeder Tag, an dem der Krieg weitergeführt wurde, für Hitler wie für seine Führungsriege gleichermaßen zu einer notwendigen Bedingung für einen weiteren der wenigen noch verbliebenen Lebenstage. Auch wenn jeder dieser Lebenstage tausende oder gar zehntausende anderer Menschen das Leben kostete, so nahm man dies für einen eigenen weiteren Lebenstag doch zynisch in Kauf. In dieser Schärfe galt das zwar nur für einen kleinen Kreis des nationalsozialistischen Führungspersonals. Aber die Loyalitätsfalle hielt diese Gruppe von Personen bis zum letzten Tag unter der Schwelle eines Loyalitätswechsels weg von Hitler mit der Folge, dass viele Millionen andere sich zwischen Weitermachen oder Tod gefangen sahen. Dieses ebenso stabile wie tödliche Gleichgewicht erhielt sich, bis alles in Trümmern lag.[92]

---

[90] Siehe Fest (1994).
[91] Bueno de Mesquita/Smith (2012).
[92] Lesenswert dazu ist Kershaw (2011), aber auch Fest (2006).

Solange eine Diktatur sich nicht in eine solche Lage gebohrt hat und den Führungspersonen daher noch attraktive Alternativen zum amtierenden Regierungschef bietet, so lange lebt der Diktator gefährlich. Denn unter solchen Bedingungen haben die Führungspersonen allen Grund, auf Veränderungen von Erwartungen und Einschätzungen zu reagieren. Als im Frühjahr 1989 die Studenten in Peking auf der Straße standen und zum Teil mit Hungerstreiks versuchten, Druck auszuüben, da reagierten die Führungspersonen auch, und zwar ziemlich genau so, wie es unser Beispiel nahelegt. Anders als in der Sowjetunion und ihren Satellitenstaaten war die Macht des chinesischen Regimes nicht um die damalige Weltmacht UdSSR herum gebaut. Daher konnte man sich gut vorstellen, dass das kommunistische Regime Chinas auch ohne die Weiterexistenz der Sowjetunion Bestand haben konnte – eine Einschätzung, die sich als korrekt erweisen sollte. Das war vor allem in Mittel- und Osteuropa anders.

Chinas Regime hatte daher eine Perspektive, nicht jedoch die Liberalen rund um den damaligen Generalsekretär Zhao Ziyang. Denn gerade weil das Regime in der Führungsriege von Staat und Partei nicht zur Disposition stand und gerade weil die Studenten genau das forderten und davon auch nicht mehr abzubringen waren, stand Zhao Ziyang auf verlorenem Posten. Ruhe und stabile Verhältnisse unter Wahrung der Macht der KPCh) waren allein mit Gewalt wiederherstellbar. Damit waren die Erwartungen der chinesischen Führungspersonen klar ausgerichtet: gegen Zhao Ziyang und für seinen Nachfolger Jiang Zemin. Der Boden für das Massaker um den Tiananmen-Platz war bereitet, und mit ihm die Zukunft des Regimes. Die Proteste hatten die internen Strukturen des Regimes verändert und vor allem eine Führungsperson den politischen Kopf gekostet. Aber die Macht des Regimes selbst blieb unangetastet.

Ganz anders verliefen die Dinge wenige Monate später in der DDR. Der Unterschied zwischen Peking und Leipzig liegt auf der Hand: Selbst die hartgesottenen Funktionäre konnten sich die DDR nur in der Deckung des sowjetischen Machtbereichs vorstellen. Als Polen sich unter Billigung Gorbatschows bereits mehr oder weniger aus diesem Machtbereich verabschiedet hatte, drehten sich die Erwartungen der Funktionäre Zug um Zug um. Noch im Frühjahr war man rücksichtslos gegen Regimegegner vorgegangen. Nach allem, was danach aber geschehen war, hielt man das DDR-Regime für nicht mehr haltbar, denn ihm fehlte jeder Rückhalt von außen – ein Rückhalt, auf den das chinesische Regime nicht angewiesen war. Anders als in Peking würde ein Massaker das Regime also voraussichtlich nicht retten können.[93] Was es aber geändert hätte, wären die Perspektiven der Führungspersonen von Staat und Partei für die Zeit nach dem Regimekollaps: für die Polizeichefs, die Generäle, die Stasi-Mitarbeiter, Richter und Bürokraten.

Sie alle stellten sich inzwischen die Frage nach ihrer Zukunft in einer wie auch immer veränderten DDR. Dass viele ihrer Erwartungen sich im Nachhinein als völlig falsch und unrealistisch erwiesen, ändert daran nichts. Wichtig ist, wie diese Erwartungen ihr damaliges Verhalten steuerten. Und hierzu war ab einem bestimmten Punkt jedenfalls eines klar: Honecker würde nicht mehr der Diktator von morgen sein. Wie immer ein solches Morgen auch aussehen mochte: Für die Ausführung der tödlichen Befehle rund um eine „chinesische Lösung" in welcher Weise auch immer mitverantwortlich zu sein würde die persönlichen Perspektiven der Führungskader gewiss nicht verbessern. Wem das klar wurde, der ließ den Genossen Honecker fallen; und je mehr Führungspersonen ihn fallen ließen, desto klarer wurde es den anderen.

Es ist also keineswegs so, dass nur eines der Regime *per se* die Brutalität besaß, die Masse der Demonstranten einfach zusammenzuschießen, während die anderen Regime genau davor zurückschreckten. Streng genommen handeln Regime überhaupt nicht, denn nur Menschen können handeln und entscheiden. Und so war es. Nachdem die Demonstranten einmal auf der Straße waren, spielte sich der Rest als ein Machtspiel innerhalb des jeweiligen Machtkerns der politischen Führung ab. Dort entschied jeder, wie er sich in der prekären Lage verhalten wollte, und das löste hier die eine und dort eine andere Dynamik aus. Hier stabilisierte die Dynamik ein Regime, indem sie allein seine formale Spitze austauschte, so dass der starke Mann im Hintergrund – Deng Xiao Ping – seine Macht sichern konnte; und dort ließ sie ein komplettes Regime einfach in sich zusammenfallen. Mit dem Grad des Mutes der Demonstranten und mit dem Grad des Unmutes der Bevölkerung lassen sich die Unterschiede jedenfalls nicht erklären. Nur eines war immer gleich: Köpfe rollten hier wie dort.

Man mag nun einwenden, dass das alles nette theoretische Überlegungen sind, die vielleicht zufällig mit ein paar historischen Ereignissen zusam-

[93] Vgl. Schäfer (2012), S. 171. Zur Rolle der Nationalen Volksarmee siehe Bröckermann (2012).

menpassen. Aber der Stand der Forschung unterstützt unsere Überlegungen. In den letzten Jahren hat es eine Flut von statistischen Untersuchungen zu dem Thema gegeben. Alle weisen darauf hin, dass hier nicht der Zufall am Werk war.[94] Eine der aktuellsten Untersuchungen stammt von Lena Gerling von der Universität Münster. Sie hat Daten der Staaten Subsahara-Afrikas für den Zeitraum von 1990 bis 2007 ausgewertet.[95] In dem untersuchten Zeitraum war die Wahrscheinlichkeit eines Militärputsches in diesen Ländern mit etwas mehr als fünf Prozent pro Jahr ohnehin schon relativ hoch. Nach ihren Berechnungen erhöhen öffentliche Proteste, die über einen Zeitraum von mindestens einem Monat anhalten, die Wahrscheinlichkeit eines Militärputsches noch einmal, und zwar um nicht weniger als 20 Prozentpunkte.

Das bedeutet, dass die Wahrscheinlichkeit eines Putsches in der Folge einer einmonatigen Protestwelle bei 25 Prozent lag, so dass jede vierte Regierung in der Folge der Proteste Opfer eines Militärputsches wurde. Zwar muss man einschränkend hinzufügen, dass die Berechnung nur mit einer Methode möglich war, welche das Ergebnis verzerren kann. In unserem Falle wird die gefundene Wahrscheinlichkeit höchstwahrscheinlich etwas überschätzt worden sein.[96] Aber selbst wenn die 25 Prozent etwas zu hoch gegriffen sein sollten, bleibt das Ergebnis im Prinzip doch erhalten, und das lautet: Öffentliche Proteste erhöhen in sehr erheblichem Maße die Gefahr eines Loyalitätswechsels der Machtelite.

Die Ursache ist immer gleich: Öffentliche Proteste verändern die Einschätzungen politischer Führungspersonen über die Macht des Regierungschefs, in der Regel eines Diktators. Er ist sicher, solange die Erwartungen derer,

---

[94] Einige der grundlegenden Untersuchungen sind die von Gassebner/Gutmann/Voigt (2016); Johnson/Thyne (2018) und Powell (2012).

[95] Siehe Gerling (2017).

[96] Diese mögliche Verzerrung ist leider unvermeidlich. Technisch gesehen liegt der Grund darin, dass das Ergebnis der Berechnungen eine „binäre Variable“ ist, die entweder den Wert null (Putsch findet nicht statt) oder eins (Putsch findet statt) hat. Die einzige Methode, die die Ergebnisse für eine solche Variable korrekt abbildet, basiert auf einer „logistischen Funktion“. Diese kann aber leider keine prozentualen Werte liefern, sondern nur Wirkungsrichtungen, und zwar in der Form: Unruhen erhöhen (oder verringern) die Wahrscheinlichkeit eines Putsches. Will man prozentuale Angaben machen, bleibt man auf eine Methode angewiesen, die zwar prozentuale Angaben liefert, diese aber verzerren kann. Für Experten empirischer Forschung: Gerling (2017) hat trotz der binären abhängigen Variablen eine OLS Schätzung mit einem Instrumentenschätzer aufgrund von Regenfällen angewendet, um quantifizierbare Ergebnisse zu erzeugen. Eine ebenfalls verwendete Logit-Schätzung lieferte aber ebenfalls positive und signifikante Ergebnisse.

die ihn stützen, stabil sind. Erst wenn sich diese Erwartungen hinreichend stark verändern, kann die Macht des Diktators in Gefahr geraten. Im Extremfall wird der Kern der Macht, den der Diktator mitsamt seiner fein austarierten Struktur gegenseitiger Beobachtung und Kontrolle bisher bildete, in einer Kettenreaktion zerstört.

Deutschland lag längst in Trümmern, als der Machtkern der Nazis noch immer zusammenhielt. Die Alliierten mussten sich buchstäblich bis in das Innerste des nationalsozialistischen Machtkerns vorkämpfen, um am Ende jene Fliehkräfte erzeugen zu können, derer es zum Sprengen dieses Kerns bedurfte. Und selbst das setzte zunächst noch den Selbstmord Hitlers voraus. Das lag wie gesagt daran, dass die Führungsfiguren des inneren Machtkerns in der späten Kriegsphase durch einen Loyalitätswechsel nichts mehr gewinnen konnten. Meist kommt es aber sehr viel früher zur Sprengung des Machtkerns.

Wenn Massenproteste oder andere Ereignisse den Machtkern sprengen, dann leitet das eine Revolution ein. Wenn der Machtkern umgekehrt aber stabil bleibt, dann kommt es am Ende darauf an, ob seine Befehlsketten ebenfalls stabil bleiben. Bleiben sie stabil, dann wird es keine Revolution geben. Werden sie dagegen destabilisiert, dann steht es wiederum schlecht um das Regime. Denn: Was für ein Regime sollte das sein, das aus einem stabilen Machtkern besteht, um den herum aber niemand mehr Befehle ausführt? Im Falle der Nazis blieben die Befehlsketten tatsächlich bis zum Schluss sehr weitgehend intakt, und zwar vom Kern des nationalsozialistischen Machtsystems bis hinein in die untersten Ebenen des Militärs, der Polizei und der SS. Das war aber eine Ausnahme. In der Regel werden irgendwann die Befehlsketten reißen, und ohne funktionierende Befehlsketten ist ein Machtkern nur noch ein groteskes Gebilde, ein Kaiser ohne Kleider. Das wird früher oder später auch den Machtkern selbst sprengen müssen. Sehen wir uns also die Befehlsketten an.

7. Die Stabilität der Befehlsketten

„Eine friedliche und einträchtige Welt ist der geheime Alptraum der Offiziere und Advokaten."[97]
(Norman Mailer)

Um die Wende zum 20. Jahrhundert zog in Russland die Industrielle Revolution ein, mit allem, was das an Gutem und weniger Gutem mit sich bringt. So wurde einerseits die Leibeigenschaft abgeschafft, aber andererseits entstand in den Städten ein mittelloses Industrieproletariat. Russland war damit fast ein Jahrhundert hinter den Vorreitern der Industriellen Revolution zurück. Während bei den Vorreitern die soziale Lage der Arbeiter langsam besser wurde und sich – zum Beispiel mit den Bismarckschen Sozialreformen in Deutschland – sogar erste Ansätze von Sozialstaaten etablierten, herrschte in den russischen Städten die blanke Armut. Eine Wirtschaftskrise ab 1899 verschärfte diese ohnehin schon schwierige soziale Lage noch einmal. All das konnte das Zarenreich bis zu dieser Zeit dennoch kaum ernsthaft in Gefahr bringen, auch wenn bereits im Jahre 1898 die Sozialdemokratische Arbeiterpartei Russlands (SDAPR) gegründet worden war und deren Vorläufer sogar bis 1875 zurückreichten. Das änderte aber lange nichts daran, dass Zar Nikolaus II. im Volk zu dieser Zeit noch hohes Ansehen genoss und – mindestens so wichtig – dass die russische Armee loyal an dessen Seite stand.

Diese lange vorhaltende Stabilität des Zarenreichs bekam mit dem verlorenen Krieg gegen Japan von 1904/05 Risse, was Nikolaus II. nicht zuletzt deshalb viel Ansehen kostete, weil Russland Gebiete an Japan verlor.[98] Zeitgleich nahmen die sozialen Spannungen zu. Zurückgehend auf den zwischen Geheimdienstdirektor und Revolutionär hin- und herwechselnden Sergei Wassiljewitsch Subatow entstand der sogenannte Polizeisozialismus (Subatowschtschina), der aus dem Inneren der Macht heraus Zugeständnisse an die sozialen Belange der Bevölkerung forderte. Zusammen mit den Aktivitäten der revolutionären Sozialisten und dem verlorenen Krieg schwächte dies das Ansehen des Zaren nachhaltig, und das blieb nicht ohne Folgen für die Stabilität seines Machtkerns. Vor allem der Polizeisozialismus ermunterte die Bevölkerung zu Protesten, weil sie sich durch das Verständnis beschützt fühlte, das aus dem nahen Umfeld des Machtkerns selbst kam. Weil

[97] Haas (2014), S. 118.
[98] Siehe im Einzelnen Brown (2009), S. 66-69.

T. Apolte, *Der Mythos der Revolution*,
https://doi.org/10.1007/978-3-658-27939-4_7

andererseits aber die Armee bis in diese Zeit loyal zum Zaren stand, endeten die Proteste in blutigen Auseinandersetzungen.[99]

Das alles trug dazu bei, dass es im Machtkern des Zarenregimes zu brodeln begann. In der Folge eines Generalstreiks im Oktober 1905 setzten Regierungsmitglieder Nikolaus II. derart unter Druck, dass dieser eine Reihe von Grundrechten und die Wahl zu einer nationalen „Duma" akzeptierte – einem Parlament, das zumindest mit diesem Namen bis heute besteht. Das war die erste einer Reihe von drei Revolutionen, an deren Ende am 25. Oktober 1917 nach dem julianischen Kalender die Machtübernahme durch die Bolschewiki stand.[100]

Zuvor war es der russischen Regierung aber nicht zuletzt aufgrund der bis dahin loyalen Armee im Jahre 1914 noch einmal gelungen, die russische Armee in einen großen Krieg zu führen – den Ersten Weltkrieg. Über eine Million russische Soldaten verloren in diesem Krieg ihr Leben. Not und Elend waren die Folge, und diesmal litt die Loyalität der russischen Armee entscheidend. Die Lebensmittelversorgung wurde so schlecht, dass im Winter 1916/17 eine Hungerkrise ausbrach. Am 26. Februar brachen schließlich die Befehlsketten. Die Regierung hatte den Truppen den Befehl gegeben, eine Protestwelle mit Gewalt niederzuschlagen, die sich im Anschluss an einen Streik von 7.000 Textilarbeiterinnen entwickelt hatte. Statt diesen Befehl auszuführen, wechselten die Truppen die Seiten und schlossen sich den protestierenden Arbeitern an.[101]

Das war der Auslöser der Februarrevolution, welche für den Zaren völlig überraschend kam, ihn aber bereits am 27. Februar 1917 zur Abdankung zwang. Mit dieser Abdankung ging die Zeit des Zarenreichs zu Ende, auch wenn es noch bis zum Herbst dauern sollte, bis die Bolschewiki die Macht übernahmen. Denn zunächst war das Ergebnis der Revolution eine sehr heterogen zusammengesetzte Provisorische Regierung, der bis Juli der liberale Fürst Georgi Lwow und später der gemäßigte Sozialist Alexander Kerenski als Ministerpräsident vorstand. Die Provisorische Regierung fasste einen folgenschweren Entschluss: Russland war eines der drei ursprünglichen Mitglieder der *Entente*, der Bündnisstaaten gegen die Kriegsgegner und *Mittelmächte* Deutschland, Österreich-Ungarn, Bulgarien und das Osmanische

[99] Eine umfassende Darstellung findet sich bei Asher (1988).
[100] Siehe Aust (2017).
[101] Siehe hierzu: Aust (2017), 97ff.; Gerwarth (2018), S. 49.

Reich. Die Provisorische Regierung entschied sich zur Loyalität gegenüber Russlands Verbündeten und dazu, den Krieg gegen die Mittelmächte an der Seite der Entente erfolgreich zu Ende zu bringen.

Aber die Befehlsketten in der russischen Armee sollten sich als nicht mehr stabil genug für diesen Zweck erweisen.[102] Deren einstiger oberster Befehlshaber, das Zarenregime, existierte nicht mehr, und die Frage der Loyalität war vom inneren Machtkern – soweit es so etwas in der Provisorischen Regierung überhaupt gab – bis in die Verästelungen der Streitkräfte überall offen. Kurz: Die Befehlsketten waren an allen Ecken und Enden brüchig. Die Mittelmächte nutzten diese Schwäche und marschierten bis in die angestammten Gebiete des einstigen russischen Imperiums vor, ohne auf großen Widerstand zu stoßen. In der Folge löste sich die russische Armee förmlich vor den Augen ihrer hilflosen Kommandeure auf:

> *„Je weiter die Mittelmächte vorstießen, desto schneller zerfiel die russische Armee. Komplette Einheiten verschwanden, bekämpften sich gegenseitig, plünderten Dörfer, brannten Gutshäuser nieder oder lösten sich auf, weil die Männer einfach nach Hause gingen. Bis Ende 1917 desertierten etwa 370.000 Soldaten."*[103]

Hätte die Oberste Heeresleitung in Deutschland diese Entwicklung rechtzeitig vorhergesehen, dann hätte man sich einen der folgenreichsten politischen Coups der jüngeren Geschichte mit all seinen geopolitischen Folgen sparen können. Man hatte nämlich alte Pläne wieder hervorgezogen, gemäß derer man in Russland eine Revolution provozieren würde, in deren Konsequenz man hoffte, dass das Land aus dem Krieg ausschiede. Nun hatte es eine Revolution aber schon gegeben. Allerdings hatte diese lediglich eine gemäßigte Regierung zum Ergebnis, welche sich loyal zu den Entente-Mächten zeigte, indem sie an deren Seite weiterkämpfen ließ. Also war es die neue Idee, die Auseinandersetzungen in Russland um die künftige Staatsform in Richtung auf einen Sieg der radikalen Bolschewiki hin zu beeinflussen – und das ausgerechnet seitens des deutschen Kaiserreichs.

Zu diesem Zweck schloss man so etwas wie einen Pakt mit dem Teufel. Genauer gesagt schloss man ihn mit dem führenden Kopf der radikalen russischen Revolutionäre und Kommunisten – dem Erfinder der Unterscheidung zwischen den gemäßigten, eher sozialdemokratischen Menschewiki

---

[102] Vgl. Aust (2017), S. 106f.
[103] Gerwarth (2018), S. 52.

(Minderheit) einerseits und den radikalen Kommunisten, die er die Bolschewiki (Mehrheit) nannte. Diese Einteilung hatte er am II. Parteitag der Sozialdemokratischen Arbeiterpartei Russlands (SDAPR) im Jahre 1903 durchgesetzt, was ein nachhaltig wirksamer propagandistischer Schachzug war, obwohl damit die tatsächlichen Mehrheitsverhältnisse im Parteitag – gelinde gesagt – nicht korrekt wiedergegeben waren. Aber hier wie in vielen anderen Dingen war er überzeugt davon, dass der Zweck der kommunistischen Weltrevolution beinahe jedes Mittel heiligte. Rücksichtslose Gewaltanwendung zu diesem Zweck war für ihn eine Selbstverständlichkeit, und das galt auch gegenüber völlig Unbeteiligten, wenn es nur der Sache diente.[104]

Dieser Mann wurde am 22. April 1870 in Simbirsk an der Wolga als Wladimir Iljitsch Uljanow geboren. Als Kind einer relativ gut gestellten bildungsbürgerlichen Familie wurde er von einem Kindermädchen namens Lena betreut. Im Jahre 1897 wurde er für drei Jahre nach Sibirien verbannt, dessen bekanntester Fluss die Lena ist. Ob der Deckname, den er sich kurz danach gab, mit dem Fluss oder mit dem Kindermädchen oder vielleicht auch mit beidem zusammenhängt, ist nicht belegt. In jedem Fall aber wurde er allein unter diesem Decknamen weltbekannt: Wladimir Iljitsch Lenin.[105]

Mit der Februarrevolution 1917 hatte Lenin ebenso wie die übrigen Bolschewiki so gut wie nichts zu tun. Offenbar hatten sich die Ereignisse selbst für sie so überraschend zugespitzt, dass sie die Chance verpassten, sich an deren Spitze zu stellen. Umso schmerzlicher muss es für sie gewesen sein, dass die Revolution neben den bürgerlichen und republikanischen Mitgliedern der Provisorischen Regierung ausgerechnet die verhassten Menschewiki an die Macht gespült hatte. Lenin selbst hielt sich während der Revolution im Schweizer Exil auf, wo er durch den Krieg festsaß und keine Chance hatte, nach Russland zu gelangen.

Genau hier setzte der Plan des deutschen Kaiserreichs an. Man bot Lenin an, ihn zusammen mit einer Abordnung in einem (angeblich verplombten)[106] Zug durch das Deutsche Reich und weiter über Skandinavien nach Russland fahren zu lassen. Lenin nahm das Angebot an, wobei der Zugteil Lenins und

---

[104] In seinem Werk „Was tun?" hat er diese rücksichtslose Haltung bereits im Jahre 1902 eindrucksvoll dokumentiert; siehe Lenin (1902/2010).

[105] Ob der Name des Kindermädchens oder der Fluss Lena (oder vielleicht beides) ihn zu seinem Decknamen inspiriert hatte, ist nicht bekannt. Siehe Reed (2005), Kap. 1 und 2.

[106] In Wirklichkeit war der Zug nicht verplombt.

seiner Mitstreiter gemäß Lenins Forderung offiziell als exterritoriales Gebiet klassifiziert wurde. Von Rügen aus setzte die Gruppe nach Trelleborg über und fuhr von dort mit dem Zug über Stockholm weiter bis nach Petersburg, das er am 3. April 1917 (16. April 1917[107]) erreichte.[108]

Sofort machte sich Lenin daran, die Verhältnisse in Russland in seinem Sinne zu verändern. Nachdem ihm das mit der Machtübernahme am 25. Oktober 1917 (7. November 1917) gelungen war, ging die Saat der Deutschen endgültig auf. Lenin drängte auf einen schnellen Ausstieg aus dem Krieg und akzeptierte dazu die berühmt-berüchtigte Brest-Litowsk-Linie, welche mit großen Gebietsverlusten für Russland verbunden war. Für Lenin und seinen engsten Mitstreiter Leo Trotzki, die beide fest an eine schnelle Ausbreitung der bolschewistischen Revolution in Europa glaubten, war das nur ein kurzfristiges strategisches Zugeständnis, das sich mit einer ganz Europa erfassenden Revolution schnell erledigt haben würde.

Für die Oberste Heeresleitung des deutschen Kaiserreichs stellten sich die Dinge allerdings etwas anders dar. Für sie hatte der Pakt mit dem Teufel zunächst einmal die gewünschten Konsequenzen, nämlich den Frieden von Brest-Litowsk. Der bedeutete zweierlei: Erstens durfte man sich im Osten als Sieger fühlen und zweitens konnte man große Truppenteile, die bisher im Osten gebunden waren, an die Westfront schicken, um auch dort das Kriegsglück zu wenden.

Diese Saat ging allerdings nicht auf. Erich Ludendorff, seit 1916 „Generalquartiermeister" und Stellvertreter Hindenburgs, hatte das Reich *de facto* in eine Militärdiktatur verwandelt, und die Kriegsführung lag praktisch allein in seiner Hand.[109] Bereits seit Ende 1917 verlegte er große Teile des Heeres nach Westen und begann im März 1918 eine gewaltige Offensive.[110] Dieser als Frühjahrsoffensive bekannt gewordene Vorstoß war zunächst erfolgreich, wurde aber bald gestoppt, und ab Juli 1918 starteten die Alliierten ihren Gegenangriff, der die deutschen Truppen in immer größere Bedrängnis versetzte. Zugleich wurde die Lage in Österreich immer hoffnungsloser, und der Bündnispartner Bulgarien kapitulierte, was Österreich-Ungarn vom

---

[107] Die Angaben in der Klammer geben die Datumsangaben nach dem bei uns üblichen gregorianischen Kalender an. Die Angaben vor der Klammer beziehen sich auf den in Russland damals üblichen julianischen Kalender.

[108] Eine spannende Darstellung findet sich bei Merridale (2017).

[109] Siehe Gerwarth (2018), S. 80.

[110] Siehe Howard (2007), S. 145ff.

Osmanischen Reich abschloss. Im Verlauf dieser Ereignisse wurde immer klarer, dass der Krieg auch unter den Bedingungen des Friedens von Brest-Litowsk nicht mehr zu gewinnen war.

Am 29. September 1918 drängte Ludendorff Kaiser Wilhelm II. zu schnellstmöglichen Verhandlungen über einen Waffenstillstand.[111] Aber erst zwei Tage vor der Revolution des 9. November 1918 traf der deutsche Chefunterhändler Matthias Erzberger mit einer Delegation im Hauptquartier der 1. Französischen Armee in Homblières bei Saint-Quentin ein, um Waffenstillstandsverhandlungen zu beginnen. Zu dieser Zeit lag das Kaiserreich bereits in seinen letzten Zügen. Am 3. Oktober hatte sich der Kaiser dem Druck aus seinem Machtkern gebeugt und seinen vergleichsweise liberalen Cousin Max von Baden zum Reichskanzler berufen. Dieser machte sich umgehend daran, das Kaiserreich hin zu einer konstitutionellen Monarchie zu reformieren, und berief zu diesem Zweck mit Friedrich Ebert ausgerechnet einen Sozialdemokraten zum Staatssekretär.

Aber gerade so, als ob die Oberste Heeresleitung den Glauben an einen Sieg nicht aufgegeben und der Kaiser nicht vor dem Scherbenhaufen seiner einstigen Macht gestanden hätte, plante das Oberkommando der kaiserlichen Marine noch inmitten dieser Wirren einen umfassenden Schlag gegen die englische Royal Navy. Admiral Reinhard Scheer gab am 24. Oktober 1918 den Befehl zum Auslaufen der Flotte für den 30. Oktober. Dieser Befehl ist vor allem vor dem Hintergrund zu verstehen, dass die kaiserliche Flotte über den gesamten Kriegsverlauf bis zu diesem Zeitpunkt weitgehend unbedeutend gebliebenen war und man sich nun der Perspektive ausgesetzt sah, die Flotte kampflos dem Feind überlassen zu müssen. Eine solche Perspektive hatte für die Matrosen allerdings eine andere Bedeutung als für die Admiralität. Deshalb wurde der Befehl von Beginn an höchst unterschiedlich gewertet.

Aber auch wenn es bis heute Beobachter gibt, die diesem Befehl eine gewisse strategische Sinnhaftigkeit zubilligen,[112] so musste doch allen Beteiligten klar gewesen sein, dass der Krieg selbst mit einem Erfolg dieser Operation nicht mehr zu wenden sein würde. Zumindest war klar, dass mit der Ausführung des Befehls weitere große Opfer auf beiden Seiten verbunden sein würden. Die Matrosen empfanden das Ganze jedenfalls als ein Himmel-

[111] Howard (2007), S. 156
[112] Siehe Eich (2018).

fahrtskommando im Dienste einer zweifelhaften Ehrenrettung der Marine, und dass sie recht damit hatten, ist kaum ernsthaft zu bestreiten.[113] Diesen Eindruck unterstützt ein Brief von Adolf Lebebrecht von Trotha, dem Chef des Stabes des Hochseekommandos, vom 8. Oktober 1918, in dem es heißt:

> *„Es liegt auf der Hand, daß uns ein Schrecken der Scham erfaßt, bei dem Gedanken, die Flotte könne, ohne zum Schlagen gekommen zu sein, der inneren Vernichtung überliefert werden. Der Einsatz, um mit Ehren unterzugehen, lohnt doch auch noch, denn eine schwere Wunde würden wir England schon noch beibringen."*[114]

In ganz entsprechender Weise heißt es in einer Zielbestimmung der Seekriegsleitung vom 28. Oktober, zwei Tage vor dem geplanten Auslaufen:

> *„Wenn auch nicht zu erwarten ist, dass hierdurch der Lauf der Dinge eine entscheidende Wendung erfährt, so ist es doch aus moralischen Gesichtspunkten Ehren- und Existenzfrage der Marine, im letzten Kampf ihr Äußerstes getan zu haben."*[115]

Die Nachricht über Abschiedsbriefe von Offizieren an deren Angehörige unterstützte den Eindruck der Matrosen weiter, auf ein Himmelfahrtskommando geschickt zu werden.[116] Ob es zutraf, dass die Seekriegsleitung allein an einem vermeintlich ehrenvollen Untergang interessiert war, oder ob sie im Auslaufen der Flotte wirklich noch einen strategischen Sinn sah, spielte für die Erwartungen der Matrosen keine Rolle. Entscheidend ist vielmehr, dass sie der Seekriegsleitung vor allem das Erstere unterstellten und dass die Haltung in ihnen reifte, für einen solchen Zweck in einer Situation des untergehenden Kaiserreichs und des verlorenen Weltkriegs nicht noch im letzten Moment verheizt werden zu wollen.

Am Abend vor dem geplanten Auslaufen kam es zu ersten Befehlsverweigerungen beim III. Geschwader, die sich von einem Schiff zum nächsten ausbreiteten. Am 30. Oktober griffen die Befehlsverweigerungen auf zwei Schiffe des I. Geschwaders über, und am 31. Oktober folgten erste Sabotageakte. Im Anschluss wurden mehrere hundert Matrosen verhaftet. Die Admiralität versuchte, die Schiffe der meuternden Matrosen mit Torpedoboo-

---

[113] Siehe Gerwarth (2018), S. 100;
[114] a.a.O., S. 353.
[115] Zitiert nach Deist (1966), S. 355.
[116] Vgl. Gerwarth (2018), S. 100.

ten zu bedrohen, aber es gelang ihnen nicht, weil die Matrosen der gegenseitig in Stellung gebrachten Schiffe und Boote nicht aufeinander schossen.

Daraufhin beging Vizeadmiral Hugo Kraft ziemlich genau denselben Fehler, der Nikolae Ceauşescu Jahrzehnte später ebenfalls unterlaufen war. Er schickte die bisher in Wilhelmshaven liegenden Schiffe des III. Geschwaders über den Kaiser-Wilhelm-Damm nach Kiel in der Hoffnung, dass sich die Matrosen in den dortigen Kneipen austoben und dann wieder beruhigen würden.[117] Stattdessen trafen sie mit den Kieler Arbeitern zusammen, was ihnen eine perfekte Plattform dafür lieferte, sich zu verbrüdern und in gemeinsamen Aktionen die bisher verhafteten Aktivisten des Aufstands zu befreien. Zugleich wurden Soldatenräte und Arbeiterräte gebildet, und die Arbeiter traten in einen Generalstreik.

Von Kiel aus verbreitete sich der Aufstand zunächst über Norddeutschland.[118] Bis zum 8. November wurde schließlich das Innere des Reichs erfasst, unter anderem Hannover, Köln, Düsseldorf sowie Leipzig und Dresden. Überall wurden Verhaftete aus Gefängnissen befreit, Offiziere entwaffnet und Arbeiter- und Soldatenräte gebildet. Zuletzt erreichte die Welle auch Berlin, wo am 9. November 1918 zuerst Philipp Scheidemann die Republik und wenige Stunden nach ihm Karl Liebknecht die sozialistische Republik ausrief. Max von Baden berief daraufhin Friedrich Ebert eigenmächtig zu seinem Nachfolger als Reichkanzler, und am 28. November dankte Kaiser Wilhelm II. offiziell ab. Das deutsche Kaiserreich war Geschichte.

Innerhalb von kaum mehr als einem Jahr waren nicht nur das deutsche und das russische Kaiserreich untergegangen. Vielmehr hatten sich deren Soldaten zuletzt dem Kampf verweigert und damit zwei ehemals große und stolze Armeen endgültig in den Kollaps getrieben. Allerdings war die Befehlsverweigerung zuerst der russischen und ein Jahr später der deutschen Soldaten mehr ein Symptom als die wirkliche Ursache dieses Kollapses. Denn in beiden Staaten war die imperiale Ordnung schon vorher zusammengebrochen. Der russische Zar hatte schon abgedankt und der Provisorischen Regierung das Feld überlassen. Und der deutsche Kaiser hatte dem Übergang zur konstitutionellen Monarchie bereits zugestimmt und seine Abdankung war für alle erkennbar nur noch eine Frage der Zeit. Zudem sahen beide Armeen

[117] Vgl. Gerwarth (2018), S. 102.
[118] Vgl.Ullrich (2009), S. 30f.

einem militärischen Desaster entgegen. Wozu also sollte man noch kämpfen?

Es scheint, als ließen sich die Meutereien schlicht so erklären: Das jeweils untergehende Imperium und die sich abzeichnenden Niederlagen hatten den Soldaten jeden Mut und jede Motivation dazu geraubt, noch weiterzukämpfen. Das ist gewiss nicht ganz falsch. Nur kann es nicht die ganze Wahrheit sein. Das zeigt ein Vergleich von 1918 mit 1945 in Deutschland. Im Herbst 1918 hatten die Zerstörungen das Reichsgebiet noch weitgehend verschont. Im Gegensatz dazu lag in Deutschland 1945 alles in Trümmern, die Zahl der Toten und Verwundeten lag um ein Mehrfaches höher als 1918, auch die Opfer unter der Zivilbevölkerung waren ungleich höher, und die moralische Niederlage war unvergleichlich.

Im Jahre 1918 zogen die Soldaten offenbar den Schluss, dass sich ein Weiterkämpfen nicht mehr lohnen würde und dass sie nicht mehr bereit seien, sich für eine zweifelhafte Ehre in den Tod schicken zu lassen. Im Gegensatz dazu kämpften die Soldaten unter den noch einmal schlimmeren Bedingungen im Frühjahr 1945 weiter, und sie hörten nicht damit auf, bis alles in Schutt und Asche lag. Wenn die Soldaten also am Ende des Ersten Weltkriegs keinen Sinn mehr im Weiterkämpfen sahen, wieso zogen sie am Ende des Zweiten Weltkriegs nicht spätestens dann den gleichen Schluss, als die alliierten Truppen die Reichsgrenzen erreichten?

Eine etwas zugespitzte Version der gängigen Antwort lautet: Weil das deutsche Volk während der Nazi-Zeit derart indoktriniert und verblendet wurde, dass es sich in eine Art kollektiven Wahn gesteigert hatte. Diese Diagnose mag wiederum nicht grundsätzlich falsch sein. Aber wenn es nur der kollektive Wahn gewesen wäre, mit dem sich der Unterschied zwischen 1918 und 1945 erklären lässt, dann hätte er ganz allein bis zum Mai 1945 in der Lage gewesen sein müssen, all das auszugleichen, was durch den Zweiten Weltkrieg und die späte Nazi-Zeit an Demoralisierung erzeugt wurde und was weit über das Ausmaß des Ersten Weltkriegs hinausging: die deutlich höheren Verluste an angehörigen Soldaten, die Besetzung des Heimatlandes, den Bombenkrieg mit der Zerstörung der Städte und den vielen zivilen Opfern, das wie auch immer verbreitete Wissen um die Verbrechen an Juden und anderen Minderheiten und damit verbunden die vor aller Augen stehende vernichtende moralische Niederlage. Diesen ganzen Irrsinn hätte allein der kollektive Wahn überdecken müssen, und das ist dann doch kaum zu glauben.

Was war hier also sonst noch im Spiel? Und was außer der viel stärkeren ideologischen Verblendung erklärt den Unterschied im Verhalten der Soldaten zwischen 1918 und 1945? Vordergründig können wir zunächst dies festhalten: Im Jahre 1945 blieben die Befehlsketten bis zum Untergang intakt, während sie 1918 in Deutschland ganz ähnlich wie 1917 in Russland bereits in einem vergleichsweise frühen Stadium rissen. Das dürfte kaum zu bezweifeln sein. Die Frage ist nur: Warum? Diese Frage können wir verallgemeinern, denn das Nazi-Regime und die untergehenden Kaiserreiche am Ende des Ersten Weltkriegs sind ja nur Beispiele. Warum also bleiben die Befehlsketten von Militär und Polizei manchmal auch dann noch stabil, wenn wir allen Grund zum Zweifel daran haben, dass die Befehlsempfänger den Sinn der Befehle, die sie erhalten, noch in irgendeiner Weise nachvollziehen können? Umgekehrt gewendet lautet die Frage: Warum ist der Zweifel der Befehlsempfänger manchmal dann doch in eine kollektive Befehlsverweigerung umgeschlagen, so wie es in Russland 1917 und in Deutschland 1918 geschehen ist?

Aus dieser verallgemeinerten Perspektive heraus sollten wir zunächst einmal erstaunt darüber sein, dass Befehlsketten in hierarchischen Systemen, wie Polizeistrukturen und Armeen, überhaupt jemals stabil sind – ja sogar meistens stabil sind. Warum sollten wir darüber erstaunt sein? Weil die Führungspersonen im Machtkern eines Regimes – ganz ähnlich wie der Diktator selbst – fast nie eigenhändig physische Gewalt ausüben. Vielmehr beschränken sie sich darauf, die Anwendung oder Androhung von Gewalt zu befehlen. Damit sind wir wieder beim alten Machiavelli angelangt. Denn diese Befehle müssen irgendwo auf einer weiter untenliegenden Ebene der Hierarchie erst einmal ausgeführt werden. Und das ist alles andere als selbstverständlich.[119]

Formal werden die Befehle vom Diktator und dann über die politischen Führungspersonen an weitere Führungspersonen auf weiter unten gelagerten Hierarchieebenen konkretisiert und schließlich weitergeleitet. Erst auf relativ weit untenliegenden Ebenen werden die Befehle dann wirklich umgesetzt. Dort erst wird physische Gewalt angewendet oder zumindest ange-

[119] Terrororganisationen und Guerillagruppen haben regelmäßig größere Schwierigkeiten, die ausführenden Personen auf den unteren Hierarchieebenen wirksam an ihre Befehle zu binden. Deshalb haben sie dazu ganz eigene Instrumente entwickelt, welche sich zum Teil deutlich von den Instrumenten staatlicher Sicherheitsorgane unterscheiden. Einen anschaulichen Überblick über die inzwischen sehr umfangreiche Literatur hierzu bietet das Buch von Berman (2011).

droht. Daraus folgt unmittelbar das, was erstaunlich ist: Die wirklich gefährlichen Waffen halten ausgerechnet jene in der Hand, die wir eigentlich als weitgehend machtlos betrachten: nicht der Verteidigungsminister oder der Innenminister, nicht der Polizeikommandeur und nicht die Generäle halten die Waffen in der Hand, sondern die einfachen Polizisten in den Hundertschaften, die Schützen und Gefreiten in der Armee sowie deren Unteroffiziere und gerade noch die meist jüngeren Offiziere der weiter unten liegenden Offiziersränge.

Wenn Macht daran zu erkennen wäre, dass eine Personengruppe Waffen physisch in der Hand hält, dann müssten es gerade die unteren Ebenen der Befehlsketten sein, wo sich die wirkliche Macht konzentriert. Tatsächlich richten die dort sitzenden Personen ihre Waffen meist so gegen das Volk oder gegen tatsächliche oder vermeintliche äußere Feinde, wie es die politischen und militärischen Führungskräfte von ihnen verlangen. Aber wer hindert sie daran, vom Volk oder den (vermeintlichen) Feinden abzulassen und ihre Waffen im Zweifel gegen die Führungskräfte selbst zu wenden? Und zwar spätestens dann, wenn sie den Sinn der von oben kommenden Befehle nicht mehr nachvollziehen können? Diese Frage führt uns erneut zu einem scheinbar paradoxen Ergebnis, und das lautet: Es nützt den Menschen auf der unteren Hierarchieebene nichts, dass sie es sind, die die Waffen halten und dass sie es buchstäblich in der Hand haben, den politischen Führern zu zeigen, wer hier die „eigentliche" Macht hat. Denn sie sind es in aller Regel nicht – da helfen ihnen auch die Waffen nichts, die sie in ihren Händen halten. Wie ist das möglich?

Sehen wir uns hierzu einmal eine kleine Skizze typischer Befehlsketten an. Wir finden sie in Abbildung 3. Ganz oben sehen wir den Machtkern, und zwar ganz so, wie wir ihn aus dem letzten Kapitel (Kap. 6) kennen: mit dem Diktator, dem obersten Richter R, dem Polizeichef P, dem Geheimdienstchef S und mit den Generälen G1, G2 und G3.

Gerichte sind in der Regel nicht in hierarchischen Befehlsketten gegliedert, wenngleich das im Detail in verschiedenen Regimen verschiedener Länder jeweils unterschiedlich gelagert ist. Wir machen aber keinen Fehler, wenn wir sie für unsere weiteren Überlegungen einmal weglassen und nur den obersten Richter R in den Machtkern eintragen. Nehmen wir für die übrigen Führungspersonen aus dem Machtkern einmal an, jeder leite eine Behörde oder eine militärische Einheit und habe dort wiederum zehn ihm direkt unterstellte Personen. Es ist nicht wichtig, ob es in der Realität wirklich zehn sind. Es können mehr sein, aber auch weniger. Wenn es aber zehn sind, dann finden wir auf der zweiten Führungsebene bereits 50 Personen, die zugleich Untergebene und wiederum Führungspersonen sind.

Wenn jede von diesen 50 Führungspersonen auf der zweiten Führungsebene wiederum zehn Untergebene hat, dann finden wir auf der dritten Ebene bereits 500, und die werden wiederum sowohl Untergebene als auch Führungspersonen sein. Wenn wir insgesamt sechs Hierarchieebenen haben, dann finden wir auf der untersten Ebene genau 500.000 Personen; das könnte zusammengenommen schon eine ganze Armee sein. Diese 500.000 sind nun einerseits reine Befehlsempfänger ohne jede politische oder militärische Macht. Und doch sind sie es, die die physische Gewalt ausüben oder androhen und die die Mittel dazu im wahrsten Sinne des Wortes in der Hand halten. Sie könnten daher im Prinzip selbst entscheiden, auf wen sie damit zielen. Man könnte deshalb zu der Auffassung gelangen, dass bei ihnen die ganze Macht liegt; und so könnte man auch meinen, es reiche, wenn sie sich das nur einmal bewusst machten. Aber so ist es nicht.

Eine zentrale Eigenschaft von Befehlsketten ist, dass die Zahl der Personen auf jeder Ebene von der obersten bis zur untersten exponentiell steigt. Eine zweite Eigenschaft ist, dass jede bei einer politischen Führungsperson des Machtkerns startende Befehlskette in je eine Einheit mündet. Das ist allerdings nur in unserer vereinfachten Skizze so. In der Realität wird es immer mindestens eine Einheit sein, meistens aber mehrere. Das führt zu folgenden beiden Eigenschaften: Erstens ist jede Einheit kleiner als die Gesamtheit der untersten Ebene. Damit ist eine Art Verschwörung der Befehlsempfänger gegen die Befehlshaber innerhalb einer Einheit einfacher, weil die Zahl der Personen überschaubarer ist. Zweitens aber steht eine solche Verschwörung einer Einheit gegenüber den Befehlshabern erst einmal allein da. Denn dass eine Einheit gemeinsam die Befehle verweigert, heißt ja noch lange nicht, dass es die anderen auch tun. Damit es zu einer Revolution kommt, müssen es aber hinreichend viele Einheiten sein, die gleichzeitig die Befehle verweigern. Am besten für die Revolutionäre wäre es, wenn es zu einer Art Kettenreaktion von einer Einheit zur nächsten käme, bis am Ende das ganze Gefüge der Befehlsketten kollabiert.

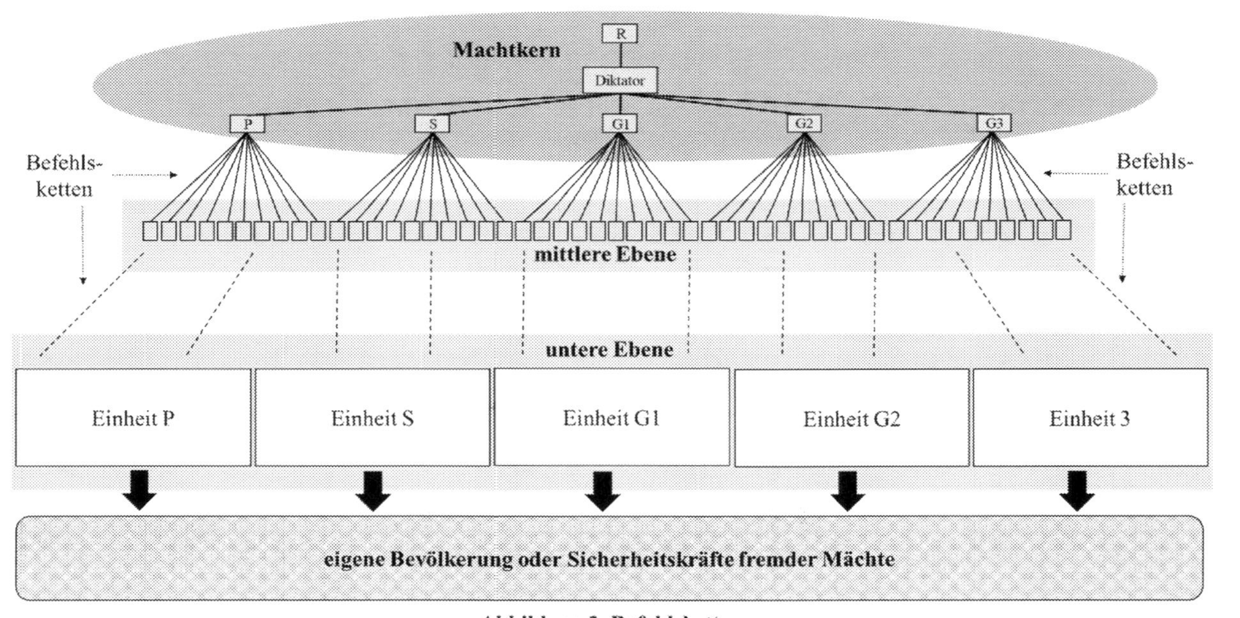

Abbildung 3. Befehlsketten

So ähnlich ist es beim Matrosenaufstand im November 1918 ja tatsächlich geschehen. Naturgemäß waren die kleinsten Einheiten die Besatzungen der Schiffe und Boote, und genau das waren die Keimzellen der Befehlsverweigerungen. In einer Kettenreaktion kam es auf einem Schiff nach dem anderen zur Meuterei. Das zeigt: Einer politischen Führung muss stets daran gelegen sein, die tieferen Ursachen einer solchen Kettenreaktion nicht entstehen zu lassen. Wenn dann mal eine Befehlsverweigerung in einer einzelnen Einheit vorkommt, kann sie mit Hilfe der verbleibenden loyalen Einheiten die abtrünnige Einheit effektiv zur Raison bringen.

Darauf werden wir noch einmal zurückkommen. Zunächst aber halten wir fest: Alle Einheiten und deren Mitglieder bilden zusammen die unterste Ebene. Dies ist die Ebene, welche die Gewalt gegenüber der Bevölkerung oder gegenüber einem äußeren Feind physisch ausübt. Von diesen Personen wird auf den (vermeintlichen) Feind oder auf inländische Demonstranten geschossen und hier werden Dissidenten verhaftet, verhört, bestraft und vielleicht gefoltert.

Die Individuen auf der untersten Ebene erhalten von oben die Befehle, ihre Waffen einzusetzen. Das wird durch die dicken schwarzen Pfeile symbolisiert. Warum aber tun sie das im Zweifel auch dann, wenn sie von der Sinnhaftigkeit der Befehle alles andere als überzeugt sind? Warum schießen sie dann manchmal immer noch auf die einfache Bevölkerung, auf Menschen derselben unteren Hierarchieebene, mit möglicherweise denselben Ansichten und Zweifeln? Und warum schießen sie dann manchmal immer noch auf Soldaten fremder Länder, die ebenfalls ganz unten in ihrer gesellschaftlichen Hierarchie stehen und die im Zweifel denselben Wunsch hegen, nämlich einfach nur nach Hause zu gehen und fortan in Frieden zu leben? Um im Bild unserer kleinen Skizze zu bleiben: Warum drehen sie die Pfeile nicht einfach um und stellen sich mit ihren Waffen in den Dienst von Freiheit und Demokratie, was auch zu ihrem Nutzen wäre, denn schließlich sitzen auch sie am unteren Ende der gesellschaftlichen Hierarchie?

Spielen wir das wieder in einem kleinen Gedankenexperiment durch. Nehmen wir zu diesem Zweck an, dass die Befehlsempfänger auf der unteren Hierarchieebene überhaupt kein Interesse daran haben, gewaltsam gegen irgendwen vorzugehen – weil sie zum Beispiel erkannt haben, dass sie nur noch zum Kampf für eine ohnehin verlorene Sache eingesetzt werden; oder weil sie zu der Überzeugung gelangt sind, dass diejenigen, gegen die sie kämpfen sollen, in Wahrheit gar nicht ihre Feinde sind. Oder was auch immer. Nehmen wir daher an, dass unsere Befehlsempfänger auf der untersten Hierarchieebene wirklich nur noch eines im Sinn haben: mit so großer Wahrscheinlichkeit wie möglich die ganze Sache unbeschadet zu überstehen.

Wir müssen unser Gedankenexperiment noch etwas weiter konkretisieren: Angenommen, wir hätten tatsächlich 500.000 Personen auf der unteren Hierarchieebene, wie in unserer Skizze der Befehlsketten. Diese, und nur diese, 500.000 Personen können und sollen die Waffengewalt physisch anwenden. Wenn nun alle von ihnen den Befehlen von oben folgen, dann werden sie in gewaltsame Auseinandersetzungen und Kämpfe verwickelt, in deren Verlauf sie mit einer gewissen Wahrscheinlichkeit zu Schaden kommen werden. Drücken wir das in Überlebenswahrscheinlichkeiten aus, dann können wir sicher sagen, dass diese Überlebenswahrscheinlichkeit praktisch 100 Prozent beträgt, wenn sich alle 500.000 Personen in einem gemeinsamen Akt dem Befehl von oben widersetzen. Wer sollte ihnen dann noch etwas antun können? Schließlich können Befehle zur Gewaltanwendung niemandem schaden, wenn sie einfach keiner befolgt.

Wer aber immer unter den 500.000 Personen den Befehlen gehorcht und sich in gewaltsame Auseinandersetzungen verwickeln lässt, wird sich fortan mit einer Überlebenswahrscheinlichkeit konfrontiert sehen, welche unterhalb von 100 Prozent liegt. Wo genau diese Wahrscheinlichkeit liegt, hängt natürlich von der Art der gewaltsamen Auseinandersetzung ab. Aber auf die genaue Höhe kommt es für unsere Überlegungen – wie so oft – gar nicht an. Wichtig ist nur, dass die Überlebenswahrscheinlichkeit unter 100 Prozent liegt. Nehmen wir für den Moment einmal an, sie sei 50 Prozent.

Die Ergebnisse finden wir in Tabelle 9. Hier haben wir die Überlebenswahrscheinlichkeit einer der 500.000 Personen – stellvertretend für alle anderen – eingetragen, und zwar einmal unter der Bedingung, dass diese Person dem Befehl zum Kämpfen folgt (Befehlstreue), und einmal unter der Bedingung, dass sie dem Befehl nicht folgt (Befehlsverweigerung). In der mittleren Spalte steht die Überlebenswahrscheinlichkeit von 50 Prozent. Gewiss könnten wir unser Gedankenexperiment gerade in dieser Hinsicht noch ausbauen. Vor allem könnten wir Rückwirkungen auf die Gefahren im Kampf einbauen, wenn viele Personen befehlstreu sind oder eben nicht. Aber was wir dabei zusätzlich finden würden, ist nichts, was für unsere Fragen interessant sein könnte. Andererseits würde es die Dinge komplizierter machen, wenn wir diese Dinge einbauen würden. Daher haben wir sie weggelassen.

Nicht ganz so einfach liegen die Dinge für den Fall, dass unsere Person den Befehl verweigert. Solche Personen wird die politische Führung bestrafen wollen. Gerade im Zusammenhang mit kriegerischen Auseinandersetzungen bedeutet das in einer Diktatur oft den Tod. Freilich wird die politische Führung die Strafe nicht selbst vollziehen. Vielmehr wird sie dazu wie immer einen Befehl erteilen, und zwar an jene, die ihren Befehlen weiterhin gehorchen. Allerdings werden die Befehlsverweigerer sich bemühen, ihren Häschern zu entkommen, und mitunter ist ihnen das auch gelungen. Wie hoch die Wahrscheinlichkeit ist, dass es nach einer Befehlsverweigerung tatsächlich zu einer Bestrafung kommt, hängt davon ab, wie hoch der Anteil an den übrigen 499.999 Befehlsempfängern ist, die noch den Befehlen gehorchen. Gehorchen alle bis auf einen, dann stehen 499.999 Befehlstreue gegen einen Befehlsverweigerer. Dann ist die Chance unseres Befehlsverweigerers, davonzukommen, sehr klein. Gehorchen aber nur noch wenige, dann ist die Chance höher.

Tabelle 9. Befehlsverweigerung und Überlebenswahrscheinlichkeit

Zahl der Befehlsverweigerer von den übrigen 499.999	**Überlebenswahrscheinlichkeit in Prozent einer Person…**	
	… bei Befehlstreue	**… bei Befehlsverweigerung**
0	50	0,0002
9	50	0,002
99	50	0,02
999	50	0,2
9.999	50	2
249.999	**50**	**50**
499.999	50	100

Sagen wir, unser Befehlsverweigerer kommt mit einer sehr kleinen Wahrscheinlichkeit von nur 0,0002 Prozent davon, wenn alle anderen 499.999 Befehlsempfänger befehlstreu sind. Sagen wir weiter, dass sich diese Chance um 0,0002 Prozentpunkte erhöht, wenn ein zweiter Befehlsverweigerer dazukommt, und um weitere 0,0002 Prozentpunkte, wenn noch einer dazu kommt und so weiter. Dann beträgt die Chance für unseren Befehlsverweigerer 0,002 Prozent, wenn neben ihm weitere 9 Personen die Befehle verweigern, 0,2 Prozent, wenn weitere 999 Personen die Befehle verweigern, und 20 Prozent, wenn es 99.999 sind. Schließlich werden es genau 100 Prozent sein, wenn alle anderen 499.999 der übrigen Befehlsempfänger die Befehle verweigern. Diese Wahrscheinlichkeiten finden wir in der ganz rechten Spalte von Tabelle 9.

All das, was für diesen einen möglichen Befehlsverweigerer gilt, gilt für alle anderen 499.999 natürlich in gleicher Weise. Alle 500.000 Personen auf der unteren Ebene der Hierarchie befinden sich daher in genau der gleichen Situation wie unsere Beispielperson. Das Ergebnis ist: Wenn alle 500.000 Personen brav den Befehlen von oben gehorchen, dann hat jede einzelne Person eine Überlebenswahrscheinlichkeit von nur 50 Prozent. Wenn sie dagegen alle gleichzeitig ihre Waffen vom vermeintlichen Feind abwenden und im Zweifel auf die Führungspersonen auf den oberen Hierarchieebenen richten, dann überleben alle 500.000 Personen ganz sicher. Zumindest in der einfachen Welt unseres Gedankenexperiments heißt das: Eine Meuterei, der sich alle einfachen Soldaten ausnahmslos und gleichzeitig anschließen, kann unmöglich scheitern. Sie ist für jeden einzelnen Meuterer sogar absolut gefahrlos.

Das hatten wir bei den Massen des Volkes schon einmal ganz ähnlich: Wenn die Gruppe der Befehlsempfänger wie eine einzelne Person entscheiden und anschließend danach handeln könnte, dann hätte sie die Wahl zwischen Befehlsverweigerung, verbunden mit einer Überlebenswahrscheinlichkeit von 100 Prozent, und Befehlstreue, verbunden mit einer Überlebenswahrscheinlichkeit von 50 Prozent. Wenn die Gruppe in den Befehlen ohnehin keinen höheren Sinn (mehr) sieht, dann sollte die Entscheidung klar sein: Sie wird die Befehle verweigern. Hier winkt wieder der alte Marx: „Du hast nichts weiter zu verlieren als deine Ketten!“

Aber wie schon bei den Massen des Volkes, so müssen wir auch hier festhalten, dass die Gruppe nicht wie eine einzelne Person entscheiden und danach handeln kann. Vielmehr besteht unsere Gruppe von Befehlsempfängern aus 500.000 Mitgliedern, von denen jedes Einzelne für sich allein entscheiden und danach handeln muss. Genau hierin liegt der tiefere Grund dafür, dass die Menschen auf der unteren Hierarchieebene zwar die Waffen in den Händen halten, aber dennoch über keinerlei Macht verfügen. Das Fundament der Macht der Kommandeure ist hier und nur hier zu finden.

Im Extremfall ist es so: Wenn sich einer allein dazu entscheidet, den Befehl von oben zu verweigern, dann ist diese Entscheidung praktisch gleichbedeutend mit einer Entscheidung zum Selbstmord. Das können wir an der oberen Zeile von Tabelle 9 ablesen: Die Überlebenswahrscheinlichkeit beträgt unter diesen Bedingungen gerade einmal 0,0002 Prozent. Allerdings ändert sich das, wenn sich weitere Personen zur Befehlsverweigerung entschließen. Schrittweise nähern wir uns dann einer Grenze, ab der es sogar besser ist, den Befehl zu verweigern. Bei genau 249.999 weiteren Befehlsempfängern ist es so: Wenn ein Einzelner sich zur Befehlsverweigerung entscheidet, ist seine Überlebenswahrscheinlichkeit 50 Prozent; und wenn er sich zur Befehlstreue entscheidet, ist sie ebenfalls 50 Prozent. Es ist also in diesem speziellen Fall egal, wie er sich entscheidet. Aber oberhalb von 249.999 erwarteten Befehlsverweigerern ist seine Überlebenswahrscheinlichkeit höher als 50 Prozent, wenn er ebenfalls zum Befehlsverweigerer wird; und unterhalb von 249.999 erwarteten Befehlsverweigerern ist seine Überlebenswahrscheinlichkeit höher als 50 Prozent, wenn er selbst befehlstreu bleibt.

Hier ist es also wieder: das Henne-Ei-Problem. Und die Teilnehmerzahl von 249.999 ist die kritische Masse, ab der das Verhalten der beteiligten Menschen umschlägt – in unserem Fall von Befehlstreue zu Befehlsverweigerung. Denn vor exakt derselben Entscheidung unseres beispielhaften Befehlsempfängers stehen auch alle anderen 499.999 von ihnen. Für jeden Einzelnen gilt: Erwarte ich mehr als 249.999 weitere Befehlsverweigerer, dann sollte ich ebenfalls den Befehl verweigern. Erwarte ich dagegen weniger als das, dann sollte ich befehlstreu bleiben. Diese simple Entscheidungsregel maximiert für jeden Einzelnen die Überlebenschance. Erreicht also – warum auch immer – die Erwartung aller Befehlsempfänger den kritischen Wert von 249.999, dann werden alle den Befehl verweigern. Wenn sie eine so große Zahl an Befehlsverweigerern erwarten, dann bedeutet dies nichts anderes, als dass sie die Befehlsketten als schwach einschätzen; und weil sie die Befehlsketten als schwach einschätzen, sind sie auch schwach. Denn in der Konsequenz dieser Einschätzung werden alle 500.000 tatsächlich den Befehl verweigern. Das ist eine sich selbst erfüllende Prophezeiung. Allerdings: Normalerweise werden die Befehlsempfänger nicht aus dem Nichts eine so große Zahl von Befehlsverweigerern erwarten. Das ist das Henne-Ei-Problem und zugleich die Quelle der Macht der Befehlshaber.

Wir finden das Henne-Ei-Problem überall, wo Macht ausgeübt wird: bei den großen Massen des Volkes, bei den Mitgliedern des Machtkerns eines Regimes und nun auch bei denjenigen, die am Ende der Befehlsketten die Macht des Regimes physisch ausüben. Und immer liegt es daran, dass die betreffenden Gruppen nicht wie eine Einheit entscheiden und danach handeln, sondern dass jedes seiner individuellen Mitglieder allein für sich und unter Unsicherheit über das Verhalten der jeweils anderen darüber entscheiden muss, was es tun will. Wir können sogar so weit gehen und sagen: Jedwede Machtausübung in Gesellschaften beruht allein auf dem Henne-Ei-Problem; und das Henne-Ei-Problem beruht darauf, dass Gruppen nicht wie Einheiten entscheiden und danach handeln können und daher jedes einzelne seiner jeweiligen Mitglieder für sich allein entscheiden muss.

Allerdings: Ganz ähnlich wie bei den großen Volksmassen ist das Henne-Ei-Problem auch in den Befehlsketten manchmal überwunden worden. Daher sind die Befehlsketten zwar *fast* immer stabil, aber eben nicht immer. Um zu sehen, was sie instabil machen kann, stellen wir uns einmal vor, alle unsere 500.000 Befehlsempfänger stünden auf einem großen Feld, einem vermeintlichen Feind gegenüber, den die Befehlsempfänger selbst aber nicht als Feind betrachten. Stellen wir uns weiter vor, auf der Feindesseite stünden ebenfalls genau 500.000 Befehlsempfänger, die wie die unseren ihr Gegenüber nicht als Feind betrachten und sowieso alle nur ein einziges Ziel vor Augen haben: unbeschadet nach Hause zu gehen. Formal heißt das schlicht, sie wollen ihre Überlebenswahrscheinlichkeit maximieren. Stellen wir uns schließlich auf jeder der beiden Seiten je einen einzelnen Kommandeur vor, der selbst keine Waffe trägt. Die Regel laute: Wenn einer der beiden Kommandeure zum Angriff bläst, dann geht der Kampf los.

Was für eine absurde Situation! Da stehen sich eine Million im Prinzip friedliebende, aber doch schwer bewaffnete Menschen gegenüber und müssen das Kunststück vollbringen, alle miteinander einen Befehl zu verweigern, den niemand von ihnen ausführen will. Und zwei Kommandeure stehen jeweils unbewaffnet auf einer Seite und hetzen eine Million Menschen aufeinander los, damit diese sich gegenseitig niedermetzeln. Kann das sein? Und kann es so schwer für die Million Befehlsempfänger sein, sich dem verrückten Befehl ihrer beiden Kommandeure zu entziehen?

Nehmen wir dazu einmal an, die Befehlsempfänger hätten vorab geheime Gespräche miteinander geführt und wären dabei zu einer Vereinbarung gelangt, die jeder von ihnen genau verinnerlicht hat. Die Vereinbarung lautete wie folgt: Sobald einer der beiden Kommandeure den Angriff ausruft, legt jeder der Befehlsempfänger auf beiden Seiten, statt loszuschießen, seine Waffe gut sichtbar für alle anderen auf den Boden.

Wenn das funktioniert, dann stehen beide Kommandeure augenblicklich da wie der Kaiser in Christian Andersens berühmtem Märchen. Denn durch das

Ablegen der Waffen wird augenblicklich klar, dass die beiden Kaiser nackt sind. So betrachtet folgt daraus: Die Kommandeure verfügen in gewisser Hinsicht über keinerlei Macht. Ob die Vereinbarung der Befehlsempfänger aber wirklich den gewünschten Effekt hat, hängt davon ab, ob hinreichend viele der insgesamt 1 Mio. Befehlsempfänger daran glauben, dass sie den gewünschten Effekt hat. Wenn es so ist, dann wird der erste von einem der beiden Kommandeure ausgegebene Befehl zum Angriff keine Schlacht, sondern eine Verbrüderung auslösen, der beide Kommandeure vollkommen machtlos zusehen müssen.

Ist das eine naive Spinnerei? Ja und nein. Warum nein? Wenn jeder der 1 Mio. Befehlsempfänger die Absprache genau vor Augen hat und wenn jeder von ihnen nur das Ziel hat, seine Überlebenswahrscheinlichkeit zu maximieren, dann wandelt sich der erste Befehl zum Angriff zu etwas, was wir schon kennen: zu einem fokalen Punkt nämlich. Jeder, der darauf vertraut, dass der Befehl ein fokaler Punkt ist, wird mit dem Befehl seine Waffe niederlegen – und zwar getrieben von reinem Eigeninteresse. Ausgerechnet in dieser abstrakten theoretischen Struktur, innerhalb derer zu allem Überfluss alle Personen völlig eigennützig handeln, ausgerechnet da ist die große Verbrüderung also keine naive Spinnerei.

Aus einer etwas weniger abstrakten Perspektive ist sie es aber doch. Denn die Orientierung an dem fokalen Punkt ist letztlich doch eine ziemlich wackelige Angelegenheit. Die sieht nämlich so aus: Jeder Befehlsempfänger wird den Befehl zum Angriff nur dann als fokalen Punkt verstehen, wenn er erwartet, dass alle anderen erwarten, dass auf seiner Seite noch mindestens weitere 249.999 und auf der anderen Seite mindestens 250.000 Befehlsempfänger den Befehl ebenfalls als fokalen Punkt verstehen. Denn nur dann kann er zu Recht erwarten, dass sich auf beiden Seiten alle übrigen Befehlsempfänger der Befehlsverweigerung anschließen. Wenn die Erwartung eines Befehlsempfängers über die Erwartung der anderen aber falsch ist, dann sind es nicht die Kommandeure, die hilflos dastehen, sondern der Befehlsverweigerer. Seine Überlebenswahrscheinlichkeit fällt dann schlagartig auf 0,0002 und damit ungefähr auf null. Es ist also selbst nach einer eindeutigen Absprache für jeden einzelnen noch immer eine ziemlich riskante, ja lebensbedrohliche Sache, an die Existenz des fokalen Punkts zu glauben; so riskant, dass es weniger riskant sein kann, sich in einen für alle insgesamt sinnlosen gewaltsamen Kampf zu stürzen. Denn dann hat man immerhin eine Überlebenswahrscheinlichkeit von 50 Prozent.[120]

Halten wir also fest:

1. Je größer jeder Einzelne die Wahrscheinlichkeit einschätzt, dass die geplante Verbrüderung schiefgeht, desto eher wird sie auch schiefgehen.
2. Je mehr jeder Einzelne das Risiko scheut, desto weniger wird er geneigt sein, sich der Verbrüderung anzuschließen.

Hinzu kommen noch ein paar Zutaten aus der Welt der Realität: Wir hatten angenommen, dass die jeweils 500.000 Leute auf jeder Seite vorab eine Vereinbarung getroffen hatten, wonach sie die Waffen niederlegen werden, sobald der erste Befehl zum Angriff kommt. Eine solche Vereinbarung gibt es aber normalerweise nicht. Schon allein deshalb wird es in der Realität kaum jemals einen fokalen Punkt geben. Mit noch etwas mehr Realitätsnähe finden wir: Normalerweise stehen die 1 Mio. Menschen nicht auf einem Feld beisammen und warten alle auf den Startschuss zur Verbrüderung. Vielmehr sind sie verstreut auf verschiedene Einheiten, die zu verschiedenen Zeiten und an verschiedenen Orten sehr unterschiedliche Befehle erhalten.

Am Ende bleibt also kein Stein mehr auf dem anderen von dem schönen Gebäude der großen Verbrüderung. Stattdessen finden wir: Je mehr Befehlsempfänger wir auf der untersten Ebene haben, je weniger Chancen sie haben, eine alle miteinander verbindende Absprache zu treffen, je unterschiedlicher die Zeiten und Orte sind, an denen sie jeweils ihre Befehle erhalten und ausführen müssen, kurz, je komplexer das ganze Umfeld wird, desto stabiler sind die Befehlsketten. Warum? Ganz einfach: Weil dann

[120] In der Theorie lässt sich nicht eindeutig bestimmen, welche Entscheidung für eine einzelne Person die bessere ist. Nach den Spieltheoretikern und Nobelpreisträgern John Harsanyi und Reinhard Selten ist die Befehlsverweigerung eine „Pareto-dominante" Strategie, während die Befehlstreue eine „risikodominante" Strategie ist. Dem italienisch-schweizerischen Ökonomen und Soziologen Vilfredo Pareto folgend, bedeutet Pareto-dominant, dass alle Beteiligten besser gestellt werden, wenn alle die Pareto-dominante Strategie verfolgen. Da es aber aus der Sicht eines Einzelnen immer sein kann, dass andere nicht der Pareto-dominanten Strategie folgen, ist die Pareto-dominante Strategie mit dem Risiko verbunden, in der schlechtesten aller Welten zu landen. Wer dieses Risiko nicht eingehen will, folgt der risikodominanten Strategie, und das ist in unserem Beispiel die Befehlstreue. Eine eindeutig „bessere" Strategie aus der Sicht einer einzelnen Person lässt sich nicht herleiten. Die formale Analyse findet sich bei: Harsanyi/Selten (1988), S. 195ff.

auch der Zufall kaum einmal so etwas wie einen fokalen Punkt erzeugen kann. Und genau das ist es, was jene wollen, die an der Stabilität der Befehlsketten ein vitales Interesse haben: die Kommandeure, die politischen Führungskräfte und schließlich der Diktator selbst.

Diese Leute werden den Teufel tun und den armen Leuten am unteren Ende der Befehlskette die Koordination leicht machen. Im Gegenteil: Sie werden alles tun, um jede Möglichkeit der Absprache zu vereiteln. Sie werden jede Erscheinungsform von fokalen Punkten zerstören, sobald sie auch nur irgendwie absehbar ist. Das Ziel ist immer das gleiche: Halte die Zahl möglicher Befehlsverweigerer unter ihrem kritischen Wert – in unserem Beispiel unterhalb von 250.000. Dann und nur dann wird stets jeder Anflug von Meuterei im Keim ersticken. Die ganz normale Komplexität des Lebens leistet den Kommandeuren dabei fast immer gute Hilfe.

Warum stellten dann aber die Soldaten 1917 in Russland und 1918 in Deutschland die Kämpfe ein, gingen schlicht nach Hause oder richteten ihre Waffen sogar gegen ihre Vorgesetzten? Um diese Frage zu beantworten, müssen wir zunächst einmal die Eckpunkte dessen festhalten, was in diesen beiden Ländern jeweils vorgegangen war. In Russland fand der Großteil der Meutereien statt, nachdem die eigentliche Revolution schon vorbei war. Die hatte nämlich im Februar bereits der Zarenherrschaft ein Ende gesetzt und diese durch eine neue Regierung ersetzt. Die neue Regierung bestand aber aus einem sehr instabilen Bündnis von Menschewiki, Sozialrevolutionären und Republikanern bis hin zu Militärs und Gutsbesitzern mit monarchistischem Hintergrund.[121] Nicht zuletzt wegen dieses sehr heterogenen Hintergrundes, aber auch wegen der Abschaffung der Todesstrafe nach dem Sturz des Zaren konnten die Soldaten mit einem deutlich milderen Umgang rechnen als während des Zarenregimes. General Sir Alfred Knox, britischer Militärattaché in Russland und ausländischer Beobachter der revolutionären Ereignisse von 1917, sorgte sich sehr um die Zuverlässigkeit des russischen Bündnispartners. Vor allem klagte er über grassierende Fälle von Verbrüderung zwischen russischen und deutschen Soldaten sowie über die allgemein schwindende Kampfmoral des aus seiner Sicht typischen russischen Bauernsoldaten,[122] über den er notierte:

[121] Vgl. Aust (2017), S. 129.
[122] Siehe Knox (1921), S. 593ff.

„Früher kämpfte er, weil er Angst vor seinen Offizieren und vor Bestrafungen hatte. Inzwischen hat er jeden Respekt vor seinen Offizieren verloren, und er weiß, dass er nicht bestraft werden kann."[123]

In Deutschland sahen die Dinge Ende Oktober 1918 bemerkenswert ähnlich aus. Zwar hatte der Kaiser noch nicht abgedankt, aber er hatte sich angesichts der drohenden Kriegsniederlage dem wachsenden Druck gebeugt und den Oktoberreformen zugestimmt. Zudem hatte Max von Baden mit Friedrich Ebert einen Sozialdemokraten zum Staatssekretär ernannt. Zusammen mit der Parlamentarisierung durch die Oktoberreformen wertete dies die Mehrheitssozialdemokraten (MSPD) gleich in zweierlei Hinsicht auf, denn die MSPD – bis 1917 noch als SPD – war schon seit 1912 die größte Fraktion im Reichstag.

In russischen wie im deutschen Fall befanden sich die politischen Systeme also mindestens in einer Art Übergangsphase, und selbst diese zurückhaltende Formulierung passt eigentlich höchstens vor dem Hintergrund der jeweiligen weiteren Entwicklungen. Denn in beiden Fällen war das Ende des jeweiligen Kaiserreichs bereits vollzogen; und in beiden neuen Regierungen spielten Linke und Sozialdemokraten eine bedeutende Rolle. Schließlich war in beiden Fällen absehbar, dass der Krieg, in dem sie sich befanden, mit allerhöchster Wahrscheinlichkeit nicht mehr zu gewinnen sein würde. In der Folge hatte die staatliche Autorität in den Augen der Soldaten in beiden Ländern bereits erheblich gelitten.

Nur: Was bedeutet staatliche Autorität eigentlich? Und woraus genau speist sie sich? Im Prinzip ist staatliche Autorität nichts anderes als die Stabilität der Befehlsketten der staatlichen Sicherheitssysteme, in unserem Falle also jene des Militärs. Um zu sehen, was die Befehlsketten destabilisieren kann, bauen wir einmal die entscheidenden Aspekte des Matrosenaufstandes von 1918 in Wilhelmshaven und Kiel in unsere bisherigen theoretischen Überlegungen ein. Die entscheidenden Aspekte sind: erstens die Schwächung der Autorität des Staates im Umfeld der Oktoberreformen in den Augen der Matrosen; und zweitens der Befehl der Seekriegsleitung zum Angriff auf die Royal Navy.

Mit diesen beiden Aspekten ergänzen wir unsere Tabelle 9. Nehmen wir zunächst den Befehl der Seekriegsleitung. Sofern dieser Befehl von den

[123] Knox (1921), S. 606 (Übers. d. Verf.).

Matrosen als Himmelfahrtskommando empfunden wurde, änderte dies die Einschätzung der Matrosen bezüglich ihrer Überlebenschancen für den Fall, dass sie einen solchen Befehl wirklich ausgeführt hätten. Nehmen wir für unser Zahlenbeispiel also an, dass sie diese Einschätzung von bisher 50 auf nur noch 10 Prozent absenkten. Daher unterscheiden wir ab jetzt zwei mögliche Befehle: Den ursprünglichen Befehl aus Tabelle 9 nennen wir ab jetzt den „regulären" Befehl. Dagegen bezeichnen wir den als Himmelfahrtskommando empfundenen Befehl zum Angriff auf die Royal Navy als den Befehl „Himmelfahrt". Wir finden die von den Matrosen so eingeschätzten Überlebenswahrscheinlichkeiten der beiden Befehle „Regulär" und „Himmelfahrt" in Tabelle 10 in der zweiten und dritten Spalte von links.

Damit haben wir einen der beiden Aspekte des Matrosenaufstandes eingebettet. Wir müssen aber auch den anderen berücksichtigen. Dieser bezieht sich darauf, dass die Matrosen die Autorität des Staates nach den Ereignissen rund um die Oktoberreformen geschwächt sahen. Bisher waren wir ganz selbstverständlich davon ausgegangen, dass sie die Befehlsketten des Staates als stabil erachtet hatten. Wir werden daher davon sprechen, dass sie den Staat als einen „starken Staat" einschätzten. Für das Umfeld rund um die Oktoberreformen bis zur Novemberrevolution 1918 war das aber nicht mehr der Fall. Daher nennen wir dieses Umfeld einen „schwachen Staat".

Unter den Bedingungen eines starken Staates lag in unserem Zahlenbeispiel die Überlebenswahrscheinlichkeit eines Befehlsverweigerers bei 0,0002 Prozent, wenn er mit seiner Befehlsverweigerung allein blieb. Sie stieg dann für jeden weiteren Befehlsverweigerer um weitere 0,0002, bis zuletzt 100 Prozent erreicht wurden für den Fall, dass es weitere 499.999 Befehlsverweigerer gab. So hatten wir das in Tabelle 9 beschrieben, und so finden wir das nach wie vor auch in Tabelle 10 – allerdings nur als einer von zwei möglichen Fällen, und zwar für den Fall des „starken Staates". Die entsprechenden Zahlen finden wir in der zweiten Spalte von rechts.

Ganz rechts finden wir nun aber eine zusätzliche Rubrik, und zwar die des „schwachen Staates". Diese Rubrik unterscheidet sich von der Rubrik des „starken Staates" folgendermaßen: Die von einem einzelnen Matrosen erwartete Überlebenswahrscheinlichkeit für den Fall, dass er ganz allein die Befehle verweigert, ist zunächst genauso gering wie im starken Staat, nämlich 0,0002 Prozent. Wenn nun aber weitere Befehlsverweigerer hinzukommen, dann steigt die Überlebenswahrscheinlichkeit im schwachen Staat schneller als im starken Staat. Genauer gesagt, steigt diese Wahrscheinlichkeit zunächst mit jedem weiteren Befehlsverweigerer sehr schnell und später dann langsamer, so dass beim starken wie beim schwachen Staat genau 100 Prozent erreicht werden, wenn wir 499.999 weitere Befehlsverweigerer haben.[124] Wenn sich unserem Befehlsverweigerer beispielsweise 50 weitere Befehlsverweigerer hinzugesellen, dann liegt seine Überlebenswahrscheinlichkeit im starken Staat noch immer bei nur 0,01 Prozent. Aber im schwachen Staat liegt sie bereits bei 10 Prozent. Bei 31.250 weiteren Befehlsverweigerern liegt die Wahrscheinlichkeit im starken Staat bei 6,25 Prozent, im schwachen aber schon bei 50 Prozent.

Tabelle 10. Himmelfahrtskommando und schwacher Staat

Zahl der Befehlsverweigerer von den übrigen 499.999	**Überlebenswahrscheinlichkeit in Prozent einer Person…**			
	… bei Befehlstreue und Kommando:		**… bei Befehlsverweigerung und…**	
	Regulär	**Himmelfahrt**	**.. starkem Staat**	**…schwachem Staat**
0	50	10	0,0002	0,0002
50	50	**10**	0,01	**10**
31.250	**50**	10	6,25	**50**
249.999	**50**	10	**50**	84
499.999	50	10	100	100

Genau genommen haben wir also nur zwei Spalten hinzugefügt: die des Befehls „Himmelfahrt“ und die des Umfelds eines „schwachen Staates“. Außerdem haben wir andere Beispiele für die Zahl der Befehlsverweigerer in der ganz linken Spalte gewählt als in Tabelle 9. Letzteres haben wir aber nur der besseren Übersicht halber so gewählt. In allen Spalten neben der ganz linken stehen nun die von einem beispielhaften Matrosen eingeschätzten Überlebenschancen in verschiedenen Situationen. Dieser beispielhafte Matrose ist wie immer einfach nur irgendeiner der insgesamt 500.000 Matrosen. Wir können damit nun beliebig kombinieren: Die von unserem bei-

[124] Für Interessierte hier der angenommene funktionale Verlauf: $P = 3{,}761N^{0{,}25} + 0{,}0002$. Dabei symbolisiert P die Überlebenswahrscheinlichkeit und N die Zahl der übrigen Befehlsverweigerer. Der Exponent 0,25 ist nur zur Illustration so gewählt. Jeder Exponent zwischen null und eins erzeugt im Prinzip dasselbe Ergebnis und repräsentiert nur die Annahme, dass die Überlebenswahrscheinlichkeit zunächst schnell und später immer langsamer steigt.

spielhaften Matrosen geschätzte Zahl jener, die den jeweiligen Befehl voraussichtlich verweigern werden, finden wir ganz links. Den Typ des Befehls, der ausgegeben wurde, finden wir in der zweiten und dritten Spalte von links: entweder „Regulär" oder „Himmelfahrt". Das Umfeld eines starken oder schwachen Staates finden wir in den beiden rechten Spalten: entweder „starker Staat" oder „schwacher Staat".

Sehen wir uns einmal die Situation vor den Unruhen im Jahr 1918 an. Der Staat war noch stark und die Befehle regulär. Eine Kombination dieser beiden Aspekte zeigt das folgende Ergebnis: Bei genau 249.999 erwarteten weiteren Befehlsverweigerern ist die Überlebenswahrscheinlichkeit unseres beispielhaften Matrosen 50 Prozent, wenn er den Befehl ausführt, und 50 Prozent, wenn er ihn verweigert. Die Zahl von 249.999 erwarteten Befehlsverweigerern ist daher eine kritische Masse: Oberhalb dieser kritischen Masse sollte unser Matrose den Befehl verweigern, unterhalb sollte er ihn ausführen. Das gilt zumindest, wenn er seine Überlebenschancen maximieren möchte. Da das nicht allein für ihn gilt, sondern für alle Matrosen, folgt: Wenn die Matrosen mit mehr als der kritischen Masse von 249.999 Befehlsverweigerern rechnen, dann werden sie alle den Befehl verweigern, und es kommt zu einer allgemeinen Meuterei. Wenn sie dagegen mit weniger als 249.999 weiteren Befehlsverweigerern rechnen, dann werden sie alle den Befehl ausführen. Da ein Überschreiten einer so großen kritischen Masse aber unwahrscheinlich ist, sind die Befehlsketten stabil.

All das hatten wir schon, denn es fängt die Lage vor dem Herbst 1918 ein. Es entspricht übrigens genau dem Ergebnis von Tabelle 9. Nun aber sehen wir uns schrittweise an, was mit der Höhe der kritischen Masse an erwarteten Befehlsverweigerern geschieht, wenn wir die beiden Aspekte des Matrosenaufstandes berücksichtigen. Sehen wir uns zunächst an, was geschieht, wenn der Staat von einem „starken" zu einem „schwachen" Staat wird. Das war ja das erste, was 1918 geschehen war. Solange der Befehl noch immer ein „regulärer" ist, bleibt es dabei, dass die Überlebenswahrscheinlichkeit 50 Prozent ist, wenn unser beispielhafter Matrose den Befehl ausführt.

Was sich aber ändert, ist dies: Wenn der Staat „schwach" ist, dann erreicht die Überlebenswahrscheinlichkeit für den Fall einer Befehlsverweigerung schon dann den Wert von 50 Prozent, wenn unser Matrose mit 31.250 weiteren Befehlsverweigerern rechnet. Anders ausgedrückt: Die kritische Masse von erwarteten Befehlsverweigerern, ab der alle Matrosen tatsächlich zu Befehlsverweigerern werden, sinkt durch die Schwächung der staatlichen

Autorität in unserem Beispiel von 249.999 auf 31.250. Das ist schon ein ziemlich starker Rückgang, obwohl wir nicht vergessen dürfen, dass es sich nur um ein erfundenes Zahlenbeispiel handelt. Bleiben wir zunächst bei unseren erfundenen Zahlen, so ist die kritische Masse aber noch immer ziemlich hoch und das Henne-Ei-Problem noch immer eine große Hürde.

Die kritische Masse sinkt allerdings noch einmal, wenn wir den Befehl der Seekriegsleitung zum Angriff auf die Royal Navy berücksichtigen. Dieser Befehl änderte nämlich die Einschätzung der Matrosen bezüglich ihrer Überlebenschancen für den Fall, dass sie einen solchen Befehl ausführten und sich tatsächlich auf ein Himmelfahrtskommando schicken ließen. In unserem erfundenen Zahlenbeispiel sinkt die erwartete Überlebenswahrscheinlichkeit von 50 auf nur noch 10 Prozent. Das bedeutet: Wenn sich unser Beispielmatrose nun überlegt, ob er den Befehl verweigern will, dann reicht es ihm, wenn er seine Überlebenschance als Befehlsverweigerer bei mindestens 10 Prozent sieht. Diese 10 Prozent sind aber bereits dann erreicht, wenn er mit ganzen 50 weiteren Matrosen rechnet, die ebenfalls den Befehl verweigern.

Fassen wir zusammen: In unserem Zahlenbeispiel haben die Ereignisse um die Oktoberreformen 1918 die kritische Masse, ab der es zu einer massenhaften Befehlsverweigerung kommt, schrittweise gesenkt: Der Autoritätsverlust des Staates hat sie von 249.999 zunächst auf 31.250 gesenkt, und der Befehl zum Auslaufen gegen die Royal Navy hat sie anschießend bis auf 50 gedrückt. Auch wenn die konkreten Zahlen erfunden sind, so geben sie doch die Richtung des Effektes wieder, und daraus sollte unmittelbar klar werden, wie töricht der Plan der Seekriegsleitung war, die englische Flotte in einer Aktion zur Rettung der Ehre der deutschen Flotte angreifen zu lassen – und da reden wir noch gar nicht von der moralischen Dimension, die die meisten von uns zumindest heute recht grundlegend anders beurteilen dürften als die damaligen Befehlshaber.

Kommen wir nun noch einmal darauf zurück, dass unsere Zahlen nur zu Illustrationszwecken frei erfunden sind. Die Zahl von 500.000 Matrosen haben wir einfach übernommen, um die Dinge zwischen den Beispielen vergleichbar zu halten. In Wahrheit war die Zahl der betroffenen Matrosen im November 1918 kleiner. Aber auch die Wahrscheinlichkeiten, die wir zugrunde gelegt hatten, müssen so nicht stimmen und werden es auch nicht. Schließlich müssen wir bedenken, dass auch eine kritische Masse von 50 immer noch das begründet, was wir das Henne-Ei-Problem genannt haben.

Was nun die angenommenen Zahlen angeht, so kommt es auf die genaue Höhe wie so oft nicht an, sondern auf die jeweilige Reihenfolge und auf die Richtung ihrer Veränderungen – und die stimmen mit der Realität überein. Das hat dann zur Folge, dass die kritische Masse in den Zeiten vor den Turbulenzen des Herbst 1918 am höchsten war und von dort aus gesunken ist: zunächst durch den Autoritätsverlust des Staates und dann noch einmal – und vermutlich sehr stark – durch den Befehl zum Angriff der Flotte auf die Royal Navy. An diesen Einsichten ändert sich nichts, wenn sich die konkreten Zahlen ändern; und das ist entscheidend.

Aus diesem Grund erklärt uns unser Fallbeispiel auch den Zusammenbruch der russischen Armee im Herbst 1917. Denn dort gab es zwei ganz ähnliche Effekte, die der Reihe nach die kritische Masse absenkten, bis die Furcht vor den Folgen von Befehlsverweigerung oder Fahnenflucht so weit gefallen war, dass die Befehlshaber die Kontrolle über ihre Soldaten schließlich verloren. Hier war es zunächst die Februarrevolution von 1917, welche die Autorität des Staates untergraben hatte, und dann kam die Entscheidung der Provisorischen Regierung hinzu, trotz der Revolution gegen die Mittelmächte weiterkämpfen zu wollen.

Allerdings bleibt es unabhängig von der konkreten Höhe der Zahlen noch dabei, dass zunächst einmal eine kritische Masse von erwarteten weiteren Befehlsverweigerern erreicht werden muss, bevor alle anderen ebenfalls den Befehl verweigern. In unserem Matrosenbeispiel waren es am Ende nur noch 50, aber rein zahlenmäßig könnte das ja durchaus auch anders gewesen sein. Jedenfalls musste eine solche kritische Masse übersprungen werden, um einen Dominoeffekt der Befehlsverweigerung auszulösen. Was im jeweiligen Falle genau dazu geführt hat, dass die kritische Masse übersprungen wurde, wird sich nicht mit Sicherheit sagen lassen. Im Falle der deutschen Revolution von 1918 allerdings wird ein Umstand diese Sache begünstigt haben, vor dessen Hintergrund es vielleicht nicht einmal ein Zufall ist, dass die Novemberrevolution gerade mit einem Matrosenaufstand begann und nicht mit einer Meuterei in anderen Truppenteilen.

Sehen wir uns das an: Zunächst waren die betreffenden Matrosen alle an einem Ort konzentriert, und zwar in Wilhelmshaven. Hier waren sie aber naturgemäß zu einer überschaubaren Zahl jeweils kompakter Einheiten zusammengefasst: zu Schiffsbesatzungen nämlich. Jede davon war von einem begrenzten Raum umgeben, dem Schiff, und die Leute kannten sich untereinander. Dieses Umfeld bot zumindest kurzfristig so etwas wie Schutz und

Gemeinsamkeit. In der Logik unserer Zahlenbeispiele heißt das: Es ging zunächst einmal nicht mehr um sehr große Zahlen wie 500.000, sondern um sehr viel weniger, die Besatzung eines Schiffes nämlich. Entsprechend war dann auch die kritische Masse für jede einzelne Schiffsbesatzung sehr viel kleiner als für alle Matrosen zusammen.

Das galt natürlich jeweils nur für ein Schiff. Aber wenn ein gesamtes Schiff erst einmal zur Meuterei übergegangen ist, dann reicht es für die Kommandeure auf den höheren Ebenen möglicherweise nicht mehr aus, einzelne Matrosen zu verhaften. Denn an die kommen sie mitunter nicht mehr heran, sofern sich diese Matrosen nämlich im Schutz des Schiffs und seiner Besatzung befinden. Im Zweifel müssen die Kommandeure dann versuchen, ein solches Schiff komplett zu entern oder es gar zu versenken. Genau das hat die Seekriegsleitung auch versucht, und zwar mit Hilfe von Torpedobooten. Aber ein Befehl an die Besatzung eines Torpedobootes, ein Schiff mit den eigenen Kameraden zu versenken, ist schon allgemein eine kritische Sache; unter den Umständen des Oktobers 1918 war es das erst recht.

Denn nicht zuletzt befanden sich auch die Besatzungen der Torpedoboote im Umfeld der politischen Ereignisse dieser Zeit und unter dem Eindruck eines Himmelfahrtskommandos, dessen Sinn sie alle gemeinsam nicht nachvollziehen konnten. Sie bewegten sich auf ihrem jeweiligen Schiff oder Boot also selbst in der Nähe der kritischen Masse von möglichen Befehlsverweigerern, ab der es zu einer allgemeinen Meuterei kommt. Unter diesen kritischen Bedingungen kann ein Befehl an die Besatzung eines Schiffes oder Torpedobootes, das Schiff der eigenen Kameraden zu beschießen und vielleicht sogar zu versenken, leicht einmal genau der Funke sein, der die Besatzung des Torpedobootes über die kritische Masse hebt und damit eine Meuterei auslöst. Und so war es: Die Kommandeure haben es nicht geschafft, die Besatzungen der Torpedoboote dazu zu bringen, auf Schiffe mit meuternden Matrosen zu schießen.

Wenn aber die Weigerung von Torpedobootbesatzungen, auf Schiffe mit meuternden Kameraden zu schießen, von weiteren Besatzungen beobachtet wird, dann wird diese Beobachtung die zu einer Befehlsverweigerung nötige kritische Masse buchstäblich ins Bodenlose fallen lassen. Man stelle sich das nur einmal vor: Wenn ich den Befehl zum Himmelfahrtskommando ausführe, dann wird das fast mein sicheres Ende sein; aber wenn ich diesen Befehl verweigere, dann geschieht mir mit größter Sicherheit nichts. Niemanden muss es dann noch wundern, dass tatsächlich eine Schiffsbesatzung nach der anderen zu den Meuterern überlief und dass sie ihre Kapitäne buchstäblich entmachteten und ihnen die Schulterklappen entfernten. In Kiel angekommen, brachen schließlich alle Dämme, und die Matrosen verbrüderten sich mit den dortigen Arbeitern.

Ein starker Staat hätte einen solchen Lauffeuereffekt womöglich noch im Keim ersticken können. Vielleicht hätte er es sogar vermocht, die Flotte auf ein Himmelfahrtskommando zu schicken. Es wäre nicht das erste Mal gewesen. Aber die politischen Ereignisse rund um die Oktoberreformen von 1918, in die ein solcher Befehl in diesem Fall eingebettet war, begünstigten die Einschätzung der Soldaten, dass der Staat seine Autorität verloren hatte und folglich schwach war.

Das Tückische an einer solchen Einschätzung ist, dass die Vermutung eines schwachen Staates allein schon ausreicht, um einen Staat tatsächlich schwach zu machen. Denn wer einen schwachen Staat vermutet, glaubt nicht mehr, für seine Befehlsverweigerung bestraft zu werden; und wer das nicht glaubt, der lässt sich nicht auf ein sinnloses Himmelfahrtskommando schicken, sondern verweigert die Befehle. Wenn schließlich niemand mehr den Befehlen gehorcht, ist der Staat genau das, was alle vermutet hatten: Er ist schwach und bar jeder Autorität.

Das ist das Kernergebnis dieses Kapitels: Die Befehlsketten eines Staates sind immer genau so stark, wie die Befehlsempfänger glauben, dass sie sind. Allein die Erwartung starker Befehlsketten kann sie stark machen, denn es sind die Befehlsempfänger selbst, die die Gewalt des Staates physisch ausüben. Die Befehlshaber dagegen können die Befehlsempfänger nur dadurch unter ihrer Kontrolle halten, dass sie diese davon überzeugen, dass die Befehlsketten stark sind. Glauben die Befehlsempfänger das, dann sind die Befehlsketten tatsächlich stark. Aber wehe den Befehlshabenden, die an diesem Glauben Zweifel aufkommen lassen: Sie werden allzu leicht hilflos dabei zusehen müssen, wie die Befehlsketten zerbröseln. Im Kern handelt es sich um dieselbe Art einer sich selbst erfüllenden Prophezeiung, welche wir bereits aus dem Machtkern kennen. Dort gilt: Nur ein Diktator, den alle Mitglieder seines Machtkerns für mächtig halten, ist auch mächtig, während ein Diktator, der als schwach gilt, allein wegen der allgemeinen Einschätzung seiner Schwäche auch schwach ist.

Wenn die Befehlsketten aber erst einmal gerissen sind, dann kann ein Diktator auch innerhalb seines Machtkerns nicht mehr glaubwürdig Stärke signalisieren. Weil ihm einen Versuch dazu niemand mehr abnimmt, sprengt es immer auch den Machtkern, wenn die Befehlsketten reißen. Niemand nimmt dann noch so etwas wie staatliche Autorität wahr. In der Folge werden Befehle verweigert, weil die Leute auf den unteren Hierarchieebenen nicht mehr mit Strafe rechnen, und es werden Loyalitäten gekündigt, weil die einflussreichen Personen auf den höheren Hierarchieebenen die Einschätzung ihrer Lage neu justieren, um nicht auf das falsche Pferd zu setzen. Das Machtsystem kollabiert, und das ist es, was wir eine Revolution nennen.

Thomas Mann hatte diese Art von Kettenreaktion während der Novemberrevolution von 1918 offenbar genau beobachtet. Denn am 9. November 1918 notierte er angesichts des untergehenden Kaiserreichs:

> *„Revolutionen kommen erst, wenn sie gar keinen Widerstand mehr finden (...). Die alten Machthaber sind im Grunde froh, ihre Macht, die keine mehr war, los zu sein, und es ist zuzugeben, daß ihre Autorität der Lage, wie sie ist und demnächst sein wird, nicht gewachsen gewesen wäre."*[125]

Aus diesen Erkenntnissen ergibt sich nun auch die Antwort auf die Frage, warum die Soldaten am Ende des Zweiten Weltkriegs im Gegensatz zum Ersten Weltkrieg bis zum furchtbaren Ende in grotesker Sinnlosigkeit weiterkämpften. Die Antwort lautet: weil die Nazis bis zum Schluss unter Einsatz jedes beliebigen Maßes an Grausamkeit nicht den leisesten Zweifel daran ließen, dass ihre Befehlsketten stabil waren. Erreicht haben sie das, indem sie zuvor ein Terrorregime aufgebaut hatten. Dieses Terrorregime verfügte über eine wahrhaft teuflische Struktur, mit deren Hilfe der Nazi-Staat selbst im Angesicht seines Untergangs noch die Bedingungen für einen starken Staat erfüllte.[126] Über die verschiedenen Hierarchieebenen hinweg gab es – etwas überspitzt formuliert – zwei Personengruppen: Die erste bestand aus Personen, die jenseits des Nazi-Regimes keinerlei Perspektive für sich mehr erkennen konnten und sich selbst mit dem Regime zwangsläufig untergehen sahen, so dass jeder gewonnene Tag bis zur Kapitulation für sie noch Sinn hatte; und die zweite Gruppe bestand aus jenen Personen, die die Personen der ersten Gruppe fürchteten.

Die erste Gruppe rekrutierte sich aus dem Umfeld von Führungspersonen vor allem in der SS, aber auch in der NSDAP und teilweise in der Wehr-

---

[125] Mann (1979), S. 65.
[126] Siehe ausführlich: Kershaw (2011), S. 301-348.

macht, die wegen des Holocaust und der Kriegsverbrechen zum Ende des Krieges tief in persönliche Schuld verstrickt waren. Für diese Leute stellte sich die Frage nach der Loyalität zum Regime nicht mehr, weil für sie der Untergang des Regimes gleichbedeutend mit dem persönlichen Untergang war. Das waren nicht allein die obersten Nazis, sondern auch viele andere auf weiter unten liegenden Ebenen der Befehlshierarchie. Aus diesem Umfeld rekrutierten sich jene, die vor allem im Rahmen der SS Jagd auf desertierende Soldaten machten, sie töteten und ihre Leichen mit ehrverletzenden Schildern ausstellten. Ihre Haltung wird durch eine Verordnung von Martin Bormann, dem Leiter der Parteikanzlei und Sekretär Hitlers, vom 15. Februar 1945 eindringlich dokumentiert. Dort heißt es:

> *„Der Führer erwartet, dass die Gauleiter die ihnen gestellte Aufgabe mit der erforderlichen Härte und Folgerichtigkeit durchführen und rücksichtslos jede Auflösungserscheinung, Feigheit oder Defaitismus mit den Todesurteilen der Standgerichte niederhalten. Wer nicht für sein Volk zu kämpfen bereit ist, sondern ihm in ernstester Stunde in den Rücken fällt, ist es nicht wert, weiter zu leben und muss dem Henker verfallen.“*[127]

Die auf dieser zynischen Basis betriebene Menschenjagd inmitten der Trümmer des untergehenden Dritten Reiches verbreitete selbst unter hartgesottenen Frontsoldaten allerorten Angst und Schrecken, was dazu beigetragen haben dürfte, dass die meisten Soldaten ihre Überlebenschancen darin suchten, weiterzukämpfen und darauf zu hoffen, den Rest des Krieges in dem ganzen Irrsinn noch irgendwie zu überleben. Das ist durchaus nachvollziehbar, wenn eine Befehlsverweigerung die sofortige Exekution zur Folge hatte, Befehlstreue aber noch eine gewisse Überlebenschance bot. Wenn der Anteil jener hoch genug ist, die sich vor diesem Hintergrund für die Befehlstreue entscheiden, dann bleiben die Befehlsketten unabhängig von der Frage stabil, ob die Befehlsempfänger noch irgendwelche Illusionen über den Ausgang des Krieges hegen oder nicht.

Die Stabilität der Befehlsketten und des Machtkerns entscheiden also über die Zukunft eines jeden Regimes. Die Befehlsketten bleiben stabil, wenn die Befehlsempfänger glauben, dass sie stabil bleiben; und der Machtkern bleibt stabil, wenn seine Mitglieder glauben, dass er stabil bleibt. Damit es zur Revolution kommt, muss es am Ende immer den Machtkern sprengen. Eine

[127] Zitiert nach Kershaw (2011), S. 299.

Möglichkeit dazu ist, dass die Befehlsketten reißen. Wenn das geschieht, sprengt das in der Folge auch den Machtkern. Eine zweite Möglichkeit sind Massenaufstände. Wenn es dazu kommt, *kann* es in der Folge den Machtkern sprengen – wie in Ost-Berlin 1989. Es kann aber ebenso sein, dass der Machtkern stabil bleibt – wie in Peking 1989.

Die Zerstörung der Befehlsketten weist also einen recht zuverlässigen Weg in eine Revolution. Der Weg über Massenaufstände erweist sich dagegen als ausgesprochen unzuverlässig, und das sogar in doppelter Hinsicht. Zunächst einmal ist es ohnehin schon sehr unwahrscheinlich, dass Unterdrückung und Verarmung der Bevölkerung einen Massenaufstand auslösen. Erklären können wir uns das mit dem Dilemma der Revolution, wie wir es im Kapitel über die Machtbasis eines Diktators (Kap. 2) kennengelernt haben. Praktisch erkennen wir es daran, dass wir viel mehr Massenaufstände beobachten müssten, wenn Unterdrückung und Verarmung eine hinreichende Bedingung zur Entstehung von Massenaufständen wären. Kommt es hier und da aber doch zu einem Massenaufstand, so wird dies den Machtkern wiederum nur manchmal sprengen; manchmal aber auch nicht. Das erklärt uns, warum die mit Abstand meisten Umstürze aus dem Umkreis eines Herrschers kommen und nur sehr wenige auf die Masse der Bevölkerung zurückzuführen sind, wie wir das in den statistischen Fakten bereits gesehen haben. Und es erklärt uns, warum wir in absoluten Zahlen betrachtet zwar durchaus nicht ganz wenige Massenaufstände beobachten, zugleich aber nur wenige davon wirklich einen Regimewechsel auslösen.

Mit dem Mythos der Revolution hat das alles leider wenig zu tun. Denn es sind nur in Ausnahmefällen die Faktoren Unterdrückung, Armut und Ungerechtigkeit, die zu Revolutionen führen, sondern im Wesentlichen die Schwäche der Autorität des Staates sowie der Loyalität der Mitglieder seines Machtkerns, und all das hängt von einer Reihe von höchst unterschiedlichen Faktoren ab. Dabei ist es kein Zufall, dass Revolutionen nicht selten das Resultat von verlorenen Kriegen und von Krisen sind. Das liegt aber nicht daran, dass die Masse der Bevölkerung nach verlorenen Kriegen und nach Krisen von ihrer Regierung genug hat und sie deshalb davonjagt, wie es der Mythos der Revolution nahelegt. Vielmehr liegt es daran, dass die Befehlsketten im Umfeld verlorener Kriege brüchig werden und dass die Mitglieder des Machtkerns mit Gründen dafür konfrontiert werden, ihre Loyalität zum Herrscher zu überdenken. All das lässt den Herrscher schwach erscheinen, und was ihn schwach erscheinen lässt, das macht ihn auch schwach.

Genau hier setzt eine Gruppe von Menschen an, die quasi berufsmäßig darauf spezialisiert sind, solche Schwächen zu finden und systematisch zu nutzen, um sie ganz gezielt auf eine Revolution hinzutreiben. Den meisten von ihnen gelingt das zwar nicht, aber der Eindruck in der Öffentlichkeit ist ein anderer. Das liegt daran, dass diejenigen, denen dies gelungen ist, oft weltberühmt wurden, während diejenigen, denen es misslang, meist in irgendwelchen Kerkern verschwanden. Wir reden von historischen Figuren, die den Mythos der Revolution stets heftig befeuert haben: die berühmten Revolutionäre, die Helden der Revolutionsgeschichte. Mit ihren Namen sind die großen Revolutionen der jüngsten Geschichte fast ausnahmslos verbunden. Rühmliche Kapitel der Menschheitsgeschichte haben die allermeisten von ihnen dennoch nicht geschrieben.

8. Revolutionäre Führer

„Man kann kein Omelett machen, ohne Eier zu zerschlagen."[128]
(*Wladimir Iljitsch Lenin*)

Als Lenin am 3. April 1917 am Finnischen Bahnhof in Petersburg angekommen war, wurde Russland von einer höchst instabilen Doppelherrschaft regiert. Auf der einen Seite stand die Provisorische Regierung unter dem Ministerpräsidenten Fürst Georgi Lwow sowie dem Kriegsminister Alexander Kerenski aus dem Lager der Menschewiki. Auf der anderen Seite beanspruchte der Petersburger Arbeiter- und Soldatenrat – der einflussreiche Petrograder Sowjet – die Macht für sich. Während die Provisorische Regierung eine Verfassungsgebende Versammlung anstrebte, welche über die künftige russische Verfassung zu entscheiden habe, zielte der Petrograder Sowjet auf eine sozialistische Räterepublik.

Das Konkurrenzverhältnis zwischen der Provisorischen Regierung auf der einen Seite und dem Petrograder Sowjet auf der anderen schwächte die Entwicklung jedweder staatlichen Autorität in Russland, so dass das Land über viele Monate am Rande eines Bürgerkrieges entlangschlitterte. Eine bedeutende Schwächung erfuhr die Provisorische Regierung durch den sogenannten Befehl Nr. 1 des Petrograder Sowjets vom 1. März 1917,[129] der die Soldaten in Petersburg dazu aufrief, revolutionäre Komitees zu bilden und Delegierte in den Petrograder Sowjet zu senden. Außerdem bestimmte der Befehl Nr. 1, dass die Truppen nur solche Befehle der Duma und der Provisorischen Regierung ausführen sollten, welche den Weisungen des Petrograder Sowjets nicht widersprachen.

Lenin positionierte sich im Machtkampf zwischen dem Sowjet und der Provisorischen Regierung eindeutig. Er hatte bereits während der Zugfahrt von Zürich nach Petersburg an seinen „Aprilthesen" gearbeitet, welche er unmittelbar nach seiner Ankunft in Petersburg öffentlich verkündete.[130] Darin forderte er die Bolschewiki zu einer eindeutigen Haltung in zweierlei Hinsicht auf: Erstens sah er den Moment der proletarischen Revolution in Russland gekommen, und zwar ganz im marxistischen Sinne, obwohl viele Marxisten davon überzeugt waren, dass nach dem Sturz des feudalistischen Za-

[128] Zitiert nach Popper (1945/1992), S. 190.
[129] Siehe Aust (2017), S. 106.
[130] Siehe Lenin (1959a).

T. Apolte, *Der Mythos der Revolution*,
https://doi.org/10.1007/978-3-658-27939-4_8

renregimes zunächst eine bürgerlich-kapitalistische Phase in Russland durchschritten werden müsse. Lenin lehnte dies schroff ab und erklärte es zum Verrat am Klassenkampf, wenn die aktuelle Chance zur Übernahme der Macht durch das Proletariat nicht genutzt werde. Auf dieser ersten These aufbauend rief er zur Verweigerung jedweder Unterstützung der Provisorischen Regierung auf: „Kein klassenbewusster Arbeiter“, schrieb er, „kein aufgeklärter Soldat wird die Politik des ‚Vertrauens‘ zur Provisorischen Regierung weiter unterstützen. (…) Arbeiter, Soldaten! Erklärt jetzt, daß es alle hören: Wir fordern, daß bei uns eine einzige Staatsmacht bestehe – die Sowjets der Arbeiter- und Soldatendeputierten. Die Provisorische Regierung, die Regierung einer Handvoll Kapitalisten, muß diesen Sowjets den Platz räumen“[131].

Damit war die Marschroute vorgegeben: Lenin hatte sich nicht nur im Machtgerangel der Doppelherrschaft klar auf die Seite des Petrograder Sowjets gestellt. Vielmehr setzte er alles daran, den Sowjet zu radikalisieren und unter seine Kontrolle zu bringen. Er nahm dabei bewusst in Kauf, dass seine Marschroute nicht allein die Provisorische Regierung, sondern die staatliche Autorität ganz generell schwächte.

Der Historiker Archie Brown sieht vor allem drei Fehler der sehr heterogenen Provisorischen Regierung, welche Lenin und den Bolschewiki in die Hände spielten:[132] Erstens blieb die Provisorische Regierung loyal zu den Entente-Mächten und setzte die russische Kriegsbeteiligung gegen die Mittelmächte fort. Zweitens versäumte sie es, eine Art Privatarmee der Bolschewiki – die „Roten Garden“ – aufzulösen; und drittens ging sie die allseits geforderte Bodenreform zugunsten der verarmten Bauern nicht an.

Im Juli unternahmen die Roten Garden einen Umsturzversuch, den die Provisorische Regierung trotz ihrer Schwächung noch einmal abwehren konnte. Daraufhin verlor Fürst Lwow seine Position als Ministerpräsident zugunsten von Kerenski, der fortan die Provisorische Regierung führte. Kerenski verbot die Bolschewistische Partei und verhaftete einige führende Bolschewiki, unter anderem Trotzki, der allerdings bereits nach relativ kurzer Zeit wieder freikam. Lenin floh vorübergehend nach Finnland und entzog sich dadurch dem Zugriff der Regierung.

---

[131] Lenin (1959b), S. 178 f.
[132] Vgl. Brown (2009), S. 77.

Es folgte ein Putschversuch des rechtsgerichteten Generals Lawr Georgijewitsch Kornilow. Obwohl auch dieser Angriff abgewehrt werden konnte, schwächte er die Provisorische Regierung und stärkte damit die Position des Petrograder Sowjets. Zugleich wuchs innerhalb des Sowjets der Einfluss der Bolschewiki. Trotzki ließ sich zu dessen Vorsitzenden wählen und übernahm schließlich das Kommando über ein „Militärrevolutionäres Komitee" (MRK), welches wiederum schrittweise das Kommando über die Einheiten der russischen Armee erlangte.

So gerüstet, besetzten die Bolschewiki mit den ihnen unterstellten Truppen am 25. Oktober 1917 wichtige strategische Orte und Gebäude in Petersburg. Im Anschluss wurde die Absetzung der Provisorischen Regierung verkündet. Kerenski konnte rechtzeitig die Stadt verlassen und lebte noch bis 1970, überwiegend in den USA.[133] Erst in der darauffolgenden Nacht vom 25. auf den 26. Oktober 1917 erfolgte die Besetzung des Winterpalasts durch das MRK, in dessen Zuge die übrigen Minister der Provisorischen Regierung verhaftet wurden. Zu diesem Zeitpunkt war die Machtübernahme durch die Bolschewiki aber bereits verkündet.

Der geschichtsnotorische Sturm auf den Winterpalast wurde später aus propagandistischen Gründen in den Mittelpunkt der Oktoberrevolution gerückt. In Wirklichkeit fand die Besetzung des Winterpalasts durch das MRK und die Verhaftung der Minister weitgehend unbemerkt von der Öffentlichkeit statt:

> *„Es waren nur an die hundert Berufsrevolutionäre, die, während der Opernsänger Fjodor Schaljapin nur einige Meter entfernt sang, die Gäste der umliegenden Restaurants aßen und die Straßenbahn fuhr, den Rest der Regierung Alexander Kerenskijs unter Arrest nahmen."*[134]

Eine Art Massenansturm fand erst später statt, nachdem nämlich bekannt geworden war, dass große Cognac- und Weinvorräte des Zaren im Winterpalast lagerten, was Scharen von Plünderern anzog, welche wiederum die meisten der Schüsse provoziert hatten, die im Zusammenhang mit dem Sturm auf den Winterpalast gefallen waren.

---

[133] Vgl. Brown (2009), S. 79f.
[134] Smolik (2018).

Nachdem sie die Provisorische Regierung gestürzt hatten, ließen die Bolschewiki die schon zuvor anberaumten Wahlen zur Verfassungsgebenden Versammlung zunächst noch durchführen. Allerdings erhielten sie nur rund ein Viertel der Stimmen, während die gemäßigten Menschewiki und Sozialrevolutionäre zusammen die absolute Mehrheit der Stimmen auf sich vereinigen konnten. Offenbar besorgt um negative Reaktionen in der Öffentlichkeit, beließ es Lenin zwar bei der erstmaligen Einberufung der Verfassungsgebenden Versammlung für den 18. Januar 1918. Doch weil die Bolschewiki dort keine Mehrheit hatten und ihnen daher die Kontrolle über die Verfassungsentwicklung Russlands zu entgleiten drohte, löste Lenin die Verfassungsgebende Versammlung bei ihrem erstmaligen Zusammentreten gleich wieder auf. Danach ist sie nie wieder zusammengetreten. Lenin rechtfertigte sein Verhalten gegenüber Trotzki mit den Worten:

> *„Natürlich war es sehr unvorsichtig von uns, daß wir die Einberufung nicht verschoben haben. Doch letzten Endes ist alles noch einmal gutgegangen. Die Auseinanderjagung der Verfassungsgebenden Versammlung durch die Sowjetmacht bedeutet die vollständige und offene Liquidierung der formalen Demokratie im Namen der revolutionären Diktatur."*[135]

Die Oktoberrevolution in Russland war also keine Erhebung der Massen, auch wenn ihr viele Monate oder, je nachdem, wie man es rechnet, Jahre der politischen Unruhen vorausgegangen waren. Sie war das Werk vor allem zweier berühmter Revolutionäre: Wladimir Iljitsch Lenin und Leo Trotzki. Sie hatten den Machtkern dessen zerstört, was sich nach der Februarrevolution in Russland als Regierung mehr schlecht als recht etabliert hatte.

Gut vier Jahrzehnte später, an einer ganz anderen Stelle der Welt, fand eine ganz andere Revolution statt, und zwar in einem ungleich kleineren und bis dahin auch unbedeutenden Land. Aber das sollte sich binnen weniger Jahre ändern. Denn dieses kleine Land auf einer Insel im „Hinterhof" der führenden Macht der kapitalistischen Welt sollte mit seinem Revolutionsregime die Welt an den Rand eines Atomkriegs führen – mit freundlicher Unterstützung jenes Staates, den der Revolutionär Wladimir Iljitsch Lenin 40 Jahre zuvor gegründet hatte.

---

[135] Trotzki (1924), S.94; zitiert nach Wolkogonow (1996), S. 184.

Dabei war man in den USA spätestens seit der Unabhängigkeit Kubas daran gewöhnt, die größte der Karibikinseln als seinen selbstverständlichen Einflussbereich zu definieren. Auch nachdem Kuba 1902 formal unabhängig geworden war, blieb die Insel durch das „Platt Amendment"[136] des US-amerikanischen Armeehaushaltsgesetzes von den Vereinigten Staaten abhängig und in seiner Souveränität noch bis 1934 eingeschränkt. Im Jahre 1940 erhielt Kuba dann eine Verfassung, welche neben anderen sozialen Grundsätzen eine Landreform zugunsten der armen Bauern vorsah. Doch im Jahre 1952 putschte sich der Oberst und Oberbefehlshaber der kubanischen Streitkräfte, Fulgencio Batista, an die Macht und setzte zentrale und sehr populäre Elemente der kubanischen Verfassung von 1940 außer Kraft, darunter vor allem den Schutz der Menschenrechte sowie die Landreform.

Das provozierte die Bildung einer ganzen Reihe von oppositionellen Gruppen. Eine davon sollte Geschichte schreiben, und zwar die Bewegung des 26. Juli oder kurz: die M-26-7. Gegründet wurde sie von einem jungen Rechtsanwalt, der es sich zum Ziel gesetzt hatte, das Batista-Regime zu stürzen. Sein Name war Fidel Alejandro Castro Ruz. Zunächst hatte die M-26-7 noch *Generatión del Centenario* geheißen und am 26. Juli 1953 einen völlig chaotisch organisierten Versuch unternommen, die Moncada-Kaserne in Santiago de Cuba zu erstürmen und auf diesem Weg die Kontrolle über die kubanische Armee zu erlangen. Die Aktion, an der 130 Kämpfer beteiligt waren, endete in einem Desaster, 19 Soldaten und 8 Revolutionäre wurden getötet. Später tötete die Armee über 50 weitere Rebellen.[137] Fidel Castro sowie sein Bruder Raúl wurden verhaftet, kamen aber 1955 im Rahmen eines Amnestiedekrets von Batista wieder frei. Das Datum des gescheiterten Sturms auf die Moncada-Kaserne gab der revolutionären Organisation Fidel Castros später ihren endgültigen Namen. Castro selbst wurde mit einem Schlag zum nationalen Helden.

Nach seiner Entlassung aus der Haft ging Castro ins mexikanische Exil. Dort lernte er 1955 den aus Argentinien stammenden Arzt und Marxisten Ernesto „Che" Guevara kennen. Gemeinsam sammelten sie eine Gruppe von Rebellen für den Kampf gegen das Batista-Regime um sich.

Am 2. Dezember 1956 landeten Fidel Castro und Che Guevara zusammen mit 82 weiteren Kämpfern nach einer einwöchigen Überfahrt mit einer klei-

[136] Siehe Zeuske (2002), S. 156f.
[137] Vgl. Schmid (2003).

nen Yacht namens „Granma“ an der Playa Las Coloradas im südöstlichen Teil von Kuba. Unmittelbar danach kam es zum zweiten großen Rückschlag nach dem verpatzten Angriff auf die Moncada-Kaserne, als Castros Truppe von der kubanischen Armee mit Flugzeugen angegriffen wurde und über drei Viertel seiner Kämpfer verlor.[138] Der winzige Rest von wahrscheinlich nur noch 15 Leuten, unter ihnen Fidel und Raúl Castro sowie Che Guevara, zog sich in die Berge zurück und errichtete am Fuße des Pico Turquino das Generalkommando einer zunächst sehr kleinen Guerilla-Truppe. Von dort aus koordinierten sie fortlaufend Angriffe gegen die zahlenmäßig weit überlegene kubanische Armee.

Castros Kämpfern half der Umstand, dass sich die Kampfmoral der kubanischen Truppe im Laufe der Zeit fortlaufend verschlechterte. Je mehr Gebiete von der M-26-7 kontrolliert wurden, desto mehr Überläufer gab es. Hinzu kam, dass viele Bauern mit den Rebellen sympathisierten und sich ihnen teilweise auch anschlossen. Batista reagierte auf die Verluste, indem er Bauern und Arbeitslose für einen Hungersold zum Kampf gegen Castros hochmotivierte Rebellen verpflichtete. Die Rebellen unterstützten die armen Bauern und verteilten Land und Vieh um, was ihnen weitere Unterstützung sicherte. Zudem war Castro ein Meister der Propaganda und darin, seine Truppe weit größer erscheinen zu lassen, als sie war. In Verbindung damit, dass die kubanische Armee der kleinen, aber größer erscheinenden und ausgesprochen disziplinierten Guerilla-Truppe Castros nicht Herr wurde, veränderte die Propaganda der Rebellen die Wahrnehmung der Kräfteverhältnisse.

Die starke Disziplin der Castro-Truppe beruhte allerdings nicht allein auf der ideellen Motivation ihrer Kämpfer, sondern auch auf deren eiserner Führung durch die Castro-Brüder sowie Che Guevara, die mit Abtrünnigen und Deserteuren meist kurzen Prozess machten und vor Hinrichtungen bei Freund und Feind grundsätzlich nicht zurückschreckten, wenn sie nur dem großen Ziel der Revolution dienten.[139] In der Folge dieser Kombination aus Popularität und rigorosem Führungsstil wuchs die Schlagkraft der Castro-Truppe zunächst verhalten und dann immer stärker, während der kubanischen Armee die Stabilität der Befehlsketten zunehmend fehlte. In zuneh-

---

[138] Vgl. Hermsdorf2018), S. 50f.; siehe auch die ausführliche Schilderung von Che Guevara (2016), S. 21ff.

[139] Vgl. Zeuske (2002), S. 179.

mendem Maße desertierten deren Soldaten oder wechselten zu Castros Guerilla über.

Ab dem Sommer 1958 war die Guerilla-Truppe zwar immer noch zahlenmäßig weit unterlegen, aber inzwischen von so großer Schlagkraft, dass sie jene Offensive gegen Batistas Truppen starten konnte, die sich als entscheidend erweisen sollte. Fidel und Raúl Castro konzentrierten sich mit einem Teil der Truppe auf den südöstlichen Teil Kubas und belagerten die Stadt Santiago de Cuba, während Che Guevara mit seinen Leuten nach Nordwesten in Richtung Havanna zog. Dort konnte Che Guevara seinen wohl größten militärischen Erfolg feiern, als er kurz vor dem Jahreswechsel 1958/59 zunächst einen Güterzug voller Waffen erbeutete und sodann die Schlacht um die Stadt Santa Clara gewann.[140]

Diese vernichtende Niederlage des Batista-Regimes veranlasste den Diktator am 1. Januar 1959 zur Flucht in die Dominikanische Republik, womit der Weg Castros in die kubanische Hauptstadt geebnet war. Am 8. Januar 1959, eine Woche nach dem Sieg von Santa Clara, zog Fidel Castro unter dem Jubel der Massen in Havanna ein. In den Jahren danach errichtete der bis zur Revolution ideologisch nicht festgelegte Fidel Castro zusammen mit seinem entschieden kommunistisch orientierten Bruder sowie dem gleichermaßen festgelegten Che Guevara ein sozialistisches Regime unter dem Schutz der Sowjetunion – mit den bekannten geopolitischen Folgen.

Anders als Lenin hatte Castro nie versucht, den Machtkern des Batista-Regimes zu sprengen. Zwar hatte er Kontakte in dessen Machtkern hinein, und es ist nicht auszuschließen, dass ihn dies nach dem Sturm auf die Moncada-Kaserne vor der Hinrichtung bewahrt hatte.[141] Aber der Einfluss reichte bei weitem nicht, um dem Machtkern ähnlich wie Lenin auf direktem Wege die Stabilität zu rauben. Also wählte Castro den Weg über die Befehlsketten der Armee. Sie hielt er für hinreichend schwach, um sie mit Hilfe einer Rebellen-Truppe zu zerstören. Dabei war er offensichtlich ein Hasardeur, sonst hätte er den verrückten Sturm auf die Moncada-Kaserne nicht unternommen. Ähnlich abenteuerlich war die Landung seiner kleinen Truppe mit einer kleinen Yacht in Kuba. Aber sein Organisationsgeschick, sein propagandistisches Talent und sein unbedingter Machtwille zahlten sich in

[140] Vgl. Zeuske (2002), S. 182f.

[141] Castro war noch bis 1955 mit Mirta Díaz-Balart Gutiérrez verheiratet, deren Vater Rafael José Díaz-Balart bis 1954 Transportminister und deren Bruder Rafael Díaz-Balart stellvertretender Innenminister unter Batista war.

Kombination mit einer übergroßen Portion Glück am Ende aus. So gelang es ihm, die Befehlsketten der kubanischen Armee zu zerreißen und damit auf indirektem Wege den Machtkern des Batista-Regimes zu sprengen.

In ihrem unbändigen Willen zur Revolution unterschieden sich Lenin und Castro offenbar nicht. Dass sie nicht mit der gleichen Strategie vorgingen, lässt sich aus dem unterschiedlichen Umfeld erklären, in dem sie sich jeweils befanden. Beide hatten ihr spezielles Umfeld offenbar genau erkannt und daraus ihre jeweilige Strategie abgeleitet: Der eine sprengte den Machtkern der Regierung, der andere die Befehlsketten der Armee. Aber in einem Punkt unterschieden sich die beiden gleichermaßen von den einfachen Menschen aus der großen Masse des Volkes: Sie waren einflussreich.

Genau das unterscheidet einen revolutionären Führer von einem Mitglied der großen Masse der Bevölkerung: Sein Einfluss ist erheblich. Wenn er sich entschließt, an Umsturzaktivitäten teilzunehmen, dann wird das mit einer nicht zu vernachlässigenden Wahrscheinlichkeit über Erfolg oder Misserfolg entscheiden. Diese Feststellung wirft aber zwei Fragen auf: Erstens, beruht der Wunsch eines revolutionären Führers nach einer Revolution auf den gleichen Motiven wie jener der großen Masse des Volkes? Und zweitens: Was macht einen revolutionären Führer so einflussreich? Oder: Könnte nicht jeder zunächst einflussreich und dann revolutionärer Führer werden?

Beginnen wir mit den Motiven. Im Falle der einfachen Menschen aus der großen Masse dürften die Motive klar sein: Sie werden normalerweise lieber in Freiheit und Wohlstand leben wollen als unter der Knute eines ausbeuterischen und repressiven Diktators. Aber sind das auch die Motive eines revolutionären Führers? Das kann schon sein, muss es aber nicht. Denn bei einem einflussreichen Menschen kommen zumindest noch zwei weitere mögliche Motive hinzu. Wenn wir wie immer eine ausbeuterische und unterdrückerische Diktatur als Ausgangspunkt annehmen, dann können wir zusammengefasst drei Gruppen von Motiven unterscheiden: Das erste ist die Ausbeutung und die Unterdrückung des Volkes durch den Diktator selbst. Möglicherweise leidet ein künftiger revolutionärer Führer selbst darunter. Vielleicht entstammt er aber auch privilegierten Schichten, was bei den berühmten Revolutionären der Geschichte gar nicht selten der Fall war. Auf Lenin und erst recht auf Castro passt so eine Beschreibung zumindest nicht schlecht. Dennoch könnten Revolutionäre wie sie ihre Motivation immer noch aus der Empörung über die Verhältnisse in ihrem Land beziehen. So scheint es vor allem bei Che Guevara der Fall gewesen zu sein, der ebenfalls aus keinen ärmlichen Verhältnissen stammte. Wie immer sich das im Einzelfall verhält, bleiben Ausbeutung und Unterdrückung eine erste Gruppe von möglichen Motiven für einen revolutionären Führer.

Aber manchmal haben diese Motive auch keine Rolle gespielt, oder sie sind mit der Zeit zugunsten anderer Motive in den Hintergrund gerückt. So finden wir als eine zweite Gruppe von Motiven alles, was sich um politische Ideen oder um Glauben und Religion rankt. Allerlei Ideologien haben Revolutionäre umgetrieben und angespornt, und die meisten Revolutionäre waren geradezu vernarrt darin. Nicht selten enthalten Ideologien Versprechungen über die Erlösung von Unterdrückung und Ausbeutung durch das bestehende Herrschaftssystem. Deshalb tritt die zweite Gruppe sehr häufig in Verbindung mit der ersten auf.

In ganz ähnlicher Weise werden revolutionäre Führer auch von Religionen beflügelt. Nicht wenige ernsthafte Autoren sehen in Jesus einen frühen Revolutionär,[142] aber man könnte noch mindestens bis Moses zurückgehen. Auch der iranische Ayatollah Khomeini war ein religiös motivierter Revolutionär, und in der jüngeren Zeit wimmelt es im Nahen Osten nur so davon – was sich trotzdem eher aus den dortigen sozio-ökonomischen Verhältnissen als aus den Spezifika ihrer Religion erklären dürfte. Daher gilt auch hier, dass die Motive, so extremistisch sie auch oft in Erscheinung treten, von anderen Motiven nicht klar abgrenzbar sind. Fassen wir zusammen, so finden wir eine zweite Gruppe von Motiven, und die besteht aus Ideologien und religiösen Überzeugungen.

Schließlich dürfen wir eine dritte Gruppe von Motiven nicht vergessen, und die dreht sich um so schnöde Dinge wie die eigenen Vorteile, die ein erfolgreicher Umsturz für einen revolutionären Führer bringen kann. Weil revolutionäre Führer einflussreich sind, winken ihnen nach einer Revolution leitende Positionen sowie Macht und Geld. Wenn auch viele von ihnen noch so sehr beteuert haben, dass ihnen das alles nichts bedeutet, und wenn es auch einige gegeben hat, für die das stimmte, so hat es für die meisten von ihnen am Ende doch eine Rolle gespielt. Und wenn es nicht das Geld und nicht die Macht selbst waren, so dürfte der Faktor Eitelkeit sehr häufig eine nicht ganz unbedeutende Rolle gespielt haben. Sich als ein Werkzeug der Geschichte verstehen zu dürfen hat jedenfalls viele Revolutionäre des 20.

[142] So zum Beispiel der Religionswissenschaftler Reza Aslan (2013).

Jahrhunderts fasziniert – und nicht nur sie. Natürlich wissen wir im Einzelfall nicht immer, wie stark diese Gruppe von Motiven war und wie sie sich von anderen abgrenzte. Aber angesichts der großen Macht, die vielen Revolutionären nach einem gelungenen Umsturz zugefallen war, und angesichts des oft großen Wohlstands, den sie dadurch erlangt haben, ist kaum vorstellbar, dass wir diese Motive vernachlässigen dürfen. Unsere dritte Gruppe von Motiven rankt sich also um Macht, Eitelkeit und Geld.

Wenden wir uns nun der zweiten Frage zu, die da lautet: Was macht einen revolutionären Führer eigentlich einflussreich? Schließlich ist in den seltensten Fällen jemand schon von Geburt an eine einflussreiche Person. In der Regel muss man das erst einmal werden. So sind auch Lenin und Castro erst durch ihre jeweiligen oppositionellen Aktivitäten bekannt und einflussreich geworden. Nicht anders ging es den meisten revolutionären Führern: Sie sind entweder als Politiker oder als Oppositionelle einflussreich geworden, bevor es zur Revolution kam. Immerhin entstammten aber die wenigsten revolutionären Führer ärmlichen Verhältnissen. Auch hier bilden weder Castro noch Lenin eine Ausnahme.

Dennoch mussten sie sich ihren Einfluss als revolutionäre Führer zunächst einmal aufbauen. Gewiss kann man einwenden, dass es doch prinzipiell jedem Menschen offensteht, sich zunächst einmal eine solche Basis zu verschaffen, von der aus er dann seinen Einfluss so weit ausbaut, bis er eben nicht mehr einfach nur eine Person unter Millionen anderen ist. Das ist richtig und falsch, denn es gelingt, aber es gelingt nicht jedem. Es ist wie mit allen berühmten und einflussreichen Menschen: Die meisten versuchen erst gar nicht, so zu werden; und von denen, die es doch versuchen, gelingt es nur wenigen. Diejenigen, die es gar nicht versuchen, und diejenigen, denen es nicht gelingt, bleiben einflusslos. Für sie gilt dann weiterhin: Sie sind ein unbedeutendes Mitglied der großen Masse der Bevölkerung. Die Risiken und die Erfolgsaussichten der Beteiligung an einem Umsturzversuch stehen für jeden Einzelnen von ihnen in keinem vernünftigen Verhältnis zueinander. Sie sind gefangen im Dilemma der Revolution. Genau das gilt für diejenigen nicht, die aus welchem Grunde auch immer einflussreich geworden sind.

Aber auch das lässt noch eine wichtige Frage unbeantwortet, und die lautet: Was bedeutet es genau, einflussreich zu sein? Worauf und über welche Kanäle könnte ein potenzieller revolutionärer Führer Einfluss nehmen mit dem Ziel, das bestehende politische System zu zerstören? Hierzu können wir drei

Kanäle unterscheiden: Über den ersten Kanal könnte er versuchen, einen Massenaufstand ins Rollen zu bringen. Über den zweiten Kanal könnte er versuchen, den Machtkern um den Diktator zu sprengen. Und über den dritten Kanal könnte er versuchen, die Befehlsketten von Polizei, Militär und sonstigen Sicherheitskräften zu zerstören.

Die Sprengung des Machtkerns wirkt auf direktestem Wege und ist daher praktisch schon gleichbedeutend mit einer Revolution. Über die anderen beiden Kanäle wirken die revolutionären Aktivitäten dagegen indirekt. Wenn ein Revolutionär den Weg über die Mobilisierung der Massen wählt, muss er darauf hoffen, dass der Druck der Massen im Anschluss den Machtkern sprengt. Das ist alles andere als garantiert. Wenn er hingegen den Weg über die Zerstörung der Befehlsketten wählt, dann wird das in der Folge zwar höchstwahrscheinlich auch den Machtkern sprengen. Denn ein intakter Machtkern ohne Befehlsketten ist ein Kaiser ohne Kleider. Dennoch bleibt auch diese Wirkung eine indirekte.

Abbildung 4 fasst alle diese Aspekte auf einen Blick zusammen. Die Pfeile in der Abbildung symbolisieren die jeweilige Wirkungsrichtung. Von links nach rechts sehen wir zunächst, wie die drei Gruppen von Motiven auf die revolutionären Führer einwirken: erstens Ausbeutung und Unterdrückung; zweitens Ideologie und Religion; und drittens Macht, Eitelkeit und Geld. Anschließend kann ein revolutionärer Führer über die drei Kanäle zur Revolution das bestehende Machtsystem destabilisieren. Der erste Kanal besteht aus Massenaufständen, der zweite beruht auf der Zerstörung des Machtkerns, und der dritte besteht aus der Zerstörung der Befehlsketten. Die unterschiedlichen Strichstärken der jeweiligen Pfeile symbolisieren die Stärke der Wirkungen. Je dicker der Strich, desto überzeugender ist die Wirkungsstärke.

Bevor wir uns den revolutionären Führern zuwenden, denken wir für einen Moment noch einmal an zwei Typen von Ereignissen, die ganz unabhängig von einem revolutionären Führer eine Revolution auslösen können. Der Ordnung halber haben wir auch sie in die Abbildung aufgenommen. Da gibt es einmal die Möglichkeit, dass Ausbeutung und Unterdrückung auf direktem Wege einen Massenaufstand auslösen, der in der Folge den Machtkern sprengen kann. Die zweite Möglichkeit ist, dass eine Naturkatastrophe oder eine Wirtschaftskrise, vor allem aber ein verlorener Krieg entweder einen Massenaufstand auslöst oder den Machtkern direkt sprengt oder die Befehlsketten zerstört. Auch das kann ohne einen revolutionären Führer geschehen.

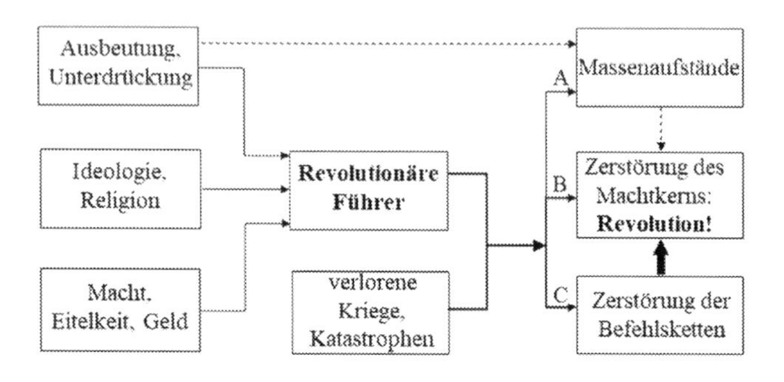

Abbildung 4. Pfade zur Revolution

Bleiben wir zunächst einmal bei dem möglichen Fall, dass Unterdrückung oder Ausbeutung ganz ohne Zutun eines revolutionären Führers einen Massenaufstand auslösen und der wiederum den Machtkern sprengt. Wir wissen schon, dass diese Wirkungskette möglich, aber ausgesprochen brüchig ist. Der Grund ist das Dilemma der Revolution: Obwohl es im vitalen Interesse der großen Masse der Bevölkerung ist, sich gegen Ausbeutung und Unterdrückung zur Wehr zu setzen, schaffen es Diktatoren fast immer, die zahlreichen Mitglieder der großen Masse gegeneinander auszuspielen, so dass es der Masse nicht gelingt, sich gegen den Diktator zu organisieren. Ob es dennoch dazu kommt, ist im Wesentlichen eine Frage des Zufalls. Will es der Zufall, dass es einen Massenaufstand gibt, dann ist es aber wiederum ziemlich unwahrscheinlich, dass dieser Massenaufstand den Machtkern des Diktators sprengt. Wieder ist hier vor allem der Zufall am Werk. Der Zusammenhang von Unterdrückung und Ausbeutung auf der einen Seite und einer Revolution auf der anderen Seite ist also ausgesprochen brüchig und noch dazu vom Zufall abhängig. Daher symbolisieren wir diesen Zusammenhang durch dünne und gestrichelte Linien.

Die zweite Wirkungskette, die unabhängig von revolutionären Führern entstehen kann, startet mit Naturkatastrophen, Wirtschaftskrisen und ähnlichen

Ereignissen, und vor allem mit verlorenen Kriegen. Meist besteht ein verlorener Krieg gerade darin, dass die Befehlsketten der Armee zerstört wurden. Daher ist es stets eines der zentralen Ziele einer kriegführenden Armee, die Befehlsketten der gegnerischen Armee so weit zu schwächen, bis sie Auflösungserscheinungen zeigt. So haben wir das für die russische Armee 1917 gesehen und für die deutschen Truppen 1918. Häufig, aber nicht immer, sprengt dies dann auch den Machtkern, so dass es zu einer Revolution kommt.

Während dieser Zusammenhang sogar ein ziemlich wahrscheinlicher ist, so ist aber auch er nicht steuerbar. Revolutionen, die auf diese Weise entstehen, sind typischerweise von niemandem geplant. Geplante Revolutionen gehen allein von revolutionären Führern aus. Sie versuchen ganz bewusst, ein Regierungssystem zu destabilisieren, und zwar immer mit dem Ziel, letztendlich den Machtkern zu sprengen. Dabei sind ihnen häufig zufällig auftretende Massenaufstände, verlorene Kriege, Naturkatastrophen oder sonstige Krisen zu Hilfe gekommen und deshalb stets willkommen.

Dennoch muss sich jeder revolutionäre Führer überlegen, welcher Kanal zur Revolution ihm angesichts der Art des Einflusses, den er sich in der Vergangenheit erarbeitet hat, und angesichts der jeweiligen Umstände, in dem sich das Land gerade befindet, jeweils die besten Erfolgsaussichten bietet. Grundsätzlich kann er frei zwischen den drei Kanälen entscheiden. Dabei spricht auch nichts gegen eine Kombination von zwei oder gar allen drei Kanälen. Sehen wir uns jeweils an, welches die Vor- und Nachteile der jeweiligen Kanäle für einen revolutionären Führer sind:

(A) Massenaufstände

Wenn ein potenzieller revolutionärer Führer öffentlich bekannt und geschätzt ist, andererseits aber keinen großen Einfluss auf die Mitglieder des Machtkerns oder in die Sicherheitskräfte hinein hat, dann bleibt ihm eigentlich nur dieser Kanal. Er könnte zu Massenprotesten aufrufen und hoffen, dass dieser Aufruf befolgt wird. In einer freien Gesellschaft ist das freilich sehr viel einfacher als in einer Diktatur. Wenn ein revolutionärer Führer es in einer Diktatur wagt, dann muss er den großen Massen so etwas wie einen fokalen Punkt bieten, mit dessen Hilfe die Massen der Bürger das Henne-Ei-Problem lösen können.

Der Kanal, der über die Mobilisierung der Massen zur Revolution führt, hat einen großen Vorteil: Er lässt sich prinzipiell gewaltlos beschreiten. Man braucht keine Waffen, man braucht keine Kämpfer, man muss keine Verräter oder Deserteure liquidieren und keine Feinde töten. Man muss vielmehr seinen Einfluss und seine persönliche Autorität nutzen, um die Menschen auf die Straßen zu bringen. Gewaltlose revolutionäre Führer sind praktisch ausnahmslos dafür bekannt, dass sie im Zusammenhang mit protestierenden Massen agieren. Neben vielen anderen illustren Persönlichkeiten finden sich darunter der indische Unabhängigkeitsstreiter Mahatma Gandhi, der polnische Arbeiterführer und spätere Staatspräsident Lech Wałęsa und der tschechoslowakische „Dichterpräsident" Vaclav Havel. Sie und viele andere zeichnet aus, dass sie gewaltlos agiert haben und dass sie hierzu ausschließlich mit den Massen der Bevölkerung arbeiteten.

Man bedenke allerdings den Unterschied zwischen den folgenden beiden Aussagen. Erstens: Jeder, der gewaltlos handelte, hat Kanal A zur Revolution genutzt. Zweitens: Jeder, der Kanal A genutzt hat, handelte gewaltlos. Sehen wir einmal von einigen Putschisten ab, deren Gewaltdrohung allein schon reichte, um das bestehende Regime auch ohne Gewaltanwendung in den Kollaps zu führen, dann werden wir die erste Aussage im Großen und Ganzen zutreffend finden. Dagegen ist die zweite Aussage ganz sicher falsch. Denn viele gewaltsame Revolutionäre haben neben ihren sonstigen revolutionären Aktivitäten auch versucht, die Massen des Volkes in ihrem Sinne zu mobilisieren. Dennoch war längst nicht jeder, der unter anderem auf die Mobilisierung der Massen setzte, gewaltlos.

Das führt uns direkt zum entscheidenden Nachteil von Kanal A, jedenfalls aus der Sicht eines entschlossenen revolutionären Führers: Kanal A bietet nämlich einen nur sehr unzuverlässigen Weg zur Revolution, und noch dazu einen Weg, der sich kaum geplant beschreiten lässt. Es ist vielmehr ein Weg, auf dem man sich sehr selten, und wenn doch, dann eher versehentlich wiederfindet. Um das zu sehen, müssen wir uns einen Einwand gegen genau diese Aussage ansehen: dass der Weg über die protestierenden Massen nämlich ein selten beschrittener Weg sei. Der Einwand gegen diese Aussage lautet ungefähr so: Haben wir solche Fälle nicht laufend beobachtet? Was ist mit der erfolgreichen Unabhängigkeitsbewegung Mahatma Gandhis in Indien? Was mit den vorbildlichen Fürsprechern des Volkes in den friedlichen Revolutionen von 1989 in Mittel- und Osteuropa? Was mit den „Farbenrevolutionen" in der Ukraine, in Georgien und auch in Thailand? Was ist schließlich mit dem Aufbegehren der venezolanischen Bevölkerung 2019 gegen den Diktator Maduro, zu denen nicht zuletzt der junge Parlamentspräsident Juan Guaidó aufgerufen hatte?

Unabhängig davon, wie erfolgreich diese Ereignisse im Ergebnis für die Bevölkerung waren, steht ohne Zweifel fest: Sie und nicht wenige andere haben stattgefunden. Relativ betrachtet, sind sie dennoch selten geblieben. Ein Vergleich mag das verdeutlichen: Es ist extrem unwahrscheinlich, auf dem Weg eines Glücksspiels zum Millionär zu werden. Im deutschen Samstagslotto liegt die Wahrscheinlichkeit, sechs Richtige zu tippen, bei etwa 0,0000072 Prozent.[143] Es geling damit im Durchschnitt einem von rund 14 Mio. Spielern. Die Wahrscheinlichkeit, innerhalb eines Jahres an einem verschluckten Nahrungsmittel zu ersticken, betrug 2015 in Deutschland ganze 0,00054 Prozent.[144] Damit ist es immer noch mehr als 75-mal wahrscheinlicher, solch einem Malheur zu erliegen, als sechs Richtige im Lotto 6 aus 49 zu tippen. Aber obwohl es so unwahrscheinlich ist, werden in Deutschland jedes Jahr rund 100 Menschen Lottomillionäre.[145] Würden wir das Geschehen genau beobachten, so würden wir in jeder Woche von zwei neuen Millionären im Lotto erfahren – und zugleich wissen, dass die Wahrscheinlichkeit, ein Lottomillionär zu werden, dennoch nahezu null ist.

Machen wir mal eine kleine Überschlagsrechnung anhand der Archigos-Datenbank, die uns bereits im dritten und vierten Kapitel begegnet war. Wir erinnern uns: Diese Datenbank enthält Zahlen zu den Ursachen von Umstürzen über einen ziemlich langen Zeitraum, nämlich zwischen 1875 und 2015. In diesem Zeitraum gab es laut Archigos insgesamt 3.095 Fälle eines Regierungswechsels. Davon waren 528 als „irregulär" klassifiziert, und davon waren wiederum 35 die Folge politischer Proteste, und zwar ohne Beteiligung fremder Mächte. Eine andere Datenbank ist die Polity IV-Datenbank. Diese Datenbank listet von 1800 bis heute sämtliche Staaten auf und bewertet jeden einzelnen für jedes Jahr danach, wie demokratisch oder autokratisch er in jedem Jahr war. Zählen wir nun alle Länder über alle Jahre von 1875 bis 2015 zusammen, so kommen wir auf 13.682 „Länderjahre".

---

[143] Im Lotto 6 aus 49 berechnet sich die Wahrscheinlichkeit p, sechs richtige Zahlen zu ziehen, mit der Formel $p = \frac{6! \cdot 43!}{49!}$.

[144] Die Daten zu den Todesursachen stammen vom Statistischen Bundesamt. Siehe Destatis (2017).

[145] Vgl. https://de.statista.com/infografik/12733/anzahl-der-lotto-millionaere-nach-bundeslaendern; abgerufen am 30.01.2019.

Teilen wir die Fälle von Regimewechseln aus der Archigos-Datenbank durch die Länderjahre der Polity IV-Datenbank und multiplizieren das Ergebnis mit 100, dann erhalten wir die Wahrscheinlichkeit eines Umsturzes in einem Land und in einem Jahr. Unsere Ergebnisse sind wie folgt: Mit einer durchschnittlichen Wahrscheinlichkeit von 23 Prozent gab es in einem Land in einem Jahr einen Regimewechsel. Anders ausgedrückt: Etwas mehr als alle vier Jahre gab es im Durchschnitt in einem Land einen Regimewechsel. Die Wahrscheinlichkeit eines „irregulären" Regimewechsels lag durchschnittlich bei immerhin fast 7 Prozent. Das ist nicht sehr viel, aber auch nicht vernachlässigbar. Schließlich kommen wir auf den Fall, der uns interessiert: Ein Regimewechsel, der durch öffentliche Proteste erzwungen wurde, geschah zwischen 1875 und 2015 mit einer Wahrscheinlichkeit von gerade einmal 0,26 Prozent. Das bedeutet: Es kommt in einem Land im Durchschnitt alle 390 Jahre vor, dass ein Regime unter dem Druck öffentlicher Proteste aufgibt oder zur Aufgabe gezwungen wird.

Aber ähnlich wie beim Lotto gilt auch hier: Wir haben es mit einer relativ großen Zahlen von Ländern und Jahren zu tun. Also beobachten wir über eine große Zahl an „Länderjahren" durchaus immer mal wieder einen solchen – an sich unwahrscheinlichen – Umsturz. Dennoch erfolgen die allermeisten Regierungswechsel auf andere Weise, wenn sie überhaupt erfolgen. Mehr noch: Auch die meisten irregulären Regierungswechsel – die Umstürze also – erfolgen auf andere Weise als durch den Druck des Protests der Massen. Hier sagt uns die Archigos-Datenbank, dass auf einen Umsturz aufgrund öffentlicher Proteste 16 Umstürze kommen, die auf anderem Wege erfolgten – und hier reden wir nur von den irregulären Regimewechseln, die selbst schon selten sind.

Es kommt noch etwas dazu: Die wenigsten Umstürze, die unter dem Druck öffentlicher Proteste stattfanden, wurden von einem revolutionären Führer organisiert oder initiiert. Meistens ist es vielmehr so, dass die Proteste zunächst irgendeinen Anlass hatten, den niemand bewusst mit dem Ziel erzeugt hatte, die Massen auf die Straßen zu bringen: eine manipulierte Wahl zum Beispiel, wie im Frühjahr 1989 in Ost-Berlin, oder erhöhte Lebensmittelpreise, erhöhte Treibstoffpreise, der Tod oder die Inhaftierung eines populären Oppositionellen oder ähnliches. Wie wir gesehen haben, können solche Ereignisse wie Katalysatoren für öffentliche Proteste wirken, die sich dann um einen fokalen Punkt herum sammeln und schließlich zu einem Sturm des Protests aufbrausen. Selbst das geschieht aber relativ selten, wenn es auch – ähnlich wie beim Lotto – in absoluten Zahlen immer mal wieder zu sehen ist.

Der Punkt ist nun aber: Die revolutionären Führer, die durch solche Ereignisse prominent werden, tauchen meist erst auf, wenn die Protestwelle längst rollt: Entweder werden sie entdeckt, weil sie sich während der Proteste als besonders wirksame Sprecher hervorgetan haben, oder sie springen auf den bereits fahrenden Zug auf. Lech Wałęsa war zwar bereits in den 1970er Jahren prominent an Arbeiterprotesten beteiligt, aber auch er hat die Massen 1989 nicht selbst organisiert. Vielmehr hob man ihn buchstäblich auf den Schild der Protestierenden, und das fast jeden Sonntag vor der Brigittenkirche in Danzig. Ähnlich wie bei Wałęsa war es im Falle von Vaclav Havel.

Andere erkannten die Gunst der Stunde und sprangen auf einen bereits fahrenden revolutionären Zug auf, wie die ukrainische Politikern Julia Timoschenko oder der venezolanische Parlamentspräsident Juan Guaidó im Januar 2019, dessen Fall in dieser Hinsicht fast lehrbuchhaft ist. Denn erst erklärte sich Juan Guaidó auf dem Höhepunkt einer Protestwelle zu Maduros Nachfolger, und dann rief er aus dieser Position heraus zu weiteren Protesten auf.

Anders liegen die Dinge für einen revolutionären Führer, wenn er keine bereits protestierenden Massen vorfindet. So einer müsste die Massen der Bevölkerung überhaupt erst einmal mobilisieren, bevor er diesen Kanal zur Revolution nutzen könnte. Genau das aber haben die allerwenigsten revolutionären Führer getan, und dafür gibt es gleich mehrere Gründe. Erstens muss ein revolutionärer Führer, der diesen Kanal wählt, Zugang zu Medien haben, die sehr verbreitet wahrgenommen werden, und zwar auch dann noch, wenn er sich öffentlich bereits als Oppositioneller zu erkennen gegeben hat.

Je nachdem, wie stabil die Befehlsketten und der Machtkern zu diesem Zeitpunkt sind, kann das Regime schnell und wirkungsvoll auf alle Versuche eines solchen Revolutionärs antworten. So kann es ihm den Zugang zu nahezu allen Medien abschneiden. Dann verbleibt in der heutigen Zeit zwar immer noch das Internet, aber in Ländern wie China kann man leicht besichtigen, wie man den Zugang zu regimekritischen Inhalten behindern und sogar gefährlich machen kann. Auf diese Weise kann eine Massenwirkung zumindest dann effektiv unterbunden werden, wenn das Regime in seinen inneren Strukturen stabil ist. Schließlich kann das Regime seine Kritiker schlicht verhaften, und davon machen Diktaturen mit halbwegs stabilen Befehlsketten ebenfalls ausgiebig Gebrauch.

Aber selbst wenn ein prominenter Regimekritiker einer drohenden Verhaftung entgeht und selbst wenn er in eingeschränktem Maße Zugang zu einer größeren Öffentlichkeit hat, muss er unter diesen erschwerten Bedingungen immer noch erst einmal in der Lage sein, nicht nur ein paar, sondern eine große, eine kritische Zahl von Menschen auf die Straße zu bringen – eine Zahl, die so groß ist, dass damit das Henne-Ei-Problem der großen Masse überwunden wird.

Das wird nur selten gelingen – und wenn doch, dann haben wir noch immer keine Revolution. Denn erst wenn in der Folge der Protestwelle der Machtkern des Regimes implodiert, wenn er also in ein „Berlin-1989-Szenario" mündet, kommt es wirklich zur Revolution. Wie wir aber gesehen haben, geschieht dies nur dann, wenn das Regime schon vor den Unruhen instabil war, eben so wie in Ost-Berlin 1989. Sollte es hingegen so stabil sein wie das Regime in Peking ein paar Monate vor den Ereignissen in Berlin, dann werden die Massenproteste das Regime nicht ins Wanken bringen können. Dann werden in der Regel zwar ein paar Köpfe innerhalb des Machtkerns rollen, aber den Machtkern selbst wird es nicht sprengen können. In diesem Szenario werden die Bemühungen des revolutionären Führers vergebens gewesen sein. Und nicht nur das: Wenn ihm dann nicht die Flucht aus dem Land gelingt, dann werden die Folgen für ihn ganz persönlich in aller Regel sehr unangenehm sein.

Große Revolutionen, bei denen ein revolutionärer Führer die Massen um sich schart und ihnen sodann voranschreitet beim Sturm auf den Palast der Unterdrücker, solche Revolutionen finden wir aus all diesen Gründen hauptsächlich im Kino, aber kaum je in der realen Welt. Zwar könnten solche revolutionären Führer prinzipiell gewaltlos sein. Aber es gibt so gut wie keine Fälle, in denen es funktioniert hat. Jene Fälle, die diesem Szenario nahekommen, haben ihre revolutionären Führer erst erkoren, nachdem die Protestwelle bereits rollte. Manche haben sich auch selbst erkoren, nachdem sie die Chance einer rollenden Protestwelle erkannt hatten. Sie aber selbst ins Rollen zu bringen, das hat kaum je einer wirklich unternommen.

Und damit sind wir zurück bei den Ikonen unter den revolutionären Führern: bei Lenin, Trotzki, Castro, Che Guevara, Mao und bei all den anderen. Sie haben sich mit der Frage der Mobilisierung der Massen erst gar nicht lange aufgehalten. Sie haben sich ganz bewusst der beiden anderen Kanäle bedient.

(B) Die Zerstörung des Machtkerns

Der Machtkern eines Regimes besteht in der Regel aus einer überschaubaren Zahl an Mitgliedern. Das ist praktisch für Revolutionäre ebenso wie für Putschisten, denn es lindert das Henne-Ei-Problem. Wir erinnern uns: Die Mitglieder des Machtkerns bekleiden allesamt wichtige Führungspositionen. Das tun sie in einer Diktatur aber nur so lange, wie der Diktator ihnen vertraut. Zeigen sie irgendwelche Anzeichen von Illoyalität, dann ist der Diktator gut beraten, sie auszutauschen. Je nachdem, wie hart das Regiment des Diktators ist, werden sie vielleicht nur entlassen, aber es kann auch sein, dass sie ins Exil geschickt, verhaftet, verbannt oder gar hingerichtet werden. Für all das gibt es reichlich Beispiele.

Das Problem eines Mitglieds des Machtkerns ist, dass sich der Diktator stets an seine Loyalität und erst recht an gewisse Zeichen von Illoyalität erinnert. Wenn ein solches Mitglied also auch morgen noch Mitglied sein möchte, dann darf der Diktator von morgen sich an keine Zeichen von Illoyalität von heute erinnern. So weit, so gut, könnte man sagen, wenn man nur wüsste, wer der Diktator von morgen sein wird: derselbe wie heute oder sein Gegner, der morgen durch einen Putsch an die Macht gelangt sein wird?

Aus diesem Stoff ist das Henne-Ei-Problem der Mitglieder des Machtkerns gemacht. Wenn nun viele dieser Mitglieder dem heutigen Diktator die Loyalität entziehen, dann wird er stürzen, und es wird einen neuen Diktator geben. Dann hat jedes Mitglied, das sich den Umstürzlern angeschlossen hat, auf das richtige Pferd gesetzt. Sollten aber zu wenige Mitglieder dem Diktator die Loyalität entzogen haben, dann wird er nicht stürzen. Dann haben alle, die sich den wenigen Umstürzlern angeschlossen hatten, auf das falsche Pferd gesetzt. Wer auf welches Pferd setzt, hängt von der Erwartung darüber ab, auf welches Pferd die anderen setzen.

Wer also den Machtkern sprengen will, muss die Erwartungen seiner Mitglieder drehen. Wie aber kann man in diese Erwartungsbildung eindringen? Aus der Sicht des Diktators ist jeder Zweifel an seiner Macht gefährlich, deshalb wird er versuchen, jeden Zweifler und jeden Abweichler auszuschalten. Das kann merkwürdige Abwägungen beinhalten, denn die Mitglieder des Machtkerns sind Führungspersonen, die auch für fachliche Dinge verantwortlich sind.

Daher kommt es vor, dass konstruktive Kritik eines grundloyalen Mitarbeiters zu dessen Entlassung, Verhaftung oder gar Hinrichtung führen kann. Dann nämlich, wenn der Diktator fürchtet, die konstruktive Kritik könnte innerhalb des Machtkerns als Signal seiner Schwäche wahrgenommen werden. Andererseits kann es zu einer für ihn gefährlichen Verschlechterung der Politik führen, wenn der Diktator konstruktive Kritik nicht aufnimmt. Er muss also abwägen, was für ihn gefährlicher ist: Konstruktive Kritik zu unterbinden mit der Folge einer verschlechterten Fachpolitik? Oder konstruktive Kritik aufnehmen auf die Gefahr hin, im Machtkern Schwächen zu zeigen?

Mit solcherlei Abwägungen muss sich niemand abgeben, der den Machtkern nicht erhalten, sondern im Gegenteil sprengen will. Denn solche Leute müssen die Gewissheit in die Loyalität möglichst aller Mitglieder des Machtkerns zerstören und nicht erhalten. Hierzu ist ein erster Schritt schon dann erreicht, wenn man kräftig in das sensible Gefüge von Loyalität und Vertrauen eines Machtkerns hineingrätscht. Das geht ganz nach der alten Erkenntnis, dass es mühsam und langwierig ist, eine Vertrauensbasis aufzubauen, aber eine Kleinigkeit, sie zu zerstören.

Genau das war das erste, was Lenin nach seiner Ankunft in Petrograd im April 1917 tat: Er schloss jede Kooperation mit der Provisorischen Regierung aus, rückte deren sozialistische Vertreter – allen voran Kerenski – ins Lager der Kapitalisten und Imperialisten und drohte jedem mit persönlichen Konsequenzen, der noch verbreitete, dass Menschewiki, Sozialrevolutionäre und Bolschewiki für dieselben Ziele kämpften. Wer immer mit Menschewiki, Sozialrevolutionären, Liberalen oder sonstigen Mitgliedern der Provisorischen Regierung zusammenarbeiten würde, sollte fortan als Verräter gelten.

Alle, die an der Regierung beteiligt waren und eine Verfassungsgebende Versammlung mit dem Ziel einer parlamentarischen Demokratie anstrebten, mussten mit dem Florett fechten, sich um Ausgleich bemühen und hierzu viel Feinarbeit leisten. Lenin dagegen wusste, dass es erlaubt und geradezu geboten für ihn war, mit dem Degen zu kämpfen. Für ihn galt es, mit groben Hieben in das sensible Gefüge der Doppelherrschaft aus Sowjets und Provisorischer Regierung zu schlagen und deren Reste an gegenseitigem Vertrauen und konstruktiver Zusammenarbeit zu zerstören. Im Anschluss hämmerte er den Deputierten der Sowjets ein, dass auch nur das leiseste Anzeichen von Loyalität gegenüber der Provisorischen Regierung ein Verrat an ihm und an der großen Sache sei.

Auf diese Weise erzwang er einerseits die Loyalität der Sowjets zu den Bolschewiki, während er zugleich die Loyalität innerhalb der Provisorischen Regierung nach Kräften sabotierte. Zeitgleich ließ er Trotzki die Führung der wichtigsten militärischen Einheiten unter dessen Kontrolle bringen. Am Ende mussten die Bolschewiki die Mitglieder der Provisorischen Regierung nur noch einsammeln und verhaften. Der alte Machtkern war immer instabil gewesen, aber nun war er gesprengt, und die ohnehin brüchige Doppelherrschaft war zerstört.

(C) Die Zerstörung der Befehlsketten

Wer keinen weitreichenden Zugang zu den Mitgliedern des Machtkerns hat, aber in der Lage ist, Kampftruppen irgendwelcher Art zu organisieren, könnte sich auf diesem Weg zum revolutionären Führer aufschwingen. Aussichtsreich ist das allerdings nur unter bestimmten Bedingungen. Denn man wird nicht so ohne weiteres die Befehlsketten einer großen und mächtigen Armee zerreißen können. Selbst im Falle von Armeen kleinerer Länder wird ein solches Unterfangen nur dann zum Erfolg führen können, wenn deren Befehlsketten aus irgendwelchen Gründen schon relativ schwach sind. Man wird kaum in der Lage sein, eine Privatarmee zu gründen und damit die Befehlsketten der Armee eines großen und stabilen Landes zu zerreißen. Deshalb beobachten wir so etwas eher in instabilen Ländern wie seinerzeit in Batistas Kuba.

Wie beim Angriff auf den Machtkern muss man auch hier die Erwartungshaltung der Zielpersonen ändern. Während es sich dabei im Falle des Machtkerns um eine überschaubare Anzahl von Führungspersonen handelt, die sich alle gegenseitig gut kennen, finden wir hier eine meist große und anonyme Masse von einfachen Soldaten auf den unteren Hierarchieebenen vor. Je schwächer und unglaubwürdiger die Strafandrohung der Befehlshaber gegenüber Meuterern und Fahnenflüchtigen ist, desto größer ist die Chance, mit einer Guerilla-Truppe die Befehlsketten der staatlichen Sicherheitsorgane zu zerstören.

Erinnern wir uns, dass es mit der Stabilität der Befehlsketten ähnlich ist wie mit der Stabilität des Machtkerns: Die Befehlsketten sind so lange stabil, wie die Befehlsempfänger glauben, dass sie stabil sind. Je schwächer der Glaube an die Stabilität der Befehlsketten, desto eher kann es nach einem Schockerlebnis mit deren tatsächlicher Stabilität vorbei sein. Ein solcher Schock kann unter anderem aus einer Reihe kleinerer militärischer Niederlagen bestehen, aber möglicherweise auch aus einer einzigen großen Niederlage. Geschieht das, so kann dies zunächst bei einigen Soldaten die Erwartung nähren, dass ihre Überlebenschancen steigen, wenn sie sich von ihrer Truppe entfernen. Tun sie das wirklich, dann ändert das bei weiteren Soldaten die Einschätzung, dass die Befehlsketten instabil sind und sie deshalb gut beraten sind, die Truppe zu verlassen. Geht das so weiter, dann haben wir die typische Kettenreaktion zerreißender Befehlsketten, der die Kommandeure machtlos zusehen müssen, sofern sie nicht selbst schon die Seiten gewechselt haben.

Die vielen kleineren Schläge der Castro-Truppe nährten den Eindruck der kubanischen Soldaten, dass die kubanische Armeeführung die Dinge nicht unter Kontrolle hatte. Hinzu kam, dass die Vereinigten Staaten ihre Unterstützung des Batista-Regimes schrittweise zurückzogen und auch die Waffenlieferungen einstellen. Außerdem wussten die Soldaten um den großen und zunehmenden Rückhalt der Rebellen in der Bevölkerung, was es Deserteuren erleichterte, sich von der kubanischen Truppe zu entfernen, ohne Strafen fürchten zu müssen. In dieses sich immer stärker herausprägende Umfeld schlug schließlich die Niederlage der kubanischen Armee gegen Che Guevara in Santa Clara am Jahreswechsel 1958/59 ein wie eine Bombe.

Nach der Niederlage muss einem einfachen Soldaten vor Augen gestanden haben, dass er am ehesten dann ungeschoren davonkäme, wenn er sich von der Truppe entfernte. Weiterkämpfen war gefährlich, aber desertieren war es kaum noch. Diese Einschätzung grassierte schnell und führte den kubanischen Soldaten in sich selbst verstärkendem Maße vor Augen, dass nur noch verlieren konnte, wer zu dieser Armee noch loyal stand. Binnen kurzer Zeit kollabierte jeder Widerstand gegen die Rebellen.

Fazit

Halten wir fest: Um Aussicht auf Erfolg als revolutionäre Führer zu haben, müssen sich diese entweder in der Lage sehen, die Bevölkerung erfolgreich zu Massenprotesten aufzurufen, den Machtkern des Regimes zu sprengen oder die Befehlsketten von Polizei, Militär und sonstigen Sicherheitskräften zu zerreißen. Natürlich kann man sein Vorhaben auch gleich über zwei oder gar über alle drei dieser Kanäle verfolgen. Wie viel das allerdings nutzt, steht erst einmal auf einem anderen Blatt. Welche Kanäle ein revolutionärer Führer aber immer benutzt, am Ende muss er den Machtkern sprengen, entweder direkt, wie Lenin, oder indirekt über einen Angriff auf die Befehlsketten, wie Castro. Oder über einen Massenaufstand der Bevölkerung. Aber der ist unzuverlässig und kaum planbar. Daher gilt: Je schwächer die Befehlsketten und je instabiler der Machtkern eines Regimes, desto größer ist die Erfolgswahrscheinlichkeit eines revolutionären Führers.

Deshalb muss ein revolutionärer Führer ein möglichst schwaches Regime angreifen, sonst wird es ihm nicht gelingen, auf direktem oder indirektem Wege den Machtkern zu sprengen. Außerdem muss er ein guter Organisator sein. Schließlich muss er über einen ausgeprägten Machtinstinkt verfügen, vor allem, wenn er die Befehlsketten oder direkt den Machtkern angreift. Denn wenn er das versucht, dann wird er sich im Umfeld seiner Mitstreiter gegen andere, ebenfalls kämpferische Konkurrenten durchsetzen müssen, und er wird hart und rücksichtslos mit Abtrünnigen oder Quertreibern verfahren müssen. Revolutionäre, die vor Gewalt gegen Freund und Feind zurückschrecken, sind daher eine seltene Gattung. Deshalb finden wir sie nur unter den sanften Helden, welche die einen oder anderen friedlichen Massenproteste mitunter emporgespült haben, meist zur Überraschung der sanften Helden selbst.

Die Übrigen brauchen das, was wir bei all den modernen Revolutionären von Lenin bis Che Guevara und darüber hinaus vorfinden, wenn wir durch den Schleier ihrer Heroisierung hindurch auf die realweltlichen Menschen dahinter blicken: einen unbändigen, oft fanatischen Siegeswillen, Charisma, einen untrüglichen Machtinstinkt, rücksichtsloses Durchsetzungsvermögen und im Zweifel auch die Bereitschaft zu skrupelloser Gewaltanwendung. Eines brauchen sie in aller Regel aber nicht: die großen Massen der unterdrückten Bevölkerung. Kaum ein revolutionärer Führer hat je diesen Kanal genutzt und sich damit aufgehalten, die Massen der Bevölkerung auf die Straße zu bringen. In Kuba haben die Massen den triumphalen Einzug Castros in Havanna erst jubelnd begleitet, als die Revolution längst geschehen war. Und in Russland hat es die Massen gar nicht gegeben, zumindest nicht im Oktober 1917.

Dennoch gehört es seit dem Sturm auf die Bastille am 14. Juli 1789 zum Mythos der Revolution, dass es stets die Massen der Bevölkerung sind, die sich erheben und das alte Machtgefüge überrennen. Der Sturm auf die Bastille war das Hintergrundbild dieses Mythos, und Marx und Engels lieferten eine umfassende Theorie dazu. Die daraus entstandene Anziehungskraft des Mythos der Revolution ist seither so stark, dass sich revolutionäre Führer offenbar gezwungen sehen, sich mit dem Bild der aufbegehrenden Massen zu umgeben.

So ist auch die folgende Merkwürdigkeit zu erklären: Zum dritten Jahrestag der Oktoberrevolution, am 7. November 1920, wurde auf dem Platz vor dem Winterpalast in Petersburg ein spektakuläres Massenschauspiel veranstaltet – das vielleicht größte Massenspektakel der Theatergeschichte überhaupt. Das Stück hieß: „Sturm auf den Winterpalast". Es sollen 10.000 Schauspieler – Laien wie Professionelle – daran teilgenommen haben, und es soll zwischen 60.000 und 150.000 Zuschauer gegeben haben.[146]

Ziel des Schauspiels war, den Massencharakter nachzustellen, den die Erstürmung des Winterpalasts in der offiziellen Mythologie der Oktoberrevolution gehabt hatte. Nicht eine Gruppe von Berufsrevolutionären, sondern die Massen des Volkes hätten demnach die bürgerliche Kerenski-Regierung im Sturm aus dem Amt gejagt, um im Anschluss selbst die Macht zu übernehmen: eine schlichte Lüge.

Das vielleicht bemerkenswerteste Detail dieses Spektakels ist ein Foto, das den inszenierten Sturm der Massen auf den Winterpalast zeigt. Im Original des Fotos erkennt man am linken Bildrand den Regieturm, von dem aus die Anweisungen des Regiekollektivs unter der Leitung von Nikolai Evreinov gegeben wurden. Am rechten Bildrand erkennt man Teile der Zuschauer. Dieses Bild tauchte in einer Reihe von retuschierten Versionen später überall wieder auf. Meist waren der Regieturm und die Zuschauer entfernt worden.[147] Der Grund: Man gab das Bild als Originalfoto der Ereignisse des 25. Oktober 1917 und damit als Beweis dafür aus, dass die Oktoberrevolution keine militärische Putschaktion war, sondern ein Aufstand der Massen.

Auch im Westen tauchte die Fälschung immer wieder auf und wurde kaum noch hinterfragt. Selbst als Cover einer in Westdeutschland erschienenen

[146] Sylvia Sasse, Vorwort, in: Arns/Chubarov/Sasse (2017), S. 7.
[147] Siehe Arns/Chubarov/Sasse (2017), insbesondere die Bildserie auf den Seiten 251–271.

deutschen Übersetzung des Klassikers von John Reed[148] findet sich das Bild, obwohl aus dem Inhalt dieses frühen Buches, noch dazu eines glühenden Kommunisten, der Putschcharakter der Machtübernahme durch die Bolschewiki hervorgeht.

Nun wäre das alles vielleicht nicht sehr bedeutsam, wenn die revolutionären Führer zwar nicht mit Hilfe der Massen, aber doch in deren Sinne die Macht übernommen hätten. Aber genau das haben die allerwenigsten von ihnen getan. Ob ihre Machtübernahme von Massenprotesten gegen das alte Regime begleitet wurde oder nicht, ob die Massen die Revolutionäre nach deren Machtübernahme bejubelten oder nicht, das Ergebnis war fast immer und überall dasselbe: Für die Massen wurden die Verhältnisse fast nie besser, und sehr häufig wurden sie schlechter – nicht selten endeten sie in beispiellosem Terror.

Hier sind wiederum die Revolutionen von 1989 in Mittel- und Osteuropa eine rühmliche Ausnahme. Es ist aber bemerkenswert, dass ausgerechnet in diesen Ländern Demokratien entstanden sind – in Ländern also, deren Revolutionen im Wesentlichen ohne revolutionäre Führer auskamen oder diese als sanfte Helden erst von den revolutionären Ereignissen emporgetragen wurden.

Wo immer dagegen revolutionäre Führer ihre jeweilige Revolution selbst ins Werk gesetzt hatten, stand es nach der Revolution um die Chancen für Freiheit, Demokratie und Gerechtigkeit schlecht. Es ist die bittere Wahrheit, dass fast ausnahmslos jeder moderne Revolutionär das Ziel, die Massen von Ausbeutung und Unterdrückung zu befreien, entweder nie vertreten oder am Ende verraten hat. Zwei Motive waren es stets, die die revolutionären Führer dazu bewegt haben: Erstens wurden viele von ihnen korrumpiert von der großen Macht, den Palästen, dem sich anbietenden Luxus, dem Ruhm und all den Verlockungen, denen so viele dann doch nicht widerstehen konnten. Zweitens fürchteten viele revolutionäre Führer, dass die Entstehung eines neuen politischen Systems nach einem anderen als ihrem eigenen Drehbuch verlaufen könnte. Denn die Gemeinsamkeit der Revolutionäre hält im günstigsten Falle bis zum Tag des Erfolges. Ist der Feind aber erst besiegt, dann ist es mit der Einigkeit meist vorbei. Denn dann stellt sich die berühmte Leninsche Frage „Was tun?“ in einer ganz neuen Weise. Angesichts der

[148] Siehe Reed (1957). Das Cover der Ausgabe von rororo findet sich in Arns/Chubarov/Sasse (2017), S. 257.

vielen möglichen Antworten auf diese Frage ist die Wahrscheinlichkeit einer Verwässerung der bisher handlungsleitenden ideologischen oder religiösen Lehre groß. Wer angesichts dessen den allzu pragmatischen Tendenzen und deren Gefährdungspotenzialen für seine geliebte reine Lehre nicht tatenlos zusehen mag, den lockt der Griff zu totalitären Methoden und Gewalt. Dieser Verlockung sind bekanntlich bereits die Jakobiner nach der Französischen Revolution erlegen. Das Resultat war ihr Terrorregime. Eines ihrer Opfer war der Girondist Pierre Vergniaud. Als die Jakobiner ihn am 31. Oktober 1793 zum Schafott schickten, rief er:

„Die Revolution, gleich Saturn, frisst ihre eigenen Kinder."

Diese berühmten und in die Literatur eingegangenen letzten Worte[149] sollten sich in schauerlicher Regelmäßigkeit noch oft bewahrheiten. Und auch das ist nicht zufällig so.

[149] In seinem Werk „Dantons Tod" legt Gerorg Büchner (1834/1979, S. 20) dem Revolutionär George Danton die letzten Worte Vergniauds in den Mund.

9. Warum die Revolution so oft ihre Kinder frisst

„Eine Revolution ist die erfolgreiche Anstrengung, eine schlechte Regierung loszuwerden und eine schlechtere zu errichten."[150]
(Oskar Wilde)

In den 1980er Jahren war Daniel Ortega so etwas wie der Fidel Castro 2.0 der links-alternativen Szene. Kaffee aus Nicaragua zu kaufen war fast ein Muss für jeden, der sich im Kampf gegen den „US-Imperialismus" solidarisch zeigen wollte. Deshalb fehlte der Nicaragua-Kaffe auf keinem alternativen Büchertisch. Anders als die anderen Ikonen lateinamerikanischer Revolutionsbewegungen ist Daniel Ortega heute aber kaum noch bekannt, obwohl er immer noch – oder besser wieder – der Präsident Nicaraguas ist. Zu Revolutionszeiten war er bereits der Kopf der „Frente Sandinista de Liberacion Nacional" (FSLN) oder kurz der Sandinisten. Dabei handelte es sich um eine Gruppe von Oppositionellen, die 1979 nach längerem Kampf schließlich erfolgreich waren gegen den rechtsgerichteten Diktator Anastasio Somoza.[151] Das Somoza-Regime wurde von Washington gedeckt, weil die Sandinisten links waren und man sich vor einem zweiten Kuba im Hinterhof der USA fürchtete.

Aber anders als das Castro-Regime, das in den 1960er Jahren sehr dogmatisch wurde und sich eng an Moskau orientierte, erschienen die Sandinisten vielen Anhängern und Aktivisten der alternativen Szene in der westlichen Welt vergleichsweise pragmatisch und unabhängig. Diese Einschätzung beruhte nicht zuletzt darauf, dass der sehr moderate Priester und Dichter Ernesto Cardenal nach der Revolution zum Kulturminister ernannt wurde und als solcher seine Idee der „Revolution ohne Rache" weltbekannt machte. Bei den Demonstrationen der Friedensbewegung zu Beginn der 1980er Jahre war Ernesto Cardenal ein gern gesehener Gast und verbreitete – durchaus überzeugend – den Eindruck, dass er für eine Revolution stand, die einen anderen Charakter haben sollte als jene der dogmatischen Sozialisten in Osteuropa, China, Kuba und anderswo.

Das nährte die Hoffnung, in Nicaragua könne gelingen, was überall sonst bis dahin gescheitert war: die Vereinigung von Sozialismus und Demokratie. Die Reagan-Administration in den USA teilte diese Einschätzung indes

---

[150] Zitiert nach: Haas (2014), S. 23.
[151] Zur Geschichte der sandinistischen Revolution siehe Zimmermann (2000).

T. Apolte, *Der Mythos der Revolution*,
https://doi.org/10.1007/978-3-658-27939-4_9

von vornherein nicht und unterstützte stattdessen die Contra-Milizen, welche die Sandinisten mit militärischer Gewalt wieder von der Macht entfernen wollten – was ihnen allerdings nicht gelang. Daher hatte die feindliche Haltung der USA gegenüber den Sandinisten vor allem eine Wirkung: Sie schweißte deren Sympathisanten in der westlichen Welt, insbesondere in Westeuropa, zusammen.

Zunächst sah es wirklich so aus, als würde das politische Experiment in Nicaragua gelingen. Im Jahre 1985 wurde Daniel Ortega zum Präsidenten gewählt, wenngleich die USA diese Wahl nicht anerkannten. Aber wie so oft, war auch die anfängliche Euphorie über die sandinistische Revolution mit der Zeit verflogen. Bereits 1987 schafften die Sandinisten das Kulturministerium ab und entfernten damit den moderaten Ernesto Cardenal aus dem inneren Machtkern der Regierung. Aber auch die Hoffnungen auf eine wirtschaftliche Verbesserung der Lage der Armen erfüllten sich im Wesentlichen nicht. In der Folge verloren die Sandinisten bei den zweiten demokratischen Wahlen im Februar 1990 die Macht. Die gute Nachricht war immerhin: Daniel Ortega akzeptierte die Wahlniederlage und legte sein Amt nieder. Er blieb allerdings politisch aktiv und bewarb sich erneut. Doch erst im Jahre 2006 war er damit erfolgreich, und auch das nur aufgrund einer Wahlrechtsänderung, die es ihm erlaubte, das Präsidentenamt mit einer einfachen Mehrheit von 38 Prozent zu erlangen. Hier zeichneten sich bereits erste Unregelmäßigkeiten ab.

Die darauffolgenden Wahlen in den Jahren 2011 und 2016 wurden immer deutlicher ihres demokratischen Charakters beraubt, so dass spätestens nach 2016 die Demokratie in Nicaragua abgeschafft war. Proteste gegen Sozialkürzungen ab 2017 wurden mit gezielter Waffengewalt bekämpft, in deren Zusammenhang es zu über 200 Toten kam. Ortega ernannte seine Frau zur Vizepräsidentin und verteilte wichtige Positionen an seine Kinder, so dass sich das revolutionäre Vorzeigeland Nicaragua mit seinem Hoffnungsträger Ortega am Ende zum Familieneigentum des einstigen Volksrevolutionärs entwickelt hatte. Der Schauspieler Dietmar Schönherr schrieb sogar einen Roman über die enttäuschten Hoffnungen, die neben ihm so viele andere westliche Intellektuelle mit der Revolution in Nicaragua verbanden.[152]

Ähnlich wie die Revolution von Nicaragua endeten viele, wenn nicht die meisten Revolutionen. Fidel Castro gab seine Macht nie wieder ab, sondern

[152] Schönherr (2017).

übertrug sie erst 2008 aus Krankheitsgründen an seinen Bruder Raúl, und auch das offiziell zunächst nur vorläufig.[153] Lenin hatte die Verfassungsgebende Versammlung bereits bei ihrem ersten Zusammentreten wieder aufgelöst, und ähnlich war es im Falle Maos in China, Kim Il-Sungs in Nordkorea, Titos in Jugoslawien und vieler anderer revolutionärer Führer.

Solche Verhaltensmuster zeigten sich allerdings fast immer bereits vor der Revolution. Lenin und Trotzki kannten in ihrem rasenden Siegeseifer kaum Grenzen. Für sie waren innerparteiliche Abstimmungsregeln stets nur Mittel zum Zweck, und wenn sie dem Zweck nicht dienten, dann ignorierten, beugten oder änderten sie die Regeln. Das gleiche Verhältnis hatten sie zur Wahrheit. Sie auszusprechen oder zu veröffentlichen stand stets unter dem Vorbehalt der Nützlichkeit, und allein aus ihr bezog sich auch ihre ethische Rechtfertigung. Eine vom revolutionären Zweck unabhängige ethische Verpflichtung zum Respekt gegenüber Regeln der Fairness oder solchen der Wahrheitstreue kannten sie nicht. Sie schien ihnen abwegig und vor dem Hintergrund der marxistischen Theorie sogar revisionistisch und verräterisch. Deshalb waren Hohn und Spott noch das Harmlosere, was sie für solcherlei ethische Grundhaltungen übrighatten.

All das endete bei ihnen ebenso wie bei den meisten anderen revolutionären Führern mit dem Erfolg der Revolution nicht. Denn dann war über die Zukunft zu entscheiden. Viele verschiedene Strömungen schienen dabei den Weg in die neue Gesellschaft zu gefährden, so wie die revolutionären Führer sie sahen oder sehen wollten. Umso mehr galt es nun, sich durchzusetzen und Konkurrenz aus dem eigenen Lager auszuschalten. Für jene revolutionären Führer, die sich bis an dieser Stelle behauptet hatten, galt wiederum, was schon vor dem Sieg der Revolution gegolten hatte: demokratische Verfahrensregeln, Wahrheitstreue, Freiheitsrechte und Menschenrechte mussten sich dem Vorbehalt ihrer Nützlichkeit unterordnen.

Das erzeugte jenen Geburtsfehler, mit dem fast alle nach-revolutionären Machtsysteme behaftet sind. Die siegreichen revolutionären Führer waren siegreich, weil sie sich innerhalb ihrer revolutionären Gruppen und sodann gegenüber den Machtstrukturen des gestürzten Systems durchgesetzt hatten. Nunmehr fürchteten sie nichts mehr, als dass sie die Kontrolle über die weitere Entwicklung wieder verlieren und auf diesem Wege ihrer revolutionären Früchte beraubt werden könnten. Also sicherten sie sich ihre Macht, und

[153] Siehe Coltman (2005), S. 435ff.

weil das alte Machtsystem kollabiert war, sahen sie sich durch keine Gesetze und keine Regeln darin beschränkt.

Manche von ihnen nutzten diese Lage nur, um die ideologischen Grundlagen der Revolution zu bewahren – freilich immer in der Form, in der sie sie sahen. Manche pflegten dabei persönlich einen eher asketischen Lebensstil. Viele andere aber ließen sich dazu verlocken, ihre Macht zu einem hemmungslosen Luxus zu missbrauchen. Allzu oft vergaßen solche Revolutionäre den Anlass zur Revolution, lebten in Saus und Braus und beuteten zu diesem Zweck die Bevölkerung bis zum physischen Existenzminimum aus. Vom Ehepaar Ceaușescu hatten wir schon berichtet, aber nicht anders handhabten es die Kim-Dynastie in Nordkorea, der libysche Diktator und einstige Revolutionär Muammar al-Gaddafi und der Hoffnungsträger der alternativen Bewegung der 1980er Jahre, Daniel Ortega. Schließlich lebte auch Mao mit der Zeit eher das Leben eines Kaisers als das eines kommunistischen Revolutionärs, schwelgte in Luxus mit viel Alkohol und gutem Essen und führte ein ausschweifendes Sexualleben mit Frauen, die man ihm aufgrund seiner Position dienstbar machte.[154]

Erich Honecker trat bereits 1928 mit 16 Jahren dem Kommunistischen Jugendverband Deutschlands bei und beteiligte sich am Widerstand gegen die Nazis. Dafür wurde er 1937 zu zehn Jahren Zuchthaus verurteilt und kam erst am Ende des Kriegs wieder frei. Er hatte großes Glück, seine Haft überlebt zu haben. Erich Mielke wurde 1925 Mitglied der KPD und war ein ausgesprochen militanter revolutionärer Kämpfer. Nachdem er zusammen mit Erich Ziemer zwei Polizeioffiziere erschossen hatte, flüchtete er in die Sowjetunion, kam aber von dort während des Krieges wieder zurück nach Westeuropa, wo er in verschiedenen Funktionen unter großen Gefahren im Widerstand gegen die Nazis aktiv war.

Wie viele andere prominente DDR-Politiker, so starteten auch Honecker und Mielke ihre Laufbahn also bereits als aktive Revolutionäre. Der Einsatz für ihre Überzeugungen verlangte ihnen einen hohen Preis ab. Das hielt sie aber nicht davon ab, sich als spätere Speerspitze der Arbeiterklasse in der ehemaligen DDR rund zwei Duzend „Sonderjagdgebiete" für den exklusiven persönlichen Gebrauch zu reservieren. Das bekannteste darunter ist die Schorfheide in Brandenburg, etwa 60 Kilometer nördlich von Berlin. Hier gingen neben anderen DDR-Oberen vor allem auch Honecker und Mielke

[154] Siehe unter anderem: Short (2017), S. 462ff.; Chang/Halliday (2007), S. 423ff.

gern auf die Pirsch. Sie dachten sich offenbar nichts dabei, dass vor ihnen neben Königen und Kaisern unter anderem auch Hermann Göring die Schorfheide zu seinem exklusiven Jagdgebiet erklärt hatte.[155] Noch während die DDR im Herbst 1989 unter dem Druck der Massenproteste zusammenbrach, ging Honecker in der Schorfheide auf die Jagd und erlegte unter anderem elf Rot- und zwölf Damhirsche.[156]

Horst Sindermann, Volkskammerpräsident der DDR von 1963 bis 1989, kam nach dem Zusammenbruch der DDR zu der späten Einsicht, dass der Revolutionär Erich Honecker den sozialistischen Arbeiter- und Bauernstaat zu einer Art Feudalstaat umgebaut hatte:

> *„Langsam muss ich zu der Überzeugung kommen, er hat wirklich, wie viele sagen, wie ein Kaiser, wie ein König von oben regiert, das ganze Staatswesen. (...) Es hatte sich bei uns eine Art feudalistisches System gebildet.“*[157]

George Orwell sah bereits 1945 vor dem Hintergrund des Stalinismus in Russland voraus, was später in vielen Ländern Mittel- und Osteuropas tatsächlich geschehen würde, als er in seiner berühmten Fabel „Farm der Tiere“ den Satz prägte:

> *„Alle Tiere sind gleich, aber einige Tiere sind gleicher als andere.“*[158]

Gewiss gibt es Unterschiede in dem Grad, zu dem die jeweiligen revolutionären Führer ihre Ideale verraten haben. Extrembeispielen wie Nordkorea oder Rumänien stehen andere wie das kubanische oder das nicaraguanische Beispiel gegenüber, welche zumindest anfänglich in gewissem Maße für eine Verbesserung des Lebensstandards, des Bildungsstandes, der Gesundheitsversorgung und anderer Lebensumstände sorgten. Dennoch hat man praktisch nirgends politische Freiheiten zugelassen, und wenn es um die Frage ging, Ideologie und politische Macht zugunsten von zukunftsweisenden politischen und wirtschaftlichen Reformen infrage zu stellen, hat man der Ideologie und der Macht stets den Vorrang gegeben. Wo es anfängliche Verbesserungen der Lebensumstände der Armen gab, wurden sie gerade in

[155] Siehe Suter (2018), S. 121ff.
[156] Siehe Suter (2018), S. 193ff.
[157] Zitiert nach Locke (2018), S. 8.
[158] Aus dem Buch: „Farm der Tiere“ von George Orwell (1974/1982), S. 137.

Kuba und Nicaragua durch Misswirtschaft und Modernisierungsverweigerung später wieder aufgebraucht.[159]

Wie aber ist es möglich, dass wir kaum einen einzigen revolutionären Führer finden, der im Namen eines unterdrückten Volkes erfolgreich gekämpft und dann zu seinen Idealen von Demokratie, Freiheit und Verbesserung der Lebensumstände der breiten Bevölkerung auch wirklich gestanden hat? Warum haben sie fast alle ihre Ideale verraten? Sind revolutionäre Führer grundsätzlich unehrliche Menschen? Sind sie ausnahmslos alle von einem Charakter geprägt, der Fairness, Wahrheitstreue, demokratische Spielregeln und die Rechte anderer unter den Vorbehalt der Nützlichkeit stellt? Gab es nie so etwas wie aufrechte Revolutionäre, welche im Zweifel den Zweck ihres Tuns und ihre persönliche Macht hintangestellt haben, um Grundsätzen wie Ehrlichkeit und Fairness treu zu bleiben?

Natürlich hat es solche Revolutionäre gegeben: grundehrliche Menschen, die angetrieben waren von der Empörung über bestehende Verhältnisse, die aufrichtig und wahrheitstreu waren und die ihren persönlichen Ehrgeiz ebenso hintangestellt haben wie ihren revolutionären Siegeseifer, wenn es darum ging, bestimmten ethischen Grundregeln treu zu bleiben. Nur: Diese Leute haben sich unter den Bedingungen der Revolution nicht durchgesetzt. Fast nie und fast nirgendwo. Durchgesetzt haben sich stets andere, und die gab es immer.

Denn wie alle Gruppen von Menschen setzen sich auch revolutionäre Gruppen aus sehr unterschiedlichen Individuen zusammen. Zwar eint die Mitglieder revolutionärer Gruppen das Ziel, ein bestehendes Regime zu stürzen. Aber jenseits dessen hört es mit den Gemeinsamkeiten schnell auf. Bezüglich der Methoden und bezüglich der Motive finden wir auch dann Unterschiede, wenn sich diese formell aus einer gemeinsamen Ideologie oder Religion speisen.

Erinnern wir uns also an die drei Gruppen von Motiven, von denen Revolutionäre prinzipiell getrieben werden können: erstens die Empörung über die bestehenden Unterdrückungsverhältnisse, zweitens die ideologischen oder religiösen Überzeugungen und drittens die persönlichen Machtinteressen. Allein hinsichtlich dieser Motive werden sich revolutionäre Kämpfer voneinander unterscheiden.

[159] Für Kuba siehe etwa Bahrmann (2016).

Aber nicht nur das: Sie werden sich auch dahingehend unterscheiden, welche Methoden sie einzusetzen bereit sind, in welchem Maße sie so etwas wie Fairness walten lassen oder umgekehrt Rücksichtslosigkeit oder gar Skrupellosigkeit pflegen – und das gegenüber Freund und Feind. Viele werden sich dagegen sträuben, mit Lügen Propaganda zu betreiben, und zwar auch dann, wenn es für die revolutionäre Sache nützlich erscheint. Erst recht werden viele davor zurückschrecken, sinnlose Gewalt gegenüber Gegnern anzuwenden, sie zu diskreditieren, sie ihrer Ehre zu berauben oder sie gar hinrichten oder foltern zu lassen. Schon gar nicht werden sie bereit sein, solche Methoden gegenüber Andersdenkenden oder Deserteuren im eigenen Lager anzuwenden. Andere hingegen werden weniger oder gar keine Skrupel haben, solche Methoden anzuwenden.

Ist ein Umsturz erfolgreich gewesen, dann werden wiederum viele zu ihren ursprünglichen Motiven stehen und sich um Wege in eine bessere Gesellschaft für die großen Massen der Bevölkerung bemühen. Ernesto Cardenal mag dafür ein Beispiel sein, aber er ist gewiss nicht der einzige. Andere wiederum werden von diesem Motiv ohnehin nie getrieben worden sein, sondern dies bestenfalls nach außen behauptet haben. Wieder andere werden sich von den Versuchungen der Macht korrumpieren lassen. Schließlich wird es brennende ideologische oder religiöse Fanatiker geben, welche wohl glauben mögen, auf dem Weg des ideologischen oder religiösen Fanatismus die Lage der breiten Massen zu verbessern. Aber sie werden im Zweifel das Schicksal der Massen ihren Überzeugungen opfern. Lenin und Trotzki ebenso wie Mao und Pol Pot sind hierfür prototypisch, aber auch sie sind nur Einzelfälle unter vielen. Und von all diesen Haltungen wird es beliebig viele Kombinationen geben, je nach dem persönlichen Charakter des jeweiligen Revolutionärs.

Daher sollten wir eigentlich eine große Bandbreite von Charakteren unter jenen erfolgreichen Revolutionären finden, die es an die Spitze der jeweiligen revolutionären Bewegung gebracht haben. Genau das tun wir aber nicht. Unter jenen, die prominent und erfolgreich waren, dominieren vielmehr zwei Charaktere: solche, die in der nach-revolutionären Zeit ihren ideologischen oder religiösen Eifer auf die Spitze treiben, und solche, die ihre Macht zur persönlichen Bereicherung und Glorifizierung missbrauchen. Gewiss tun sie das in unterschiedlichem Maße, so dass nicht jeder revolutionäre Führer gleich ein jakobinisches Terrorregime errichtet oder in hemmungslosem Luxus mit Marmorpalästen und ausschweifendem Lebensstil schwelgt.

Aber in der Tendenz dominieren diese beiden Typen gegenüber jenen, welche auch nach der Revolution das Ziel verfolgen, die allgemeine Lage der Bevölkerung zu verbessern.

Wie ist das möglich? Um das zu ergründen, verdichten wir einmal die möglichen Charakteristika revolutionärer Führer zu zwei Idealtypen: einer, der vor allem vom Motiv der Verbesserung der Lage der Bevölkerung getrieben ist und der auch in Zeiten der Revolution noch bestimmte Tugenden wie Aufrichtigkeit, Ehrlichkeit und Fairness hochhält. Nennen wir diesen Idealtypus den „fairen Revolutionär“. Der andere Idealtypus zeichnet sich durch Fanatismus oder persönlichen Machthunger aus und dadurch, dass für ihn der revolutionäre Zweck alle Mittel heiligt: Lügen in der Propaganda, Liquidierung von Gegnern und, wenn es zweckmäßig erscheint, auch der Mord an eigenen und möglicherweise absolut loyalen Mitstreitern. Nennen wir diesen Idealtypus den „skrupellosen Revolutionär“.

Warum dominiert am Ende fast immer der Typus des skrupellosen Revolutionärs? Die Ursache ist unter Statistikern als „Selektionseffekt“ bekannt. Verantwortlich dafür, dass dieser Effekt in revolutionären Gruppen auftritt, ist das Umfeld der revolutionären und der nach-revolutionären Zeit. Die revolutionäre Zeit zeichnet sich dadurch aus, dass die Revolutionäre die geltenden Regeln des bestehenden politischen Systems bekämpfen. Dabei wird es Aktivisten geben, die auch im revolutionären Kampf bestimmte Grenzen des Erlaubten eingehalten sehen möchten. Andere werden dies als naiv zu diskreditieren versuchen. Ähnliche Streitigkeiten wird es über den Umgang mit gegnerischen Kämpfern, aber auch mit Abweichlern oder Deserteuren aus dem eigenen Lager geben. Schließlich wird es Auseinandersetzungen über bestimmte Führungspersonen geben.

Die Revolutionäre agieren zwangsläufig in einem Umfeld der Illegalität. Daher mangelt es auch ihnen selbst an einem System von verbindlichen Regeln, innerhalb dessen sie ihre Meinungsverschiedenheiten und Machtkämpfe austragen können. Zwar kommt es durchaus vor, dass sich Gruppen von Revolutionären so etwas wie formale Regeln in einer revolutionären Organisation geben. Aber wegen der Illegalität dieser Organisationen fehlt ihren Strukturen ein übergeordneter Rechtsrahmen, in den sie eingebettet sind. Daher kann die Einhaltung der Regeln innerhalb der Organisation nicht von einer neutralen Stelle erzwungen werden, und das ist gerade in den „harten“ Zeiten revolutionärer Wirren ein massives Problem.

Erinnern wir uns vor diesem Hintergrund an die beiden Idealtypen, so werden wir beim Idealtypus des skrupellosen Revolutionärs finden: Er hält sich dann und nur dann an die Regeln der Organisation, wenn er das im Lichte seiner revolutionären Absichten und Strategien für nützlich hält. Genau das gilt für den Idealtypus des fairen Revolutionärs nicht. Er wird die Regeln grundsätzlich auch dann einhalten, wenn sie ihm im Einzelfall nicht nutzen oder wenn sie ihm gar schaden.

Das erzeugt eine Asymmetrie in den Chancen einzelner Revolutionäre, sich in internen Streitigkeiten und Machtkämpfen durchzusetzen. Weil Regeln und Grenzen der Fairness für die skrupellosen Revolutionäre stets unter dem Vorbehalt der Nützlichkeit stehen, für die fairen Revolutionäre aber vorbehaltlos gelten, haben die skrupellosen Revolutionäre stets einen systematischen strategischen Vorteil gegenüber ihren fairen Konkurrenten.

Machen wir hierzu ein letztes Mal ein Gedankenexperiment. Sehen wir uns eine ausgedachte Gruppe von Revolutionären an. Nehmen wir an, die Gruppe bestehe aus insgesamt 80 Revolutionären. Am Anfang seien alle gleich einflussreich. Niemand von ihnen sei in einer dominierenden Rolle – oder alle, je nachdem, wie man das sieht. Wir nehmen weiterhin an, dass 40 der Revolutionäre skrupellos seien und 40 fair. Stellen wir uns nun vor, dass es eine Folge von Auseinandersetzungen gebe, innerhalb derer jeweils eine Teilgruppe obsiegt und fortan eine dominierende Rolle übernimmt. Nennen wir jede dieser Auseinandersetzungen eine „Auswahlrunde". Beispielhaft wollen wir uns folgendes Muster vorstellen: Nach der ersten Auswahlrunde werden 40 der insgesamt 80 Revolutionäre eine dominierende Rolle erlangen, in der zweiten dann wiederum 20 von 40 und nach der dritten Runde noch einmal zehn von 20 Revolutionären. Aus diesem engen Kreis von zehn dominierenden Revolutionären wird in der vierten Runde schließlich einer bestimmt, der die Rolle des revolutionären Führers übernimmt. Wir sehen diesen Auswahlprozess in den ersten beiden Spalten von Tabelle 11.

Wenn die Chancen der fairen und der skrupellosen Revolutionäre gleich hoch wären, dann wäre auch die Chance 50 Prozent, dass die am Ende verbleibende revolutionäre Führungsperson aus dem Kreis der fairen Revolutionäre käme. Würden wir dann eine große Zahl an Revolutionen beobachten, dann würden wir nach jeder zweiten Revolution einen fairen revolutionären Führer vorfinden. Berücksichtigen wir aber den Selektionseffekt, dann ändern sich die Dinge. Denn dann sind die Chancen eines fairen Revolutionärs nicht so groß wie die eines skrupellosen. Nehmen wir beispielhaft an, dass diese Chance für einen skrupellosen Revolutionär in jeder Auswahlrunde genau doppelt so hoch sei wie die eines fairen Revolutionärs.

Tabelle 11. Adverse Selektion revolutionärer Führer

Auswahlrunde	dominierende Revolutionäre	skrupellose Revolutionäre	faire Revolutionäre
1	80	40	40
2	40	27	13
3	20	16	4
4	10	9	1
5	1	0,94	0,06

Das Ergebnis springt gleich ins Auge, wenn wir uns die beiden rechten Spalten von Tabelle 11 ansehen: Am Anfang haben wir von beiden Gruppen gleichermaßen je 40 Revolutionäre. Zu Beginn der zweiten Runde werden sich 27 skrupellose und 13 faire Revolutionäre als Führungsgruppe herauskristallisiert haben. Zu Beginn der dritten Runde wird das Verhältnis noch 16 zu 4 sein, und am Anfang der vierten Runde 9 zu 1. Wenn sich aus den dann noch verbliebenen zehn Revolutionären schließlich einer als der endgültige revolutionäre Führer herausschält, dann beträgt die Wahrscheinlichkeit, dass dies ein Mitglied der skrupellosen Revolutionäre sein wird, 94 Prozent. Umgekehrt wird nur mit einer Wahrscheinlichkeit von 6 Prozent ein revolutionärer Führer aus dem Lager der fairen Revolutionäre stammen.

Natürlich veranstalten revolutionäre Gruppen keine solchen Auswahlrunden. Dennoch bilden unsere Auswahlrunden die Realität gut ab. Denn die Revolutionäre werden sich fortlaufend mit inhaltlichen und auch mit personellen Differenzen auseinandersetzen müssen, und dabei werden sich stets bestimmte Fraktionen herausbilden: solche, die extremere Positionen vertreten, und andere, die moderatere Positionen vertreten; solche, die sich für die Anwendung von Gewalt aussprechen, und andere, die eher friedliche Mittel bevorzugen; und vieles andere mehr. Im Zuge solcher Auseinandersetzungen werden sich einzelne Personen besonders hervortun. Manche werden besonders überzeugend argumentieren, andere besonders geschickt in Verhandlungs- und Verfahrensfragen sein, und wieder andere werden auch intern in der Anwendung von Gewalt weniger zimperlich sein als andere. Dabei werden sich bestimmte Personengruppen und schließlich auch einzelne Personen im Laufe der Zeit als besonders einflussreich herausbilden.

Manche der Methoden, die im Rahmen solcher Auseinandersetzungen angewendet werden, würde man als fair bezeichnen, andere als unfair oder gar als skrupellos. Das Problem einer revolutionären Gruppe ist, dass es aufgrund der Illegalität ihres Tuns keine rechtlichen Regeln gibt, welche unfaire und skrupellose Methoden unterbinden. Und genau deshalb haben skrupellose Mitglieder solcher Gruppen immer einen größeren Instrumentenkasten zur Verfügung, um sich innerhalb der Gruppe durchzusetzen. Sie können alle fairen Methoden anwenden, aber darüber hinaus auch immer die unfairen oder gar die skrupellosen. Genau daraus erwächst der Vorteil der skrupellosen gegenüber den fairen Mitgliedern revolutionärer Gruppen bei allen internen Auseinandersetzungen. Er gibt ihnen eine höhere Wahrscheinlichkeit, sich durchzusetzen, mit der Folge, dass die Auswahl von Führungspersonen immer zugunsten solcher Personen verzerrt ist, die vor skrupellosen Methoden nicht zurückschrecken. Genau das ist unser Selektionseffekt.

Das aus diesem Effekt erwachsende Problem ist spätestens seit den Zeiten des frühneuzeitlichen politischen Philosophen Thomas Hobbes bekannt. In seinem 1651 erschienenen Werk „Leviathan" hat er erstmals einen gesellschaftlichen Zustand beschrieben, in dem alle Individuen unumschränkte Freiheiten besitzen, welche durch keinerlei verbindliche Regeln begrenzt sind. Dabei ist es nicht wichtig, ob es begrenzende Regeln gar nicht gibt, oder ob es sie zwar gibt, sie aber nicht verbindlich sind. Hobbes hat diesen Zustand als einen Naturzustand menschlicher Gesellschaft beschrieben. Heute wird häufig vom „Hobbes'schen Naturzustand" gesprochen.

Das wichtigste Kennzeichen des Hobbes'schen Naturzustands ist, dass seine Regellosigkeit jede Moral zerstört, jede Form von gegenseitiger Rücksicht, von Menschlichkeit und Fairness. Jeglicher Respekt vor dem Leben und dem Eigentum der Mitmenschen geht verloren.

Die vielzitierte Zusammenfassung des Lebens der Menschen im Hobbes'schen Naturzustand lautet:

> *„In einer solchen Lage ist für Fleiß kein Raum, da man sich seiner Früchte nicht sicher sein kann; und folglich gibt es keinen Ackerbau, keine Schifffahrt, keine Waren, die auf dem Seeweg eingeführt werden können, (...) keine Zeitrechnung, keine Künste, keine Literatur,*

keine gesellschaftlichen Beziehungen, und es herrscht, was das Schlimmste von allem ist, beständige Furcht und Gefahr eines gewaltsamen Todes – das menschliche Leben ist einsam, armselig, ekelhaft, tierisch und kurz."[160]

Der Grund für diese Verhältnisse entspricht ziemlich genau dem Selektionseffekt der Revolutionäre, mit dem wir es zu tun haben. Wenn es keine verbindlichen Regeln gibt, dann hat jemand, der stiehlt, raubt, betrügt und vielleicht auch mordet, immer einen Vorteil gegenüber jenen, die auf solche Aktivitäten verzichten. Daraus folgt dann auch: Wer am Anfang vielleicht noch auf solche Aktivitäten verzichtet, wird entweder das Opfer derer, die dies nicht tun, oder er wird sich dem Verhalten der anderen anpassen und die Grenzen der Moral ebenfalls fallenlassen. Wer am Ende übrig bleibt, kennt jedenfalls nur noch eine Grenze seines Tuns: die unmittelbare Nützlichkeit.

Die Analyse von Thomas Hobbes ist oft kritisiert worden. Die Hauptkritik betraf vor allem den einzigen Ausweg, den Hobbes aus dem Naturzustand sah: Die Menschen müssten sich mit Haut und Haar einem quasi allmächtigen Herrscher – dem Leviathan – unterwerfen, weil nur er sie alle gleichermaßen dazu zwingen kann, jene Regeln einzuhalten, derer es bedarf, um dem destruktiven Naturzustand entfliehen zu können. Diese Hauptkritik betrifft allerdings nur den Schluss, den Hobbes aus dem Problem des Naturzustands zog: die Notwendigkeit, sich einem übermächtigen Leviathan zu unterwerfen. Dieser Schluss kann wirklich niemanden zufriedenstellen. Die Beschreibung des Naturzustands selbst bleibt von dieser Kritik aber unberührt, denn die mit diesem Zustand verbundenen Probleme lassen sich schwer bestreiten. Das allein hat Hobbes zu einem der gewichtigsten Denker der Neuzeit gemacht. Im Grunde setzt bis heute alle politische Philosophie an dem Problem des Hobbes'schen Naturzustands an. Das hat eine Flut von politischen Theorien ausgelöst, die alle vor allem das eine Ziel haben: nach Wegen aus dem Naturzustand zu suchen, ohne sich dazu einem übermächtigen Herrscher unterwerfen zu müssen.

Das Hobbes'sche Problem des Naturzustands ist also bis heute aktuell. Und es gilt auch und gerade für das Umfeld der Revolutionäre, und zwar umso

[160] Hobbes (1651/1984), S.96.

mehr, als in diesem Umfeld naturgemäß mit besonders harten Bandagen gekämpft wird. Das Problem bewirkt, dass die Regeln revolutionärer Organisationen in einer asymmetrischen Weise verbindlich sind: Für faire Revolutionäre ist ihre Einhaltung eine Frage der ethischen Grundhaltung, für die skrupellosen Revolutionäre ist sie dagegen nur eine Frage der Nützlichkeit. Das gibt den skrupellosen Revolutionären einen strategischen Vorteil gegenüber den fairen. Im Ergebnis werden Regeln der Fairness, der Ehrlichkeit und auch der Menschlichkeit systematisch aussortiert aus dem Verhaltensrepertoire revolutionärer Führer.

Aber ändert sich das nicht, sobald eine Revolution erfolgreich war? Ist es nicht so, dass solche Verhaltensmuster überflüssig werden, sobald eine Revolution zum erfolgreichen Ende geführt worden ist? Leider lautet die Antwort auf diese Frage recht eindeutig: Nein. Zumindest gilt dies, solange nach der Revolution noch keine neue Verfassung verabschiedet wurde und solange diese Verfassung noch nicht allgemein akzeptiert und gelebt wird. Erinnern wir uns an die Verhältnisse unmittelbar nach der Novemberrevolution 1918 in Deutschland und nach der Februarrevolution 1917 in Russland. Jeweils war das alte Regime zerstört, aber eine Verfassung gab es noch nicht. Die Folge waren anhaltende gewaltsame Machtkämpfe, verbunden mit dem verzweifelten Versuch, neue Regeln im Rahmen von verfassungsgebenden Versammlungen zu etablieren.

Mit der Weimarer Verfassung war dies schließlich zumindest teilweise und für eine gewisse Zeit gelungen.[161] Am Ende setzte sich aber doch noch eine Gruppe durch, welche in der Anwendung ihrer Mittel keinerlei Grenzen kannte.[162] Der Grund war, dass die Verfassungsregeln der Weimarer Republik noch nicht jene allgemeine Verbindlichkeit erlangt hatten, welche es braucht, um ein stabiles Regel- und Machtsystem zu stabilisieren. Dies gelang erst nach dem Zweiten Weltkrieg mit der Bundesrepublik Deutschland. Im Gegensatz zur Weimarer Republik war es in Russland nach 1917 nicht einmal im Ansatz gelungen, eine Verfassung zu etablieren.

Der tiefere Grund für diese Probleme ist, dass eine Revolution selbst nichts Neues schafft, sondern nur Altes zerstört. Sie zerstört das Regel- und Machtsystem des alten Regimes, kann aber selbst nichts Neues an dessen

---

[161] Siehe hierzu: Haardt/Clark (2018) sowie allgemein den von Dreier/Waldhoff (2018) herausgegebenen Band zur Weimarer Demokratie.

[162] Für einen Überblick über die wichtigsten Analysen siehe Grimm (2018).

Stelle setzen. Daher hinterlassen die meisten Revolutionen eine Situation, welche dem Hobbes'schen Naturzustand ähnelt. Hier gilt das Recht des Stärkeren. Wer sich hier noch an Regeln wie Fairness, Ehrlichkeit und Menschlichkeit hält, wird im Machtkampf unterliegen, und wer im Machtkampf nicht unterliegen will, wird sich nicht mehr an solche Regeln halten. Das genau ist der Grund, warum so viele Revolutionen die Masse der Menschen vom Regen in die Traufe geführt haben.

Gewiss ist es bisweilen gelungen, im Anschluss an eine Revolution eine neue und noch dazu freiheitliche Verfassung zu etablieren. Das aber sind seltene Glücksfälle, auf die wir noch einmal zu sprechen kommen werden. Für den Moment müssen wir aber feststellen: Eine neue, bessere, freiheitlichere und gerechtere Verfassung ist alles andere als die natürliche Folge einer Revolution. Und zwar auch dann nicht, wenn die Revolution genau mit diesem Ziel begonnen hatte und wenn zumindest ein Großteil seiner prominenten Akteure aufrichtig mit diesem Ziel vor Augen gekämpft und gestritten hatten. In den meisten Fällen waren die Folgen der Revolution ernüchternd, und schuld daran ist der Selektionseffekt der Revolutionäre, verbunden mit dem Hobbes'schen Naturzustand, den eine Revolution typischerweise erzeugt.

Daher ist das Beispiel von Daniel Ortega kein Zufall. Es ist nicht einmal ein besonders herausragendes Beispiel eines revolutionären Führers, der seine Ideale verraten hat. Aber Ortega ist vielleicht der letzte seiner Art, den man im Westen mit idealistischer Euphorie in großem Stil bejubelt hat, nur um später erneut eine Enttäuschung zu erleben. Er hat für den Sozialismus gekämpft, ebenso wie viele andere moderne Revolutionäre. Aber die sozialistischen revolutionären Führer waren nicht deshalb größtenteils skrupellos, weil sie Sozialisten waren – auch wenn mancher konservative Geist dies gewiss gern hören mag. Vielmehr waren sie skrupellos, weil die Machtkämpfe in und um eine Revolution die Skrupellosen unter den Sozialisten systematisch begünstigten, ihnen eine Art Wettbewerbsvorteil im Ringen um Macht und Einfluss verliehen. Ganz allgemein waren es immer wieder die Skrupellosen unter den Revolutionären, die am Ende als revolutionäre Führer übrigblieben, nachdem der Selektionseffekt zugeschlagen hatte. Die ehrlichen und fairen Revolutionäre hatten da schon aufgegeben, oder sie waren von den skrupellosen Revolutionären ausgeschaltet worden – zumindest politisch, oft aber leider auch physisch.

Der Mythos der Revolution ignoriert den Selektionseffekt vollständig. Ganz allgemein löst er die komplexen Probleme des Selektionseffekts, des Naturzustands und der unbegrenzten Macht der Revolutionäre gemeinsam in einer einfachen Geschichte auf, und die lautet: Die Revolution wird von den breiten Massen der Bevölkerung getragen, an deren Spitze ein revolutionärer Führer marschiert, und mit ihm ersetzt die Revolution einen schlechten Mächtigen durch einen guten Mächtigen. Ein Zar Nikolaus wird durch den Revolutionär Lenin ersetzt, ein Diktator Batista durch den Revolutionär Castro, ein Diktator Somoza durch den Revolutionär Ortega – und ein Schah von Persien durch einen religiösen Führer namens Khomeini.

Die Namen deuten es schon an: So schlecht die alten Herrscher im Einzelfall auch waren, so waren ihre revolutionären Nachfolger an der Macht nicht allein schon deshalb besser, weil die alten Herrscher schlecht waren. Vielmehr sorgte der Selektionseffekt dafür, dass sie kaum je besser und oft noch schlechter waren als jene, die sie im Namen der breiten Masse der Bevölkerung gestürzt hatten. Sie ließen nicht von der Macht, sie setzten ihre gesellschaftliche Vision mit brutaler Gewalt durch, und sie hinterließen ein ums andere Mal eine Spur von Blut, Tod und Verwüstung, oder sie standen ihren verhassten Vorgängern in ihrem hemmungslosen Luxus auf Kosten der Bevölkerung am Ende in nichts mehr nach. Für manche galt das alles auf einmal.

Für die Masse der Bevölkerung entsteht hieraus ein betrübliches Bild. Wieder und wieder musste sie erfahren, dass sie den alten Herrschern in den vielen Diktaturen der Welt nicht trauen durfte. Aber zugleich musste sie wieder und wieder erfahren, dass die revolutionären Führer zwar oft als Erlöser daherkommen, ihre Versprechen aber spätestens dann vergessen, wenn sie im Namen der Bevölkerung die Macht errungen haben. Wem soll man da noch trauen?

10. Revolution und Demokratie

„You won't fool the children of the revolution."[163]
(Marc Bolan)

Wir wollen dieses Buch nicht mit der misanthropischen Feststellung beenden, man dürfe niemandem trauen. Glücklicherweise ist das auch gar nicht nötig. Vertrauen ist eine wichtige Haltung, ohne die wir alle miteinander kaum zurande kämen. Zwar wird Vertrauen manchmal missbraucht, und umgekehrt wird Menschen manchmal kein Vertrauen geschenkt, die es verdient hätten. Daraus folgt aber nur, dass Vertrauen wie so vieles im menschlichen Zusammenleben nicht perfekt ist. Wir können sagen, Vertrauen ist nicht alles, aber ohne Vertrauen ist alles nichts.

Für unsere Zwecke erscheint es allerdings sinnvoll, einen Moment darüber nachzudenken, was Vertrauen überhaupt bedeuten kann. Nehmen wir an, ein Mensch habe uns etwas versprochen, das zu tun ohnehin in seinem Interesse gelegen hätte. Wenn wir nun glauben, dass er sein Versprechen hält, hat es dann besonderen Sinn, diesen Glauben Vertrauen zu nennen? Wenn ja, dann wäre Vertrauen irgendwie alles und nichts.

Legen wir daher strengere Maßstäbe an. Stellen wir uns einen Menschen vor, der uns etwas versprochen hat, das zu tun ausdrücklich nicht in seinem Interesse liegt, sondern ihn im weitesten Sinne etwas kostet. Wenn wir nun in diesem Falle glauben, dass er zu seinem Versprechen stehen wird, dann wollen wir diesen Glauben als Vertrauen bezeichnen. In persönlichen Beziehungen ist diese Art von Vertrauen allgegenwärtig.

Immer könnten die betreffenden Personen dieses Vertrauen enttäuschen, und immer würden sie sich damit erst einmal besserstellen. Aber aus den verschiedensten Gründen vertrauen wir darauf, dass sie das nicht tun werden – und das meist zu Recht. Solcherlei Vertrauen erleichtert und verschönert unser ganzes Zusammenleben, auch wenn es immer mal wieder vorkommt, dass es missbraucht wird. Uns interessiert nun die Frage, wann wir Grund dazu haben, jemandem Vertrauen zu schenken, und wann eher nicht. Dabei helfen uns zwei Kriterien: erstens der Charakter des jeweiligen Menschen und zweitens die Situation, innerhalb derer wir ihm vertrauen sollen.

[163] Aus dem Song „The Children of the Revolution" der Pop-Gruppe T. Rex um seinen musikalischen Kopf, Sänger und Gitarristen Marc Bolan.

T. Apolte, *Der Mythos der Revolution*,
https://doi.org/10.1007/978-3-658-27939-4_10

Um einem Menschen charakterlich zu vertrauen, müssen wir etwas über diesen Menschen wissen. Wir müssen ihn irgendwie kennen. Je häufiger wir beobachtet haben, dass er zu seinen Versprechen gestanden hat, desto mehr Vertrauen werden wir ihm vermutlich schenken. In der Regel ist Vertrauen also nicht einfach da, sondern es muss erst einmal wachsen. Es braucht eine Zeit, um sich zu entwickeln. Umgekehrt kann es nach einem Vertrauensbruch mit einem Schlag verloren sein. Dahinter steckt unter anderem, dass wir im Umgang mit einem Menschen etwas über seinen Charakter und über sein Verhältnis zu uns lernen.

Würden wir wie in einer Lotterie in einer großen Serie immer wieder einen Menschen aus einer großen Masse von Menschen herausziehen, dann wäre der Durchschnitt dieser zufällig ausgewählten Personen wieder eine Art von Durchschnittsmensch. Er wäre also weder übermäßig vertrauenswürdig, noch wäre er ein Mensch, dem man besser nicht vertraut. Das gilt aber nur, wenn die Auswahl der Menschen wirklich dem Zufallsprinzip folgt. Wir haben allerdings schon gesehen, dass bestimmte Situationen die Auswahl von Menschen systematisch verzerren – also vom Durchschnitt weglenken. Unser Beispiel waren Menschen, die sich im Ringen um Macht gegen ihre Konkurrenten durchsetzen. Sie entsprechen im Mittel nicht dem Durchschnitt der Bevölkerung. Vielmehr sind sie in der Regel eher bereit, auch rüdere Methoden zur Erlangung von Macht anzuwenden. Wir haben das den Selektionseffekt genannt.

Der Selektionseffekt gilt auch und gerade für revolutionäre Führer. Wir haben uns ausführlich angesehen, warum das so ist. Dabei zeigte sich: Wenn sich eine Art revolutionäre Gruppe bildet, dann mag das durchschnittliche Mitglied dieser neu gebildeten Gruppe zunächst noch etwa den Durchschnitt der Bevölkerung widerspiegeln. Wenn sich aber im Laufe der Zeit so etwas wie eine Führungsgruppe oder gar eine einzelne Führungsperson aus der Gruppe herauskristallisiert hat, dann wird deren Charakter systematisch vom Durchschnitt der Bevölkerung abweichen – und zwar nicht in Richtung auf eine größere Vertrauenswürdigkeit. Wir haben eine Reihe historischer Beispiele für diesen Effekt gesehen.

Ein zweites, noch einmal schwieriger einzuordnendes Kriterium fragt danach, in welchen Situationen sich ein Mensch mehr und in welchen er sich weniger vertrauenswürdig verhält. Denn das ist auch bei einem gegebenen Charakter nicht immer gleich. Kurz zusammengefasst, kann man hierzu Folgendes sagen: Je eher eine Person die Folgen ihres Handelns für andere unmittelbar beobachten kann, desto eher wird sie vertrauenswürdig handeln. Wenn jemand mit Hilfe einer getürkten Quittung oder einer „vergessenen“ Einnahme beim Finanzamt hundert Euro Steuern zu wenig zahlt, dann handelt diese Person gewiss nicht vertrauenswürdig, denn auch diese hundert Euro werden am Ende nicht anders fehlen, als wenn man sie einem konkreten Mitmenschen aus der Tasche gezogen hätte. Insoweit gibt es da keinen grundsätzlichen Unterschied, ganz egal, ob das Geld in der Staatskasse oder in der Kasse eines Mitmenschen fehlt.

Es gibt aber andere Unterschiede. Stellen wir uns vor, wir wären mit einer Person befreundet, von der wir wüssten, dass sie einmal ein nicht sauberes Verhalten gegenüber dem Finanzamt mit der Folge an den Tag gelegt hat, dass dem Finanzamt 100 Euro entgangen sind. Würden wir die Person deshalb lieber nicht mit unserer Brieftasche unbeobachtet lassen, aus Angst, sie könnte sich daraus in ähnlich verbotener Weise bedienen, wie sie es mit der Staatskasse getan hat? Vermutlich nicht. Es gibt also Unterschiede. Je nach Situation verhält sich ein Mensch mit einem gegebenen Charakter in unterschiedlicher Weise. Mehr noch: Je nach der Situation, in der sich ein Mensch nicht vertrauenswürdig verhält, bewerten wir sein Verhalten anders und ziehen daraus auch andere Rückschlüsse.

Was sind die Gründe dafür? Davon gibt es eine ganze Reihe. Zwar ist der Schaden in beiden Fällen exakt gleich hoch. Aber im einen Falle bleibt er irgendwie abstrakt, denn es ist kaum nachvollziehbar, wem in welcher Form ein Schaden entsteht, wenn jemand 100 Euro Steuern nicht gezahlt hat. Im zweiten Fall ist der Schaden dagegen konkret, und er kann einer bestimmten Person unmittelbar zugeordnet werden. Im zweiten Fall kommt aber noch ein weiterer Schaden hierzu, den man mit seinem Vertrauensbruch anrichtet, und der könnte sehr groß sein: Man riskiert nämlich eine Freundschaft, seinen Ruf im Freundeskreis und vieles mehr.

Allein schon die Tatsache, dass der Schaden im ersten Falle abstrakt bleibt, im zweiten Falle aber sehr konkret mit einer – noch dazu nahestehenden – Person verbunden ist, dürfte einen großen Einfluss auf die Neigung haben, sich vertrauenswürdig zu verhalten. Vertrauen ist daher eine Sache, die in persönlichen Beziehungen und innerhalb kleiner und überschaubarer Gruppen wesentlich besser gedeiht als in einem anonymen und abstrakten Umfeld. Je größer und anonymer eine Gruppe ist und je abstrakter der Schaden, den man ihr zufügt, desto geringer ist die moralische Wirkung von Vertrauen.

Damit haben wir also gleich zwei Gründe, warum wir den Vertrauensvorschuss, der in persönlichen Beziehungen oft richtig und wichtig ist, nicht eins zu eins auf anonyme Beziehungen in großen Gruppen übertragen sollten. Dass das nicht möglich ist, wird manchmal bedauert. Dahinter steckt ein gewisser moralischer Anspruch, wonach wir Menschen immer und überall stets dasselbe gute und vertrauenswürdige Verhalten an den Tag legen sollten, egal, ob es um freundschaftliche Vertrautheit geht oder um die Steuererklärung, ob es darum geht, seine Interessen zugunsten enger Freunde oder Verwandter zurückzunehmen, ob man dasselbe am Arbeitsplatz tut, oder was auch immer.

Das muss aber ein frommer Wunsch bleiben. Wenn wir ihn stets und überall zum Maßstab nehmen, werden wir zwangsläufig immer wieder enttäuscht werden und enden vielleicht wirklich mit einem misanthropischen Menschenbild. Das wäre nicht gut, und deshalb sollten wir uns gegenseitig nicht abverlangen, Engel statt Menschen zu sein. Aber aus genau diesen Gründen sollten wir uns gegenseitig auch nicht zu naiv gegenübertreten. Das Bild vom unerschütterlichen Vertrauen zwischen Menschen, die einander persönlich verbunden sind, finden wir durchaus häufig in der Realität vor – und gerade hier schreibt das Leben oft die anrührendsten Geschichten.

Aber ein solches Vertrauensverhältnis gibt es nur zwischen individuellen Menschen, die in einem persönlichen Kontakt zueinander stehen, oder in kleinen Gruppen. Zwischen einem Herrscher auf der einen Seite und den vielen Millionen Menschen, aus denen ein Volk normalerweise besteht, kann es ein solches Vertrauensverhältnis nicht geben. Das sollten wir nicht bedauern, sondern wir sollten uns darauf einstellen. Es hat gewiss gute und weniger gute Herrscher und Politiker gegeben, aber niemals kann das Verhältnis zwischen Volk und Herrscher derart vertrauensselig sein wie jenes zwischen persönlich eng verbundenen Menschen, die guten Grund dafür haben, einander blind zu vertrauen.

Und doch bedienen sich die Mythen von den guten Herrschern und erst recht jene von den großen Erlösern des Volkes aus seiner Unterdrückung oft und gern aus dem Fundus der Geschichten über einzelne Menschen, die mit blindem Vertrauen schwierige Zeiten miteinander durchstehen. Aber der Grund, warum gerade die Herrschenden und in ähnlicher Weise viele revolutionäre Führer solche Mythen gerne befördern, ist so einfach wie durchschaubar: Diese Geschichten sind anrührend, und sie transportieren eine starke und für jeden von ihnen sehr nützliche Botschaft, die lautet: Habt Vertrauen zu mir!

So schön die Mythen von den guten Herrschern und den revolutionären Erlösern aber auch sind, so sehr sollten wir uns davor hüten, ihrer Suggestivkraft zu erliegen. Und mit genau dieser Einsicht können wir nun die wichtigsten Fehler des Mythos der Revolution zusammenfassen.

Der erste Fehler des Mythos der Revolution ist, dass er das Volk als einen eigenständig denkenden und handelnden Organismus auffasst, dessen atomare Bestandteile die individuellen Menschen sind. Aber einen solchen Organismus gibt es nicht. Ein Volk ist vielmehr nur ein gedankliches Konstrukt, welches wir einer irgendwie zusammengefassten Zahl von Menschen überstülpen. Zwar wird das Handeln jedes Individuums mit dem Handeln anderer Individuen rückgekoppelt, so dass daraus insgesamt recht komplexe Interaktionsbeziehungen entstehen. Aber eines entsteht dabei nicht: ein selbstständig denkender Überorganismus namens Volk.

Genau an der Stelle, wo wir aus den komplexen Interaktionsbeziehungen gedanklich einen solchen Überorganismus konstruieren, gehen wir den entscheidenden Schritt zu weit. Und nur, wenn wir diesen unzulässigen Schritt zu weit gegangen sind, erhalten Aussagen wie diese einen Sinn: „Das Volk erhebt sich gegen seinen Unterdrücker." Vergessen wir aber nicht, dass dies ein irreführender (Un-)Sinn ist. Für den Alltag kann man so eine Formulierung vielleicht gerade noch durchgehen lassen als eine Beschreibung dessen, was man zum Beispiel bei Massenprotesten beobachtet. Aber wenn wir genau sein wollen, dann dürfen wir das so nicht formulieren. Stattdessen müssen wir vom Ergebnis her zurückdenken und uns vorstellen, welche Art von Interaktion zwischen vielen tausend individuell handelnden Menschen stattgefunden haben muss, damit das Ergebnis des beobachteten Massenprotests entstehen konnte. Nur wenn wir so vorgehen, können wir schließlich auch verstehen, dass ein solches Ereignis niemals das Ergebnis einer einfachen Kausalbeziehung von der Art sein kann: „Das Volk ist unterdrückt, also geht es auf die Straße."

Wir werden vielmehr erkennen, dass es eine große Variation von möglichen Folgewirkungen geben kann, wenn ein Volk von einem Herrscher unterdrückt wird. So kann, wie in Nordkorea, einfach gar nichts geschehen, obwohl die Menschen erkennbar unterdrückt und nach allem, was wir wissen, damit überaus unglücklich sind. Es kann auch sein, dass das Volk seinem

Unterdrücker zujubelt und ihm sogar bis in den totalen Untergang folgt. Auch solche Fälle kennen wir. Schließlich kann es gewiss auch geschehen, dass das Volk in Massenprotesten dagegen aufbegehrt. Vergessen wir aber nicht: All dies sind Ergebnisse menschlichen Handelns und ihrer komplexen Interaktionen, es ist niemals das Ergebnis der Entscheidungen eines einheitlich denkenden und handelnden Organismus.

Mit diesem Rüstzeug können wir schließlich auch erkennen, welch große Rolle der Zufall spielt. Wir haben gesehen, dass bestimmte fokale Punkte, bestimmte Katalysatoren, bestimmte zufällige Ereignisse oder auch nur törichte Aktionen eines Herrschers zufällig so zusammenspielen können, dass aus einer gestern noch völlig ruhigen Situation heraus plötzlich und für alle unerwartet ein Massenprotest aufbraust. Damit wissen wir aber auch, dass genau das nicht passiert wäre, wenn sich die Dinge zufälligerweise anders gefügt hätten. Halten wir also fest:

> ***Nur wenn wir das Volk nicht als eigenständig handelnden (Über-) Organismus begreifen, eröffnet sich uns ein Verständnis für die Komplexität von Massenaufständen und zugleich für die Machtbasis von Diktatoren.***

Der zweite Fehler des Mythos der Revolution ist, dass er in revolutionären Führern bessere Menschen sieht als die bislang herrschenden Diktatoren. Zar Nikolaus II. war ein schlechter Herrscher, also konnten Lenin und Trotzki fast nur besser sein. Ebenso erschien es im Falle des Schahs von Persien, von Kubas Diktator Batista, Nicaraguas Diktator Somoza und vielen anderen. Gegenüber solchen Lumpen konnten Revolutionäre wie Castro, Che Guevara, die Sandinisten mit Daniel Ortega und sogar der Ayatollah Khomeini nur besser sein. So erschien es wenigstens vielen Betroffenen und auch ausländischen Beobachtern. Ideologische oder religiöse Rückbindungen halfen stets gern dabei, solche Eindrücke wie vernünftige Schlüsse erscheinen zu lassen. Aber sie sind es nicht, im Gegenteil. Vielmehr sind sie eigentlich schon auf den ersten Blick unzulässig. Es ist vermutlich der jeweiligen Ausgangslage geschuldet, dass wir Menschen dennoch dazu neigen, in Revolutionären so etwas wie Erlöser zu sehen. Das mag verständlich sein, aber auf zulässigen Schlüssen beruht es nicht.

Denn bei Licht betrachtet, gibt uns allein der Selektionseffekt schon Anlass dazu, revolutionären Führern eher mit einem gesunden Misstrauen zu begegnen, und zwar mit einem ähnlichen Misstrauen wie gegenüber den bisherigen Herrschern. Und die Erfahrungen bestätigen den Eindruck. Die wenigen unter den revolutionären Helden, die das Vertrauen der Menschen nicht missbraucht haben, sind meist aus solchen Revolutionen hervorgegangen, deren Ausgangspunkt große Massenproteste waren – allen voran jene in Mittel- und Osteuropa in und um 1989. Auch das sollte uns nicht erstaunen, denn diese Helden sind eher ein Produkt der jeweiligen Revolution als deren Urheber gewesen. Entsprechend haben sie sich nicht in revolutionären Kämpfen gegen andere Revolutionäre durchsetzen müssen, sondern in aller Regel eher durch ihre öffentlichen Auftritte größere Gruppen von Menschen von sich überzeugt.

Auch die Attentäter des 20. Juli 1944 waren in dieser Hinsicht eine Ausnahme. Denn auch sie unterlagen nicht dem Selektionseffekt. Das lag daran, dass es sich bei ihnen um eine Auswahl aus einer relativ kleinen Gruppe von Menschen handelte, die für ihr revolutionäres Projekt weder Kampftruppen noch politische Organisationsstrukturen entwickeln mussten, an deren Spitze sie sich sodann gestellt hätten. Wäre das so gewesen, hätte sich vermutlich schnell wieder ein Selektionseffekt eingestellt. Aber es war in deren Fall lediglich so: Sie mussten nicht mehr (aber auch nicht weniger) schaffen, als aus ihren Reihen Personen zu finden, die bereit waren, einen Anschlag auf Hitler eigenständig durchzuführen und dafür selbstverständlich ihr Leben zu riskieren. Davon gab es eine ganze Reihe, und diese Personen handelten in der Tat nach ethischen Prinzipien, die sie im Nazi-Regime fundamental verletzt fanden. Dieser Feststellung steht nicht im Weg, dass die meisten von uns auch diesen ethischen Prinzipen vor dem Hintergrund unserer heutigen Welt eher reserviert gegenüberstehen. Denn liberale Demokraten waren wohl die allerwenigsten aus dem Kreis dieser Verschwörer gegen Hitler gewesen.

So müssen wir also auch bei den Ausnahmefällen vom Selektionseffekt durchaus vorsichtig sein: Wenn (fast) alle vertrauenswürdigen Revolutionäre aus Massenprotesten hervorgegangen sind, so gilt nicht der Umkehrschluss, dass alle aus Massenprotesten hervorgegangenen Revolutionäre vertrauenswürdig sind. Dementsprechend haben nur wenige Militärputsche – nichts anderes wäre der Anschlag vom 20. Juli 1944 im Falle seines Erfolges gewesen – freiheitliche Regime zur Folge gehabt. Nicht selten haben sich also auch solche Revolutionäre später als ähnlich korrupt herausgestellt wie die politischen Führer, die sie gestürzt hatten.

Halten wir also fest:

Revolutionäre Führer sind nicht schon deshalb vertrauenswürdig, weil die politischen Führer, die sie stürzen, es nicht waren. Vielmehr verzerrt der Selektionseffekt die Auswahl revolutionärer Führer, was erklärt, warum so viele von ihnen irgendwann ihre revolutionären Ideale verraten haben.

Der dritte Fehler des Mythos der Revolution ist eng verwandt mit dem zweiten. Er besteht aus dem Glauben, die gesellschaftlichen Verhältnisse entschieden sich nach der Güte ihrer Herrscher. Den Menschen geht es gut, wenn sie unter einem gerechten Herrscher leben, und es geht ihnen schlecht, wenn sie unter einem ungerechten Herrscher leben. Niemand bestreitet, dass gute Politiker immer schlechten Politikern vorzuziehen sind. Aber das reicht nicht. Denn in einem schlechten politischen System können gute Politiker, wenn sie sich denn überhaupt an der Macht halten, ihre Vorzüge nicht in gute Politik umsetzen. Schlechten Politikern bieten schlechte politische Systeme dagegen ein Umfeld, in dem sie ihre persönlichen Interessen auf Kosten der Bevölkerung zur Geltung bringen können. Oder sie halten sich trotz offensichtlicher Unfähigkeit an der Macht.

Das hatten wir uns anhand des Hobbes'schen Naturzustands angesehen. Er stellt das schlechteste denkbare politische Umfeld dar, und das liegt daran, dass es im Naturzustand keinerlei Regeln gibt, welche die Auswahl von Mitteln begrenzen, die im politischen Streit erlaubt sind. Diejenigen, die sich selbst im Streit um Macht und Einfluss keine Grenzen setzen, haben deshalb immer die größten Wettbewerbsvorteile. Je näher ein politisches Umfeld dem des Hobbes'schen Naturzustand kommt, desto weniger dürfen wir daher jenen vertrauen, die Macht und Einfluss erworben haben. Bei ihnen handelt es sich um die schlechteste denkbare Auswahl von politischen Funktionsträgern. Daher müsste es auch immer das Ziel einer Revolution sein, ein besseres politisches Umfeld zu schaffen. Halten wir fest:

Es kommt nicht darauf an, schlechte politische Führer durch vermeintlich gute politische Führer zu ersetzen, sondern es kommt darauf an, ein schlechtes Machtsystem durch ein gutes zu ersetzen.

Im großen gesellschaftlichen Zusammenhang reicht Vertrauen in Personen allein nicht aus. Hier brauchen wir vielmehr ein System zuverlässiger Regeln, auf das wir vertrauen können. Erst dann haben wir die nötige Grundlage dafür, dass wir auch unserer politischen Elite vertrauen können.

Das wirft allerdings gleich zwei weitere Fragen auf. Erstens: Wie wäre ein solches System zuverlässiger Regeln beschaffen, innerhalb dessen skrupellose Methoden im politischen Wettbewerb um Macht und Einfluss keinen Vorteil mehr gegenüber fairen Methoden haben? Zweitens: Wie können wir ein solches System errichten?

Über die erste Frage wissen wir mehr als über die zweite. Ohne ein neues Thema in allen seinen Facetten eröffnen zu wollen, können wir es uns vielmehr erlauben, etwas pauschal zu urteilen und festzustellen: Ein solches System ist die Demokratie. Zumindest kennen wir bis heute kein besseres System, und es sieht auch nicht danach aus, dass wir eines finden werden. Um näher in diese ganze Thematik einzusteigen, müssten wir allerdings verschiedene Formen von Demokratien unterscheiden: parlamentarische Demokratien wie in der Bundesrepublik Deutschland, präsidiale Demokratien wie in den USA oder solche mit direktdemokratischen Elementen wie in der Schweiz; solche mit proportionaler Repräsentation, wie in der Weimarer Republik, solche mit Mehrheitswahlrecht wie in den USA oder in England oder solche mit einer Mischung aus beidem, mit Erst- und Zweitstimmen, wie in der Bundesrepublik Deutschland.

Alles das hat Einfluss darauf, wie im Detail politischer Wettbewerb in einer Demokratie stattfindet, welche Methoden dabei erfolgreicher sind als andere und vieles andere mehr. Allerdings sind diese Unterschiede für unsere Zwecke nicht entscheidend. Denn wie immer das demokratische Umfeld im Einzelnen gestaltet ist, so gilt doch immer: Wenn es stabil funktioniert, dann erzeugt es stets zwei Effekte, die von zentraler Bedeutung sind:

1. Demokratische Systeme reduzieren weitestgehend den Selektionseffekt, also den Wettbewerbsvorteil skrupelloser Menschen um Macht und Einfluss. Denn Methoden wie politisch motivierte Gewalt, Betrug und allerlei Missbrauch von Machtpositionen sind in einem solchen System grundsätzlich nicht erlaubt. Das heißt zwar nicht, dass sie niemals vorkommen. Aber sie sind erst einmal verboten, und es gibt eine Öffentlichkeit, die die Politik beobachtet und Übergriffe öffentlich machen kann. Außerdem gibt es eine unabhängige Justiz, welche Verstöße ahndet. Schließlich gibt es regelmäßig Wahlen. Hierin hat der Philosoph Karl Popper den entscheidenden Vorteil der Demokratie gesehen:

„In einer Demokratie können die Herrscher – das heißt die Regierung – von den Beherrschten abgewählt werden, ohne daß es zu Ausschreitungen und zu Blutvergießen kommt.“[164]

Der Grund liegt auf der Hand: In einer Diktatur ist es für jeden Menschen mit hohen persönlichen Risiken verbunden, sich am Sturz des Herrschers zu beteiligen. In einer Demokratie kostet es einen Sonntagsspaziergang zum Wahllokal.
Die Begrenzung der erlaubten Methoden im politischen Wettbewerb, die öffentliche Kontrolle, die Kontrolle durch die unabhängige Justiz und die geringen Kosten und Risiken, zu denen man sich am Sturz einer Regierung beteiligen kann, all das zusammengenommen reduziert die Wirkung des Selektionseffekts. Zwar finden wir auch in einer Demokratie mitunter gewissenlose Lumpen an der Macht; und auch hier finden wir manchmal politische Gewalt, Betrug und unfaires Verhalten aller Art. Der wichtige Punkt ist allerdings: Wir finden das alles in kleinerem Maße. Und bei allen Klagen über „die Politiker“ finden wir in Demokratien dennoch häufiger Menschen an der politischen Spitze, für die Werte wir Fairness, Aufrichtigkeit und Ehrlichkeit durchaus relevante Leitlinien ihres persönlichen Verhaltens sind. Jedenfalls finden wir solche Menschen in Demokratien sehr viel häufiger als in Diktaturen. Der Grund ist einfach: Weil der Selektionseffekt schwächer ist, können auch sie sich in einer Demokratie an der Macht halten.

2. Zwar ist es richtig, dass die Demokratie den skrupellosen Bewerbern einen Großteil ihrer Wettbewerbsvorteile nimmt, die sie in nichtdemokratischen Systemen haben. Dennoch verfügen sie auch in einer Demokratie noch immer über das gesamte Arsenal an solchen Methoden, die auch ihren fairen Mitbewerbern zur Verfügung stehen. Die Demokratie gibt daher den Skrupellosen und den Fairen zunächst einmal nur gleiche Chancen.

Daher können wir auch in einer Demokratie nicht garantieren, dass alle Mächtigen stets aus dem Kreis der Fairen und Guten kommen. Aber genau hier wirkt nun der zweite Effekt: Auch wenn ein Mensch aus dem Kreis der Skrupellosen kommt, wird er sich, wenn er im politischen Wettbewerb bestehen will, in einer Demokratie weitgehend so verhalten müssen, *als ob* er aus dem Kreis der Fairen käme. Vielleicht haben wir gelegentlich den Eindruck, dass der ein oder andere Politiker ein „Lump“ oder ein „Schlitzohr“

[164] Popper (1945/1992).

ist. Dennoch wird auch er stets so tun müssen, als ob es ihm allein um das Wohl der großen Masse der Bevölkerung ginge. Längerfristig kann er solch einen Eindruck in einem Land mit freien Medien aber nur dann aufrechterhalten, wenn er sich auch entsprechend verhält. Wenn das funktioniert, kann es uns als Bürgern eigentlich egal sein, ob ein Politiker aufgrund seines guten Charakters Gutes tut oder nur, weil er sich dazu gezwungen sieht.

Gewiss ist auch dieser Effekt nicht perfekt. Daher mag die Darstellung ein wenig idealisiert klingen. Aber wichtig ist, dass der Effekt wirkt und in welche Richtung er wirkt. Und zusammengenommen haben wir damit bereits zwei sehr bedeutende Effekte: Der erste sorgt dafür, dass der Selektionseffekt weitgehend ausgeschaltet wird und die Skrupellosen ihren politischen Wettbewerbsvorteil gegenüber den Fairen verlieren. Der zweite Effekt sorgt anschließend dafür, dass diejenigen unter den Skrupellosen, welche dennoch Macht erlangen, sich recht weitgehend so verhalten müssen wie die Fairen.

Wenn das alles stimmt, dann bleibt noch die zweite Frage, und diese Frage ist für unser Thema ganz zentral. Sie lautet: Wenn das beste politische System die Demokratie ist, wie kommen wir dann dahin? Und welche Rolle können Revolutionen dabei spielen?

Leider weiß man hierüber bis heute enttäuschend wenig. Obwohl in den vergangenen beiden Jahrzehnten sehr intensiv dazu geforscht wurde, bleibt es nach wie vor weitgehend ungeklärt, unter welchen Bedingungen Demokratien entstehen und unter welchen sie anschließend auch erhalten bleiben. Dem amerikanischen Politikwissenschaftler Samuel Huntington[165] folgend unterscheidet man vom frühen 19. Jahrhundert bis einschließlich zum Umbruch in Mittel- und Osteuropa ab 1989 drei Wellen der Demokratisierung. Jeder dieser drei Wellen folgte jedoch eine Welle autokratischer Rückschläge, und wir sind auch nach 1989 nicht ohne solche Rückschläge ausgekommen. Aber immerhin: Es blieben stets einige stabile Demokratien übrig, so dass die Zahl jener Länder, die als zumindest einigermaßen demokratisch gelten dürfen, immer weiter anwuchs und heute annähernd die Hälfte aller Länder der Welt umfasst.

Was allerdings jene Faktoren sind, die eine Demokratisierung einleiten, und was die Faktoren sind, die sie stabilisieren, das bleibt bis heute weitgehend im Dunkeln. Das ist eigentlich erstaunlich, denn wir kennen ja die Länder,

---

[165] Siehe Huntington (1991).

die heute über stabile demokratische Strukturen verfügen. Wir kennen deren Geschichte, und wir wissen auch, wann und unter welchen Bedingungen sich deren demokratische Strukturen entwickelt haben. Schließlich kennen wir auch jene Länder, die sich niemals demokratisiert haben, und wir kennen die Länder, die sich zunächst demokratisiert hatten, später aber autokratische Rückschläge erlebten.

Wir haben heute rund 200 Staaten auf der Welt. Jeder dieser Staaten hat allein in den vergangenen beiden Jahrhunderten eine mehr oder weniger bewegte Geschichte erlebt. Allein die USA und – in einer etwas kürzeren Perspektive – die Schweiz haben durchweg demokratische Strukturen erlebt. Aber wegen des Bürgerkriegs kann man selbst im Falle der USA nicht von durchgängig stabilen demokratischen Strukturen sprechen. In vielen Ländern hat es mehrere Vor- und Rückwärtsbewegungen gegeben. Daher haben wir eine Vielzahl historischer Fälle von Wechseln hin zur Demokratie oder weg von der Demokratie.

Statistiker lieben große Fallzahlen, weil man sie für statistische Analysen nutzen und daraus etwas lernen kann. Das Problem ist: Einerseits sind unsere Fallzahlen groß, dann aber doch wieder nicht. Zwar reicht es so gerade für einigermaßen seriöse statistische Analysen, aber wirklich zuverlässig sind die Regelmäßigkeiten nicht, die man bisher damit herausfiltern konnte. Andererseits ist die Zahl der Fälle aber so groß und die Art der Ereignisse so unterschiedlich, dass wir durch einen direkten historischen Vergleich vor allem erst einmal eines gewinnen: eine verwirrende Vielfalt.

Wir können und müssen die ganze Problematik hier aber auch nicht abschließend klären. Uns reicht es, mit Blick auf unser Thema festzuhalten: Keine der vielen Hoffnungen auf „einfache“ Wege in die Demokratie hat sich je bestätigt. Die Bundesrepublik Deutschland ist ein Fall, der eine einfache Lösung suggeriert: den Zwang von außen nämlich. Man könnte fast geneigt sein, zu sagen: Wenn es möglich war, den Deutschen der barbarischen Nazizeit die Demokratie von außen vorzuschreiben, dann sollte das doch anderswo allemal möglich sein. Leidvolle Erfahrungen vor allem im Nahen und Mittleren Osten zeigen aber, dass diese Sicht falsch ist. Viele Versuche endeten in Chaos, Terror und Bürgerkrieg.

Verlorene Kriege, aber auch neu gegründete Staaten sowie Staaten mit neu erkämpfter Unabhängigkeit waren oft Anlass zur Einführung demokratischer Strukturen. Das ist naheliegend, denn solche Ereignisse erfordern eine

Entscheidung über das künftige politische System, und was liegt zumindest seit dem Ende des Ersten Weltkriegs näher, als eine Demokratie einzuführen? So ist es dann auch häufig gewesen, aber nur ein Teil der neuen Demokratien überlebte die ersten beiden Jahrzehnte ihrer Einführung.

Schließlich sind auch Revolutionen Anlass zur Demokratisierung gewesen. Auch hier gibt es tatsächlich Erfolgsgeschichten. Die US-amerikanische gehört vielleicht zu den prominentesten Fällen. Aber auch die insgesamt zehn neuen EU-Mitglieder, die Teil der ehemaligen sozialistischen Welt waren, gehören dazu. Jenseits dieser Fälle sieht es allerdings ziemlich dünn aus. Die Weimarer Republik ist ein Fall, der nach anfänglichen Wirren zunächst erfolgreich war, und in Österreich sah es ähnlich aus. Aber beide Demokratien überlebten letztlich nicht. Die Französische Revolution endete in einem Terrorregime, danach in einem neuen Kaiserreich und erst viel später in einer Demokratie. Die von vielen westlichen Intellektuellen zunächst bejubelte iranische Revolution endete in einem Gottesstaat, und die ebenfalls im Westen seinerzeit vielfach bewunderte russische Revolution im Stalinismus. Keines dieser beiden Länder ist heute eine Demokratie.

Wir haben gesehen, warum Revolutionen keineswegs zwangsläufig in einer besseren Welt enden. Das liegt daran, dass Revolutionen aus sich heraus zunächst noch kein neues Machtsystem schaffen, sondern zunächst nur das bestehende System zerstören. Gewiss ist das eine Voraussetzung dafür, dass ein neues und besseres System entsteht. Aber mehr als diese Voraussetzung schafft eine Revolution selbst nicht. Vielmehr hinterlässt sie zunächst nur eine ausgesprochen kritische Situation der Macht- und Regellosigkeit. In der Folge kommt es daher darauf an, diesen Zustand möglichst schnell dadurch zu beenden, dass man ein neues und möglichst ein demokratisches System etabliert, welches die Machtlücke füllt.

Das ist aber sogleich wieder mit zwei weiteren Problemen verbunden: Erstens muss man sich auf ein solches System erst einmal einigen. Dabei geht es keineswegs nur um Details. Denken wir zurück an den Machtkampf zwischen Kerenski und Lenin in der Übergangsperiode von der Februar- bis zur Oktoberrevolution 1917 in Russland. Dort ging es nicht um Details, sondern vielmehr um fundamentale Unterschiede. Ganz analog verlief die Auseinandersetzung zwischen der MSPD, der USPD und den Spartakisten in der Folge der Novemberrevolution von 1918 in Deutschland. In Russland haben sich die radikalen Sozialisten unter Lenin schließlich durchgesetzt, in Deutschland dagegen die moderaten Sozialdemokraten. Der Preis in

Deutschland war allerdings eine allzu enge Kooperation mit demokratiefeindlichen rechten Sicherheitskräften und Freikorps, was die rechten Demokratiefeinde so sehr stärkte, dass es die erste deutsche Demokratie am Ende zerrissen und den Nazis den Weg geebnet hat. Hätte die Demokratie eine bessere Chance gehabt, wenn man nicht in dieser Form gegen die radikalen Spartakisten vorgegangen wäre? Davon sind nicht wenige Historiker überzeugt.[166] Ein Blick auf das Vorbild der Spartakisten in Lenins Russland legt aber nahe, dass das nicht sehr wahrscheinlich ist. Natürlich weiß niemand, was genau geschehen wäre, aber eine Demokratie wäre auf diesem Wege wohl kaum entstanden.

Sofern das erste Problem trotzdem gelöst werden konnte und es am Ende gelungen ist, in der ersten Phase nach einer Revolution eine freiheitliche und demokratische Verfassung zu etablieren, erwächst daraus aber gleich das zweite Problem. Es lautet: Es gibt keine Garantie dafür, dass sich alle Bewerber um politische Macht an die Regeln dieser neuen Verfassung gebunden fühlen. Es wird fast immer Personen und Personenkreise geben, die diese Verfassung ablehnen, weil sie zum Beispiel aus ideologischen, religiösen oder sonstigen prinzipiellen Gründen eine andere wollen, oder weil sie befürchten, nach den Regeln der neuen Verfassung im Ringen um Macht und Einfluss zu unterliegen. Diesen Personen spielt ein grundlegender Legitimationsmangel jeder Verfassung in die Hände: dass nämlich keine noch so demokratische Verfassung in ihrer Entstehung ihren eigenen demokratischen Ansprüchen gerecht werden kann.

Der Grund ist einfach: Jede demokratische Entscheidung ist nur so legitim wie die Regeln, unter denen sie entstanden ist. Wenn wir heute ein neues Gesetz verabschieden, dann geschieht das nach den Regeln, die unsere Verfassung dafür vorsieht. Aber nach welchen Regeln wurde über die Regeln der Verfassung abgestimmt? Man hätte eigentlich hierfür eine Art Meta-Verfassung gebraucht, welche die Regeln enthält, unter denen über unsere Verfassung abgestimmt wurde. Aber eine solche Meta-Verfassung hat es nie und nirgends gegeben. Und selbst wenn es so eine Meta-Verfassung gegeben hätte, nach deren Regeln über die Verfassung abgestimmt worden wäre, dann wäre das Problem nur eine Ebene weiter nach oben geschoben worden.

---

[166] Maßgebend für diese Sicht ist vor allem das Buch „Die deutsche Revolution 1918/19" von Sebastian Haffner (1969/2004). Dessen Deutung wird aber in jüngerer Zeit vermehrt in Frage gestellt; siehe etwa den Sammelband von Dreier/Waldhoff (2018) oder die Monographie von Gerwarth (2018).

Denn dann wäre die nächste Frage: Nach welchen Regeln wäre dann über die Meta-Verfassung entschieden worden? Das geht unendlich so weiter und lässt sich nicht auflösen. Daraus folgt: An irgendeiner Stelle wird dieser Prozess abgebrochen und stattdessen einfach entschieden, und zwar von irgendwelchen Personen, die sich dazu berechtigt fühlen, und nach irgendwelchen Verfahren, die diese Personen für rechtens halten. Genau so ist es immer gelaufen. Und anders kann es auch gar nicht sein.

Was wie ein eher akademisches Problem klingt, schlägt in einer sehr praktischen Weise in jeder revolutionären Phase mit großer Macht durch. Denn jede Verfassungsentscheidung kann von ihren Gegnern aus dem Stand heraus als illegitim betrachtet werden, und das immer mit einer gewissen Berechtigung. Wie wir gesehen haben, hat Lenin die Verfassungsgebende Versammlung in Russland gleich bei ihrer ersten Sitzung aufgelöst und sich dazu genau dieses Arguments bedient. Die rechten und linken Extremisten haben die Weimarer Verfassungsentscheidung als illegitim zurückgewiesen, und auch sie beriefen sich darauf, dass die Zusammensetzung und die Regeln der Verfassungsgebenden Versammlung in Weimar nicht legitim gewesen seien. Ähnlich lief es in vielen anderen Fällen. Auch die erfolgreichen Verfassungen wie jene der USA von 1787 oder jene der Bundesrepublik Deutschland sind nicht frei von dem Problem.

Warum also werden Verfassungen, die allesamt diesen Makel aufweisen, manchmal dennoch von allen wichtigen Beteiligten akzeptiert, andere dagegen nicht? Das ist eine schwierige Frage, über die wir bis heute nur wenig wissen. Irgendwie hat es damit zu tun, dass sich eine Situation herauskristallisiert haben muss, in der es alle bedeutsamen Beteiligten aus eigenem Interesse als das Beste angesehen haben, die Regeln der Verfassung einfach anzuerkennen und danach zu handeln. Der polnisch-amerikanische Politologe Adam Przeworski hat eine solche Konstellation eine sich selbst erzwingende Demokratie (*self-enforcing democracy*) genannt.[167] Das bedeutet, dass die Regeln der Demokratie so zusammengreifen, dass ihre Einhaltung aus sich selbst heraus im persönlichen Interesse aller Beteiligten liegt. Sie erzwingen daher von sich aus ihre eigene Einhaltung.

[167] Siehe Przeworski (1991). In der Folge gab es nur erstaunlich wenige Beiträge zu dem Thema. Die wichtigsten stammen von Barry Weingast (1997), James Fearon (2011) und Russell Hardin (2013).

Das geht zum Beispiel so: Selbst ein abgewählter Regierungschef muss davon überzeugt sein, dass es ihm langfristig zugutekommt, wenn er die verlorene Wahl anerkennt und sein Büro räumt, statt ein paar mächtige Freunde im Statistikamt, bei den Medien, bei der Polizei und beim Militär anzurufen, um die Abwahl mit vereinten Kräften ungeschehen machen zu lassen. Wenn es dann irgendwann zur unhinterfragten Selbstverständlichkeit wird, dass die Regeln akzeptiert werden, dann hat die Demokratie fürs erste gewonnen. Und wenn das lange genug gutgegangen ist, dann fragt im politischen Wettbewerb um Macht am Ende kaum noch jemand nach der theoretischen Legitimation der demokratischen Verfassungsregeln. Vielmehr erhält die Verfassung allein dadurch Legitimationskraft, dass sie über lange Zeit gute Dienste geleistet hat; und sie hat gute Dienste geleistet, weil sie Legitimationskraft hat. Die demokratische Verfassung wird in einem solchen Szenario über die Zeit immer stabiler.

Aber wir kennen leider allzu viele Fälle, in denen ein solcher Prozess der Stabilisierung abgebrochen ist. Das betrifft naturgemäß junge Demokratien. Es sollte daher nicht mehr verwundern, dass es oft gerade solche jungen Demokratien sind, welche von autokratischen Herrschern gekapert und in Diktaturen rücküberführt werden. Das geschieht gerade auch in solchen Demokratien, die nach einer Revolution entstanden waren. Oft degenerieren sie nach einer Weile schrittweise wieder in eine Autokratie. In solchen Fällen lebt die Demokratie ein paar Legislaturperioden formal vor sich hin, ohne mit Inhalt gefüllt worden zu sein; und irgendwann ist es dann auch formal vorbei mit den demokratischen Regeln.

All das sind gewiss keine wirklich schönen Aussichten. Umso mehr zeigen sie uns aber eines: Es ist stets ein großer Glücksfall, wenn sich ein Land zu einer stabilen Demokratie entwickelt hat und wenn seine Regeln mit der Zeit selbsterzwingend werden. Das wirft natürlich die Frage auf, wie, wenn nicht im Wege einer Revolution, ein solch glücklicher Prozess überhaupt initiiert werden kann. Denn irgendwo muss man schließlich ansetzen. Und wenn nicht mit einer Revolution, welche die Machtbasis einer bestehenden Diktatur erst einmal zerstört, womit dann sonst?

So berechtigt diese Frage ist, so müssen wir sie doch letztlich unbeantwortet lassen. Wir wissen nur: Häufig haben Revolutionen in der Tat dazu beigetragen, dass am Ende eine Demokratie entstand. So war es mit der Französischen Revolution und irgendwie auch mit der deutschen Novemberrevolution von 1918. Aber der Weg dorthin war jeweils noch weit und voller teilweise furchtbarer Rückschläge. In England ist die Demokratie in einem langen Prozess mit jeweils kleinen Schritten entstanden. Zur Zeit der Glorious Revolution hätte sich wohl niemand vorgestellt, wohin sich die Dinge einmal entwickeln würden – und kaum jemand hätte diese Entwicklung damals wohl für richtig befunden.

Es gibt also kein Patentrezept für die Entwicklung einer freiheitlichen Gesellschaft. Damit können auch Revolutionen kein Patentrezept dafür sein. Denn sie können alles Mögliche zur Folge haben, und nur eine davon ist die freiheitliche Demokratie. Meist endeten sie aber anders. Der Mythos der Revolution erzählt dazu gewiss eine andere Geschichte. Aber wir müssen noch einmal festhalten: Diese Geschichte ist zu schön, um wahr zu sein. Und sie ist leider beides, sehr schön und sehr falsch. Weil sie sehr schön ist, taucht sie immer wieder auf, und zwar durchaus auch in seriösen oder seriös gemeinten wissenschaftlichen Untersuchungen. Das war schon bei Karl Marx so, der dem Mythos der Revolution eine derart attraktive Form gegeben hat, dass ganze Generationen von Gesellschaftswissenschaftlern davon fasziniert waren – und noch fasziniert sind.

Aber auch in jüngerer Zeit zeigt der Mythos der Revolution sogar in der Wissenschaft seine irreführende Attraktivität. Einer Reihe von Veröffentlichungen des Autorenpaars Daron Acemoglu und James Robinson folgend, ist daraus sogar ein ganz neuer Literaturzweig entstanden. Dessen Grundlage beruht auf der Annahme, ein Diktator werde in seiner Macht dadurch eingeschränkt, dass er einen Aufstand der Massen in dem Falle befürchten müsse, dass er es mit seiner Unterdrückung zu weit treibt. Acemoglu und Robinson nennen das eine „Revolutionsrestriktion." Folgt man den Autoren, so zwingt die Revolutionsrestriktion einen Herrscher sogar zu dem Versprechen, seinen Reichtum mit dem Volk zu teilen. Weil er dieses Versprechen aus bestimmten Gründen aber nicht glaubhaft machen kann, führt der Herrscher demokratische Regeln ein, um sich damit – ähnlich wie Odysseus an den Schiffsmast – für alle Bürger sichtbar an sein Versprechen zu binden. Nur so kann er einen Massenaufstand verhindern, glauben Acemoglu und Robinson. Auf diese Weise meinen sie, nicht weniger als die Entstehung von Demokratie erklären zu können, und diese Erklärung ist in der Wissenschaft im Augenblick derart populär, dass niemand um sie herumkommt.[168]

[168] Neben einer Vielzahl von wissenschaftlichen Aufsätzen in hochrangigen Fachzeitschriften fassten sie ihre Kernthesen in einem technisch relativ anspruchsvollen Buch zu-

Angesichts der Attraktivität des Mythos der Revolution ist diese Popularität sogar einigermaßen nachvollziehbar. Vor dem Hintergrund der Einsichten, die wir in diesem Buch gewonnen haben, ist sie es aber nicht. Der Grund ist das Dilemma der Revolution, das in der Wissenschaft seit spätestens Anfang der 1970er Jahre bekannt ist. Das Dilemma der Revolution macht es für jeden einzelnen Bürger extrem gefährlich, sich an einer Massenerhebung zu beteiligen, und das gilt selbst dann, wenn eine solche Massenerhebung mit annähernder Gewissheit zum Erfolg führen würde und jeder einzelne Bürger das wüsste. In der Konsequenz hindert das Dilemma der Revolution das Volk fast immer zuverlässig daran, sich zu einem Massenaufstand zusammenzufinden. Darauf, so haben wir gesehen, beruht die ganze Macht eines Diktators.

Zwar geschehen Massenaufstände trotzdem manchmal, aber wenn sie geschehen, dann hat immer der Zufall mitgespielt. Verlass ist darauf nicht. Und selbst wenn es doch einmal geschieht, dann ist damit bestenfalls der erste Schritt getan. Im nächsten Schritt müsste ein gelungener Massenaufstand entweder den Machtkern des Herrschaftssystems kollabieren lassen oder die Befehlsketten der Sicherheitskräfte zerreißen. Geschieht das nicht, dann führt auch der größte Massenaufstand nicht zu einer Revolution. Das konnte man im Frühjahr 2019 in Venezuela eindrucksvoll beobachten, als klar war, dass das Volk sich mehrheitlich gegen den Diktator Nikolás Maduro wandte, die Armee aber loyal zu Maduro stand und deren Befehlsketten unerwartet stabil blieben. Genauso war es auch in Peking 1989, wo der Massenaufstand schließlich in einem tragischen Desaster endete. Wenn es umgekehrt am Ende doch zu einer Revolution kommt, dann geschieht dies wiederum immer nur durch eine Verkettung von Zufällen. Und selbst dann haben wir immer noch keine freie Welt, sondern erst einmal nur eine Revolution, welche das alte System zerstört hat. Die weitere Entwicklung der Dinge bleibt auch dann noch ungewiss.

Warum die Theorie von der Revolutionsrestriktion trotz all dieser in der Wissenschaft bekannten Zusammenhänge einen solchen Siegeszug feiert, kann nur damit erklärt werden, dass die Attraktivität des Mythos der Revolution selbst vor sonst eher kühlen Wissenschaftlern nicht haltmacht. Das ändert aber nichts daran, dass dieser Mythos weder die eher triste Realität unterdrückter Bevölkerungen beschreibt, noch die Entstehung von freiheitli-

sammen, das große Verbreitung gefunden hat. Siehe Acemoglu/Robinson (2000; 2001; 2006); eine knappe formale Präsentation und Kritik findet sich in Apolte (2012a).

cher Demokratie erklären kann. Die bittere Wahrheit ist vielmehr: Die Macht von Diktatoren gegenüber der Masse der Bevölkerung ist auf eine betrübliche Weise stabil, und wir haben kein Patentrezept dafür, wie man sie brechen *und* im Anschluss eine freie Gesellschaft etablieren kann.

Umso wichtiger ist diese Einsicht: Wo immer sich am Ende schließlich doch freiheitliche Gesellschaften und Demokratien stabilisiert haben, sollten wir sie hüten wie unseren Augapfel. Denn selbst lange etablierte Demokratien sind nicht grundsätzlich immun gegen Rückschläge. Wir wissen um deren Schwächen, wir wissen um ihr Legitimationsproblem, und wir wissen, dass nicht alle Demokratien sich selbst erzwingende Regeln haben. Schließlich wissen wir, dass auch diese Regeln nicht auf ewig in Stein gemeißelt sind. Wer immer also in funktionierenden Demokratien mit dem Feuer spielt, kann damit schlimmste Folgen heraufbeschwören. Leider hat das die Wähler und Unterstützer von politischen Führern wie Wladimir Putin in Russland, Recep Erdogan in der Türkei oder Hugo Chávez und seinem Nachfolger Nicolás Maduro in Venezuela nicht daran gehindert, mit diesem Feuer zu spielen. In der Konsequenz finden wir heute in diesen Ländern entweder gar keine demokratischen Strukturen mehr oder nur noch Reste davon. Auch die Unterstützung europäischer Politiker wie Viktor Orbán in Ungarn oder Jarosław Kaczyński in Polen gleicht einem Spiel mit dem Feuer, auch wenn die Demokratie in diesen beiden Ländern zumindest bisher noch keine irreparablen Schäden davongetragen hat. Alles das sind leider nur ein paar Beispiele für zahlreiche weitere Fälle.

Während sich die meisten europäischen Demokraten über diese Beispielfälle noch ziemlich einig sind, erliegen viele von ihnen aber gleich wieder dem Mythos der Revolution, wenn die Dinge nur ein wenig anders gelagert sind. Das zeigt nicht zuletzt das Beispiel des katalonischen Separatisten Carles Puigdemont, der vielfach bewundert wird, aber nichtsdestotrotz mit demselben Feuer spielt. Denn auch hinter seinem vermeintlichen Freiheitskampf steckt nichts anderes als der gefährliche Versuch, eine große Masse von Menschen, welche zufällig in einer bestimmten Region leben, aus dem Schutz einer funktionierenden demokratischen Verfassung herauszulösen. Nicht einmal den Entwurf einer Verfassung hatte er zu bieten, als er für den 1. Oktober 2017 zum Referendum über den Austritt Kataloniens aus Spanien aufrief, geschweige denn einen irgendwie gearteten Konsens darüber, dass und in welchem Rahmen über eine solche Verfassung abgestimmt werden würde.

Damit zeigte er, dass er seine nationalistische Vision im Zweifel stets über die formalen Regelsysteme stellt, ohne die eine Demokratie weder entstehen noch überleben kann. So war es folgerichtig, dass er keinerlei Sicherheit dafür bieten konnte, dass es in Katalonien nach einer Abspaltung auch nur grundlegend freiheitlich und demokratisch zugehen würde.[169] Welche Legitimität sein Referendum oder eine anschließende Verfassungsentscheidung haben würden, erschien ihm angesichts seiner historischen Mission eine nachrangige Frage zu sein. Der Schutz der Bürger durch eine funktionierende Verfassung eines Landes, welches immerhin zu den friedlichsten, wohlhabendsten und freiheitlichsten der Welt gehört, war ihm angesichts seiner Mission nicht wichtig genug – und nicht wenige Beobachter auch in Deutschland applaudierten.[170]

Die Botschaft dieses Buches ist dagegen: Vor diesen und anderen Brandstiftern im Gewande revolutionärer Freiheitshelden sollten wir uns hüten. Selbst solchen Revolutionären, die gegen unterdrückerische Diktatoren kämpfen, sollten wir mit gesunder Skepsis begegnen. Denken wir nur daran, was sie in Syrien angerichtet haben. Auch hier ist man dem Mythos der Revolution aufgesessen – und das bei uns im Westen. Die Vorstellung, den zweifellos schlimmen Diktator al-Assad durch einen guten Herrscher oder vielleicht sogar kurzerhand durch eine Demokratie ersetzen zu können, folgte exakt dem Mythos der Revolution und war zugleich an Naivität kaum zu überbieten. Den furchtbaren Preis dafür zahlen noch immer die syrischen Bürger – soweit sie noch leben.

Auch wenn es angesichts mancher verständlicher Wünsche enttäuschend wenig erscheinen mag, was wir bieten können, so ist es doch eine wichtige Botschaft, und die lautet: Achten wir auf unsere Demokratien, soweit wir sie haben, und hüten wir uns vor jenen, die so Großes vorhaben, dass „formalistische“ Regeln des Rechtsstaates daneben verblassen. Mit dem demokratischen System ist es nämlich wie mit dem Vertrauen zweier Menschen zueinander: Zerstören kann man es leicht. Es im Anschluss wieder aufzubauen kann sich dagegen als schier unmöglich erweisen.

[169] Vgl. Apolte (2019).
[170] Siehe zum Beispiel: Vaubel (2018).

Literatur

Adam, Angela; Willi Paul Adam (1994), Hrsg., Die Federalist-Artikel, München: Schöningh.

Altrichter, Helmut (2018), Stalin: Der Herr des Terrors, München: Beck.

Acemoglu, Daron; James Robinson (2000), Why Did the West Extend the Franchise? Democracy, Inequality, and Growth in Historical Perspective, in: The Quarterly Journal of Economics, 115, S. 1167–1199.

Acemoglu, Daron; James Robinson (2001), A Theory of Political Transitions, in: American Economic Review, 91, S. 938–963.

Acemoglu, Daron; James Robinson (2006), Economic Origins of Dictatorship and Democracy. Cambridge: Cambridge University Press.

Apolte, Thomas (2012), Why is There no Revolution in North Korea? The Political Economy of Revolutions Revisited, in: Public Choice, 150, S. 561–578.

Apolte, Thomas (2012a), Revolutionen als Kollektivgüter, in: Christian Müller; Frank Trosky; Marion Weber, Hrsg., Ökonomik als allgemeine Theorie menschlichen Verhaltens, Stuttgart: Lucius & Lucius, S. 229–242.

Apolte, Thomas (2015), Gordon Tullock's Theory of Revolution and Dictatorship, in: Constitutional Political Economy, 27 (Special Issue: Gordon Tullock and Constitutional Political Economy), S. 158–178.

Apolte, Thomas (2016), Ökonomische Theorie sozialer Massenphänomene, in: Wirtschaftswissenschaftliches Studium, 45, S. 136–142.

Apolte, Thomas (2019), Sezessionsklauseln: Ein Instrument zur Förderung von Freiheit und Wohlstand?, in: ORDO Jahrbuch, 69.

Arendt, Hannah (1986), Eichmann in Jerusalem. Ein Bericht von der Banalität des Bösen, München: Piper.

Arendt, Hannah (1965/2015), Über die Revolution, München: Piper.

Arns, Inke; Igor Chubarov; Sylvia Sasse (2017), Hrsg., Nikolaj Evreinov und andere: „Sturm auf den Winterpalast", Zürich: Diaphanes.

Asher, Abraham (1988), The Revolution of 1905. Russia in Disarray, Stanford: Stanford University Press.

Aslan, Reza (2013), Zelot. Jesus von Nazaret und seine Zeit, Reinbek bei Hamburg: Rowohlt.

Aust, Martin (2017), Die Russische Revolution: Vom Zarenreich zum Sowjetimperium, München: Beck Verlag.

T. Apolte, *Der Mythos der Revolution*,
https://doi.org/10.1007/978-3-658-27939-4

Baberowski, Jörg (2008), Der rote Terror. Die Geschichte des Stalinismus, 2. Aufl., Frankfurt am Main: Fischer.

Bahrmann, Hannes (2016), Abschied vom Mythos. Sechs Jahrzehnte kubanische Revolution, Berlin: Ch. Links Verlag.

Brancati, Dawn (2016), Democracy Protests. Origins, Features, and Significance, Cambridge: Cambridge University Press.

Bärsch, Claus-E. (2002), Die politische Religion des Nationalsozialismus. Die religiöse Dimension der NS-Ideologie in den Schriften von Dietrich Eckart, Joseph Goebbels, Alfred Rosenberg und Adolf Hitler, München: Wilhelm Fink Verlag.

Bärsch, Claus-E. (2004), Der junge Goebbels. Erlösung und Vernichtung, München: Wilhelm Fink Verlag.

Berman, Eli (2011), Radical, Religious, and Violent: The New Economics of Terrorism, Cambridge, Mass.: MIT Press.

Brennan, Geoffrey; Loren Lomasky (1993), Democracy and Decision. The Pure Theory of Electoral Preferences, Cambridge: Cambridge University Press.

Breton, Albert; Ronald Wintrobe (1986), The Bureaucracy of Murder Revisited, in: Journal of Political Economy, 94, S. 905–926.

Bröckermann, Heiner (2012), Die Nationale Volksarmee und die Gewaltfrage im Herbst 1989, in: Sabrow (2012), Hrsg., S. 129–152.

Brown, Archie (2009), Aufstieg und Fall des Kommunismus, Berlin: Propyläen.

BStU (2015), Kommunalwahlfälschung am 7. Mail 1989 in den ehemaligen Bezirken Rostock, Schwerin, Neubrandenburg, Dokumentensammlung, Berlin: Bundesstiftung zur Aufarbeitung der SED-Diktatur.

Büchner, Georg (1834/1979), Dantons Tod, Berlin: Sammlung Hofenberg.

Bueno de Mesquita, Bruce; Alastair Smith (2012), The Dictator's Handbook. Why Bad Behavior is Almost Always Good Politics, New York: Public Affairs.

Casper, Brett Allen; Scott A. Tyson (2014), Popular Protest and Elite Coordination in a Coup d'état, in: Journal of Politics, 76, S. 548–564.

Chang, Jung; Jon Halliday (2007), Mao: Das Leben eines Mannes, das Schicksal eines Volkes, München: Pantheon.

Coltman, Leycester (2005), Der wahre Castro, Düsseldorf: Patmos.

Condorcet, Nicolas, Marquis de (1793/1847), Sur Le Sens Du Mot Révolutionnaire, in: Œvre de Condorcet, Paris: Didot, Vol. 7.

de Tocqueville, Alexis (1856/1978), Der alte Staat und die Revolution, München: dtv Klassik.

de Tocqueville, Alexis (1836/1987), Über die Demokratie in Amerika, München: dtv Klassik.

Destatis (2017), Gesundheit. Todesursachen in Deutschland. Fachserie 12, Reihe 4.

Deutsche Welle (2017), Hinweise auf höhere Opferzahl auf Tiananmen-Platz, Deutsche Welle online, www.dw.com/de/hinweise-auf-h%C3%B6here-opferzahl-auf-tiananmen-platz/a-41916170 vom 23.12.2017, abgerufen am 19.12.2018.

Dreier, Horst; Christian Waldhoff (2018), Hrsg., Das Wagnis der Demokratie. Eine Anatomie der Weimarer Reichsverfassung, München: Beck.

Eich, Martin (2018), Als Deutschland den Frieden verlor, in: Frankfurter Allgemeine Zeitung, 3. November 2018, S. 7.

Fearon, James D. (2011), Self-enforcing Democracy, in: The Quarterly Journal of Economics 126, S. 1661–1708.

Fest, Joachim C. (1994), Staatsstreich. Der lange Weg zum 20. Juli, München: btb-Verlag.

Fest, Joachim C. (2006). Der Untergang. Hitler und das Ende des Dritten Reiches: Eine historische Skizze, Reinbek: Rowohlt.

Fukuyama, Francis (1992), The End of History and the Last Man, New York: Avon Books.

Gabanyi, Anneli Ute (1990), Die unvollendete Revolution. Rumänien zwischen Diktatur und Demokratie, München: Piper.

Gassebner, Martin; Jerg Gutmann; Stefan Voigt (2016), When to Expect a Coup d'état? An Extreme Bounds Analysis of Coup Determinants, in: Public Choice, 169, S. 293–313.

Gerling, Lena (2017), Urban Protests, Coups d'état and Post-Coup Regime Change, in: Peace Economics, Peace Science and Public Policy, DOI: 10.1515/peps-2017-0033.

Gerwarth, Robert (2018), Die größte aller Revolutionen. November 1918 und der Aufbruch in eine neue Zeit, Berlin: Siedler.

Gieseke, Hans (2012), Der entkräftete Tschekismus. Das MfS und seine ausgebliebene Niederschlagung der Konterrevolution 1989/90, in: Sabrow (2012), Hrsg., S. 56–81.

Goemans, Henk E.; Kristian Skrede Gleditsch; Giacomo Chiozza (2009), Introducing Archigos: A Dataset of Political Leaders, Journal of Peace Research, 46, S. 269–283.

Granovetter, Mark (1978); Threshold Models of Collective Behavior, in: American Journal of Sociology, 83, S. 1420–1443.

Grimm, Dieter (2018), Weimars Ende und Untergang, in: Dreier/Waldhoff (2018), Hrsg., Das Wagnis der Demokratie. Eine Anatomie der Weimarer Reichsverfassung, München: Beck, S. 263–287.

Haardt, Oliver F. R.; Christopher M. Clark (2018), Die Weimarer Reichsverfassung als Moment in der Geschichte, in: Dreier/Waldhoff (2018), Hrsg., Das Wagnis der Demokratie. Eine Anatomie der Weimarer Reichsverfassung, München: Beck, S. 10–44.

Haas, Detlef W. (2014), Hugh! Ich habe gesprochen, Berlin: Pro Business.

Haffner, Sebastian (1969/2004), Die deutsche Revolution 1918/19. Reinbeck: Rowohlt.

Haidt, Jonathan (2013), The Righteous Mind. Why Good People are Divided by Politics and Religion, London: Penguin Books.

Hardin, Russell (2013), Why a Constitution?, in: Dennis J. Galligan; Mila Versteeg, Hrsg., The Social and Political Foundations of Constitutions, New York: Cambridge University Press, S. 51–72.

Harsanyi, John C.; Reinhard Selten (1988), A General Theory of Equilibrium Selection in Games, Cambridge: MIT Press.

Heine, Heinrich) (1997), Sämtliche Werke, Ausgabe 3, Neuauflage, Düsseldorf: Artemis & Winkler.

Hobbes, Thomas (1651/1984), Leviathan oder Stoff, Form und Gewalt eines kirchlichen und bürgerlichen Staates, Neuwied: Suhrkamp.

Huntington, Samuel P. (1991), The Third Wave. Democratization in the Late Twentieth Century, Norman: University of Oklahoma Press.

Johnson, Jaclyn; Clayton L. Thyne (2018), Squeaky Wheels and Troop Loyalty. How Domestic Protests Influence Coups d'état, 1951–2005, in: Journal of Conflict Resolution, 62, S. 597–625.

Kahneman, Daniel (2016), Schnelles Denken, langsames Denken, München: Penguin Verlag.

Kershaw, Ian (2011), Das Ende. Kampf bis in den Untergang, 2. Aufl. München: Deutsche Verlagsanstalt.

Kershaw, Ian (2018), Der Hitler Mythos. Führerkult und Volksmeinung, München: Pantheon.

Knox, Alfred W. F. (1921), With the Russian Army, 1914–1917, Bd. 2, London: Hutchinson & Co.

Kunze, Thomas (2000), Nicolae Ceaușescu. Eine Biographie, Berlin: Christoph Links Verlag.

Kuran, Timur (1989), Sparks and Prairie Fires: A Theory of Unanticipated Political Revolution, in: Public Choice, 61 (1989), S. 41–74.

Kuran, Timur (1991), Now Out or Never: The Element of Surprise in the East European Revolution of 1989, in: World Politics, 44 (1991), S. 7–48.

Kuran, Timur (1995), The Inevitability of Future Revolutionary Surprises, in: American Journal of Sociology, 100, S. 1528–1551.

Lee, Felix (2014), Macht und Moderne: Chinas großer Reformer Deng Xiaoping, Berlin: Rotbuch Verlag.

Lenin, Wladimir Iljitsch (1902/2010), Was tun? Brennende Fragen unserer Bewegung, Hamburg: Nikol.

Lenin, Wladimir Iljitsch (1959a), Über die Aufgaben des Proletariats in der gegenwärtigen Revolution, in: Institut für Marxismus-Leninismus beim Zentralkomitee der SED, Hrsg., W. I. Lenin, Werke, Bd. 24, Berlin: Dietz Verlag, S. 1–8.

Lenin, Wladimir Iljitsch (1959b), Die Note der Provisorischen Regierung, in: Institut für Marxismus-Leninismus beim Zentralkomitee der SED, Hrsg., W. I. Lenin, Werke, Bd. 24, Berlin: Dietz Verlag, S. 177–179.

Leonhard, Wolfgang (1979), Die Revolution entlässt ihre Kinder, München: Heyne.

Lichtenberg, Georg Christoph (1793/2017), Sudelbuch K, Göttingen: Niedersächsische Staats- und Universitätsbibliothek.

Lim, Louisa (2014), The People's Republic of Amnesia: Tiananmen Revisited, Oxford: Oxford University Press.

Ling, Chai (2012), Ein Herz für die Freiheit. Die Geschichte einer chinesischen Studentenführerin, München: Südwest Verlag.

Locke, Stefan (2018), Sein letzter Hirsch, in Frankfurter Allgemeine Zeitung Nr. 166, S. 8.

Lohmann, Susanne (1994), The Dynamics of Informational Cascades: The Monday Demonstrations in Leipzig, East Germany, 1989-91, in: World Politics, 47, S. 4–101.

Machiavelli, Niccolo (1513/2017), Der Fürst, Berlin: Edition Holbach.

Maier, Martin (2012), Der Mensch ist gut, nur die Leute sind schlecht. Mit Karl Valentin Sinn und Wahnsinn des Lebens entschlüsseln, Freiburg im Breisgau: Herder.

Mann, Thomas (1979), Tagebücher 1918–1921, Frankfurt am Main: S. Fischer.

Marx, Karl; Friedrich Engels (1848/2007), Manifest der Kommunistischen Partei, London: Elibron Classics.

McGregor, Richard (2013), Der rote Apparat. Chinas Kommunisten, Berlin: Matthes & Seitz.

Merridale, Chatherine (2017), Lenins Zug: Die Reise in die Revolution, Frankfurt: Fischer.

Montesquieu, Charles de Secondat, Baron de (1820/1986), Vom Geist der Gesetze, Stuttgart: Reclam.

Nathan, Andrew J.; Perry Link (2001), Die Tiananmen-Akte. Die Geheimdokumente der chinesischen Führung zum Massaker am Platz des Himmlischen Friedens, München: Propyläen.

Olson, Mancur (1965/1968), Die Logik des kollektiven Handelns, Tübingen: Mohr Siebeck.

Orwell, George (1945/1974), Farm der Tiere, Zürich: Diogenes.

Piatkowski, Marcin (2013), Poland's New Golden Age. Shifting from Europe's Periphery to its Center, Policy Research Paper 6639, Washington, D.C.: World Bank.

Popper, Karl R. (1945/1992), Die offene Gesellschaft und ihre Feinde, Bd. I: Der Zauber Platons, Tübingen: Mohr Siebeck.

Popper, Karl R. (1945/1992), Die offene Gesellschaft und ihre Feinde, Bd. II: Falsche Propheten: Hegel, Marx und die Folgen, Tübingen: Mohr Siebeck.

Powell, Jonathan (2012), Determinants of the Attempting and Outcome of Coups d'état, in: Journal of Conflict Resolution, 56, S. 1017–1040.

Przeworski, Adam (1991), Democracy and the Market: Political and Economic Reforms in Eastern Europe and Latin America. Cambridge: Cambridge University Press.

Pysz, Piotr (2011), Polen: Wirtschaftssysteme und ordnungspolitische Prozesse seit 1990, in: Informationen zur politischen Bildung Nr. 311/2011, Bonn: Bundeszentrale für Politische Bildung.

Rados, Antonia (1992), Die Verschwörung der Securitate. Rumäniens verratene Revolution, Hamburg: Hoffmann & Campe.

Rau, Milo (2009), Die letzten Tage Ceausescus, Berlin: Verbrecher Verlag.

Reed, Christopher (2005), Lenin: A Revolutionary Life, London: Routledge.

Reed, John (1957), Zehn Tage, die die Welt erschütterten, Berlin: Dietz Verlag.

Rousseau, Jean-Jacques (1762/2008), Der Gesellschaftsvertrag: Oder die Prinzipien des Staatsrechts, Wiesbaden: Marix Verlag.

Sabrow, Martin (2012), Hrsg., 1989 und die Rolle der Gewalt, Göttingen: Wallstein Verlag.

Schäfer, Bernd (2012), Die DDR und die „chinesische Lösung". Gewalt in der Volksrepublik China im Sommer 1989, in: Sabrow (2012) Hrsg., S. 153–172

Schelling, Thomas C. (1960), The Strategy of Conflict, Cambridge: Harvard University Press.

Schelling, Thomas C. (1978), Micromotives and Macrobehavior, New York: W. W. Norton.

Schmid, Thomas (2003), Der Sturm auf die Moncada, in: Die Tageszeitung, 26.7.2003.

Schönherr, Dietmar (2017), Die blutroten Tomaten der Rosalía Morales, Innsbruck: Haymon Taschenbuch.

Short, Philip (2017), Mao. The Man Who Made China, London: I.B Tauris.

Smolik, Noemi (2018), Umstürzler, Sie haben den Auftritt. Wie das berühmteste Foto der Oktoberrevolution inszeniert wurde, in: Frankfurter Allgemeine Zeitung, Nr. 16, S. 15.

Storing, Herbert J. (2006), The Anti-Federalist. An Abridgement of the Complete Anti-Federalist, Chicago: The University of Chicago Press.

Süss, Walter (2012), Der friedliche Ausgang des 9. Oktober in Leipzig, in: Sabrow (2012), Hrsg., S. 173–202.

Suter, Helmut (2018), Honeckers letzter Hirsch: Jagd und Macht in der DDR, Berlin: be.bra Verlag.

Svolik, Milan (2012), The Politics of Authoritarian Rule, Cambridge: Cambridge University Press.

Svolik, Milan (2013), Contracting on Violence: The Moral Hazard in Authoritarian Repression and Military Intervention in Politics, in: Journal of Conflict Resolution, 57, S. 765–794.

ten Brink, Tobias (2013), Chinas Kapitalismus: Entstehung, Verlauf, Paradoxien, Frankfurt: Campus Verlag.

Thamer, Ulrich (2001), Der Nationalsozialismus, Ditzingen: Reclam.

Trotzki, Leo (1924), O Lenin (Über Lenin), Moskau 1924.

Tullock, Gordon (1971), The Paradox of Revolution, in: Public Choice, 11, S. 89–99.

Tullock, Gordon (1974), The Social Dilemma. The Economics of War and Revolution, Blacksburg: Blacksburg University Publications.

Tullock, Gordon (2001), A Comment on Daniel Klein's "A Plea to Economists who Favor Liberty", in: *Eastern Economic Journal*, 27, S. 203–207.

Ullrich, Volker (2009), Die Revolution von 1918/19, München: Beck Verlag.

Vaubel, R. (2018). Der katalanische Sezessionsversuch aus ökonomischer Sicht, in: Wirtschaftswissenschaftliches Studium, 47, S. 1.

Wang, Chaohua (2019), The People and the Party. The Tiananmen Conflict of 1989, London: Verso.

Wason, Peter C; Jonathan St. B. T. Evans (1974), Dual Process in Reasoning, in: Cognition 3, S. 141–154.

Weingast, Barry R. (1997), The Political Foundations of Democracy and the Rule of the Law, in: American Political Science Review, 91, S. 245–263.

Weiss, Peter Ulrich (2012), Traumatische Befreiung. Die rumänische Revolution von 1989/90 als unbewältigte Gewalterfahrung, in: Sabrow (2012), Hrsg., S. 304–336.

Wielepp, Christoph (1990), Montags abends in Leipzig, in: Thomas Blanke; Rainer Erd, Hrsg., DDR. Ein Staat vergeht, Frankfurt: Fischer.

Wolkogonow, Dimitri (1996), Lenin. Utopie und Terror, Düsseldorf: Econ Verlag.

Yiwu, Liao (2014), Die Kugel und das Opium: Leben und Tod am Platz des Himmlischen Friedens, Frankfurt am Main: Fischer.

Zhang, Liang; Andrew J. Nathan; Perry Link (2001), Die Tiananmen-Akte, Berlin: Propyläen.

Zimmermann, Matilde (2000), Sandinista: Carlos Fonseca and the Nicaraguan Revolution, Durham: Duke University Press.

Personen- und Sachregister

T. Apolte, *Der Mythos der Revolution*,
https://doi.org/10.1007/978-3-658-27939-4

Printed in the United States
By Bookmasters